Sven Kramer
Auschwitz im Widerstreit

Sven Kramer

Auschwitz im Widerstreit

Zur Darstellung der Shoah in Film, Philosophie und Literatur

Deutscher Universitäts-Verlag

Die Deutsche Bibliothek – CIP-Einheitsaufnahme

Kramer, Sven:
Auschwitz im Widerstreit : zur Darstellung der Shoah in Film, Philosophie und Literatur / Sven Kramer. – Wiesbaden : DUV, Dt. Univ.-Verl., 1999
(DUV : Literaturwissenschaft)
ISBN 3-8244-4366-X

Alle Rechte vorbehalten
© Deutscher Universitäts-Verlag GmbH, Wiesbaden, 1999

Lektorat: Ute Wrasmann / Ronald Dietrich

Der Deutsche Universitäts-Verlag ist ein Unternehmen der
Bertelsmann Fachinformation GmbH.

Das Werk einschließlich aller seiner Teile ist urheberrechtlich geschützt. Jede Verwertung außerhalb der engen Grenzen des Urheberrechtsgesetzes ist ohne Zustimmung des Verlages unzulässig und strafbar. Das gilt insbesondere für Vervielfältigungen, Übersetzungen, Mikroverfilmungen und die Einspeicherung und Verarbeitung in elektronischen Systemen.

http://www.duv.de

Höchste inhaltliche und technische Qualität unserer Produkte ist unser Ziel. Bei der Produktion und Verbreitung unserer Bücher wollen wir die Umwelt schonen. Dieses Buch ist deshalb auf säurefreiem und chlorfrei gebleichtem Papier gedruckt. Die Einschweißfolie besteht aus Polyäthylen und damit aus organischen Grundstoffen, die weder bei der Herstellung noch bei der Verbrennung Schadstoffe freisetzen.

Die Wiedergabe von Gebrauchsnamen, Handelsnamen, Warenbezeichnungen usw. in diesem Werk berechtigt auch ohne besondere Kennzeichnung nicht zu der Annahme, daß solche Namen im Sinne der Warenzeichen- und Markenschutz-Gesetzgebung als frei zu betrachten wären und daher von jedermann benutzt werden dürften.

Druck und Buchbinder: Rosch-Buch, Scheßlitz
Printed in Germany

ISBN 3-8244-4366-X

Inhalt

Einleitung	1
Inszenierung und Erinnerung in filmischen Darstellungen der Todeslager	7
Authentizität und Authentisierungsstrategien in filmischen Darstellungen der Todeslager	29
Trauma, Zeit und Erzählung. Zur filmischen Repräsentation KZ-Überlebender	47
»Wahr sind die Sätze als Impuls…«. Begriffsarbeit und sprachliche Darstellung in Adornos Reflexion auf Auschwitz	67
Auschwitz im Widerstreit. Über einige Verfahrenskonvergenzen in Adornos und Lyotards Reflexionen auf die Todeslager	89
Zusammenstoß in Princeton. Peter Weiss, die Verfolgungserfahrung und die Gruppe 47	107
Primo Levi. Aus Anlaß seines zehnten Todestages	129
Literatur	135
Nachweise	143

Einleitung

Die Ermordung der europäischen Juden, die Shoah, ist in der deutschen Öffentlichkeit mittlerweile zu einem beachteten Datum geworden. Nie zuvor fand die Einschätzung, diesem Ereignis müsse ein hervorgehobener Platz in der Erinnerung des Kollektivs reserviert werden, hierzulande eine so deutliche Mehrheit. So beschloß der Deutsche Bundestag im Juni 1999, ein zentrales Denkmal für die Opfer der Shoah zu bauen. In früheren Jahrzehnten, etwa im Historikerstreit der achtziger Jahre, mußte noch gegen Bestrebungen argumentiert werden, die im Gas Gestorbenen gegen die Toten anderer Verbrechen aufzurechnen und sie damit einem nivellierenden Gedenken preiszugeben, das in der Entlastung der Täter ende. Trotz mancher Versuche in den neunziger Jahren, die mannigfaltigen Verfolgungen unter dem inzwischen zusammengebrochenen Staatssozialismus an der Ermordung der Juden durch die Nationalsozialisten zu messen und trotz einer Renaissance der Rede vom Totalitarismus, hat sich in der öffentlichen Debatte die Vorstellung von der singulären Dimension der nationalsozialistischen Verbrechen durchgesetzt.

Dabei verursachen die Fragen, die die Shoah bis heute aufwirft, immer wieder besonders emotionsgeladene Diskussionen und Reaktionen. Hier wirkt eine Kontinuität, die schon im kollektiven Schweigen der fünfziger und in der Aggressivität der studentischen Proteste während der sechziger Jahre nachgewiesen werden kann. Nachdem 1979 die Ausstrahlung der TV-Serie *Holocaust* in der Bundesrepublik dem Thema eine bis dahin nicht erreichte öffentliche Resonanz verschaffte, zeigten zum Beispiel die Rezeption von *Schindlers Liste*, die Goldhagen-, die Mahnmals-, die Wehrmachts- und die Walser-Bubis-Debatte, daß es auch in den neunziger Jahren zu leidenschaftlichen Reaktionen führte. Darin artikuliert sich etwas bis heute Unabgegoltenes.

Unverkennbar ist aber auch eine entgegenwirkende Tendenz. Je weiter das historische Ereignis in die Vergangenheit rückt und je mehr es die Nachgeborenen sind, die auf es rekurrieren, desto weniger stößt es im Kollektiv der Täter auf Reaktionsbildungen, denen die – oftmals ins Vorbewußte abgedrängte – Auseinandersetzung mit der eigenen, persönlichen Schuld eingeschrieben ist. Indem die Shoah seit dem Schweigen der Nachkriegszeit Stück für Stück in den Diskurs überführt wurde, trat eine Rederoutine ein, in der das Zurückzucken, welches mit der Tabuisierung verbunden war – und in dem die Schuldfrage, die Scham und andere Potentiale sich abbildeten, die geeignet waren, die nach der Kapitulation wiederhergestellte psychische Sicherheit zu erschüttern –, einer souveränen Rhetorik des Gedenkens wich, die in den Amtszeiten Richard von Weizsäckers und Roman Herzogs auf der nationalen wie auf der internationalen Bühne weitgehend akzeptiert wurde. Nicht die Sprachlosigkeit kennzeichnet mehr die Auseinandersetzung mit dem Thema, sondern die Diskurswucherung.

Auch die wissenschaftliche Aneignung der Shoah erreichte in der letzten Zeit einen Höhepunkt; nie wurde diese in der Bundesrepublik so intensiv erforscht wie in den neunziger Jahren. Damit trägt auch der wissenschaftliche Diskurs zur Omnipräsenz der Rede über die Shoah bei. Immer weiter differenziert sich die Forschung in die Fächer hinein aus, so daß selbst Experten kaum noch der Überblick gelingt. Dabei kamen die Anstöße und grundlegende Arbeiten meist aus dem Ausland, häufig von den im Exil gebliebenen Vertriebenen. Die Impulse wurden – oft mit einer charakteristischen Verzögerung – aufgenommen und zu einem großen Teil eigenständig weiterentwickelt.

Der wissenschaftliche Diskurs findet nicht abgekoppelt von den öffentlichen Debatten statt, zum Beispiel von denen in den Feuilletons, sondern im dauernden Austausch mit ihnen. Intensität und Frageinteresse des Forschens modellieren sich innerhalb der gesellschaftlichen Auseinandersetzungen um die Shoah. Deren Forschungsgeschichte führt einmal mehr vor, daß die Wissenschaft nicht überhistorisch agiert, sondern daß die Fragen, denen sie nachgeht und die Antworten, die sie formuliert, einem historischen Zeitpunkt verpflichtet sind. Darüber hinaus reagieren sie auf Bedürfnisse und Dispositionen, die in verschiedenen Kollektiven zu verschiedenartigen Zugängen führen. Bezogen auf den Vergleich der israelischen und der deutschen Aneignung wurde von zweierlei Holocaust gesprochen.[1] In bezug auf das Verhältnis deutscher und jüdischer Autoren in der deutschsprachigen Nachkriegsliteratur bewährte sich für die Periode bis zur Mitte der achtziger Jahre die Rede von einem »objektiven ›Gegenüber‹«[2] beider Gruppen. Auch die Sicht der jüdischen US-Amerikaner wäre eigens zu berücksichtigen.[3] Überhaupt steht die Debatte über die *Americanization* der Shoah für eine eigenständige Form der Aneignung. Doch auch die östlichen Länder, vor allem Polen, in historischer Perspektive auch die DDR, dürfen nicht vergessen werden. Wird die Vielfalt

---

1 Vgl. Moshe Zuckermann: Zweierlei Holocaust. Der Holocaust in den politischen Kulturen Israels und Deutschlands, Göttingen 1998. Zum titelgebenden Begriff vgl. insbesondere S. 170-180.
2 Stephan Braese/Holger Gehle/Doron Kiesel/Hanno Loewy: Vorwort, in: dies. (Hg.): Deutsche Nachkriegsliteratur und der Holocaust, Frankfurt/M. – New York 1998, S. 9-16, S. 15.
3 James E. Young zeigt am Beispiel der Gedenkstätten, wie sich die Erinnerung an die Shoah in Polen, der Bundesrepublik, den USA und Israel unterscheidet, indem er die verschiedenen Denkmals-Inszenierungen untersucht, vgl. ders.: Beschreiben des Holocaust, Frankfurt/M. 1992, S. 266-294, sowie neuerdings ausführlicher in: ders.: Formen des Erinnerns, Wien 1997.

dieser historischen und gruppenspezifischen Eigentümlichkeiten mitreflektiert, so hat jedes universalisierende Sprechen über die Shoah einen schweren Stand. Denn obwohl Diskursverwerfungen, die sich von dem Widerstreit zwischen den Mördern und den Gemordeten herleiten – der sich, nach Lyotard, nicht in einen Rechtsstreit überführen läßt –, nicht pluralistisch stillgestellt werden dürfen, um nicht der Position der Mörder ein Existenzrecht zuzugestehen, können sie ebenso wenig in eine dialektische Bewegung versetzt und zu einem ›Resultat‹ gebracht werden. Immer durchwirkt der Nachhall des Widerstreits das Sprechen über die Todeslager.

Im Kollektiv der Täter und ihrer Nachgeborenen dominiert der Entlastungsdiskurs. Diesen aufzuspüren und seine Funktionsweisen an einigen Beispielen zu analysieren, ist ein Ziel der folgenden Studien. Daran schließt sich die Frage an, wie über die Shoah gehandelt werden könnte, ohne diesen Mechanismen zu verfallen. Viele jener Nachgeborenen, die heute das Ereignis durch den Geschichtsunterricht kennenlernen, suchen nach einer anderen, emotional involvierenden Aneignungsweise, um dem »übermächtigen Erinnerungsgebot«, das der Diskurs mittlerweile produziert, zu entsprechen. Sie hegen einen »*Wunsch* nach Authentizität [...] auf der Ebene der eigenen Affekte und Erlebnisse im Umgang mit dem Holocaust-Komplex«. Zum Teil produzieren sie »Re-inszenierungen *mit* Auschwitz und mit der eigenen Betroffenheit«[4], zum Teil nutzen sie die von der Gedenkkultur und den Massenmedien bereitgestellten Angebote.

Wie dem Entlastungsdiskurs in der Aneignung und Darstellung der Shoah zu entgehen wäre, kann nur konkret, in der philologischen Arbeit am Material, diskutiert werden. Denn alle abstrakt-präskriptiven Weisungen verschütten mit ihrem eindeutigen Gestus die mit dem Thema verbundenen Aporien. Erst in der Konkretion einzelner Darstellungs- und Deutungsanstrengungen, im Durchgang durch die Aporien, kann dem Entlastungsbegehren begegnet werden. Der Blick auf das Detail soll kritisch die Stereotypisierungen und Verfestigungen von Diskurselementen benennen, welche in der Rede über die Shoah kursieren. Und er soll immer wieder jene der Shoah eigentümliche Dimension des Sich-Entziehenden aufsuchen, so daß alle bildhaften und begrifflichen Fixierungen, alle sinnproduzierenden Prozesse, wieder in Frage gestellt werden. Die Analyse soll sich dem Inkommensurablen zuwenden.

Eine gewisse Schlüsselstellung nimmt in den folgenden Versuchen die Untersuchung rhetorischer Strukturen ein. Rhetorik wird dabei nicht, wie im borniertem Wortgebrauch, als subjektiv kontrollierte Überredungs- und Betrugsstrategie definiert, sondern im Anschluß an Nietzsche und de Man, aber auch an Adorno, als Medium sowohl des Sprechhandelns als auch des Denkens, in dem die intentionale Verwendung der bekannten und kulturell überlieferten

---

4 Die vorangegangenen Zitate stammen aus: Manuel Köppen/Klaus R. Scherpe: Einleitung, in: dies. (Hg.): Bilder des Holocaust, Köln u. a. 1997, S. 1-12, S. 6.

formalen Möglichkeiten der Sprache sowie ihre den Künstlern unterlaufenden Verwendungen Hand in Hand gehen. Welcher Grad an Bewußtheit, das heißt an manipulativem Potential, den Künstlern dabei jeweils zuzurechnen sei, steht nicht im Vordergrund des Interesses, sondern vielmehr die Frage nach der Funktionsweise der rhetorischen Figuren, die im Zusammenhang mit den Todeslagern aktualisiert werden. Wenn von Strategien die Rede ist, so bezieht sich dies ebenfalls auf die textuelle Ebene, nicht auf die Autorintention.

Dieses Verständnis von Rhetorik impliziert einen weiten Textbegriff, der die Strukturmerkmale unterschiedlicher Künste und Artikulationsformen umgreift. Deshalb können Filme, philosophische und literarische Texte, bei allen zu berücksichtigenden gattungs- und diskursspezifischen Unterschieden, in derselben Perspektive untersucht werden. Sie sind eingebunden in das aktuelle Nachwirken der Shoah.

In den ersten drei Studien stehen Filme aus verschiedenen Genres im Mittelpunkt: Lumets *Pfandleiher*, Pakulas *Sophies Entscheidung*, Spielbergs *Schindlers Liste* sowie Resnais' *Nacht und Nebel*, Fechners *Prozeß*, Lanzmanns *Shoah* und andere. Sie werden themenzentriert und unter Berücksichtigung der Darstellungsdimension befragt. *Inszenierung und Erinnerung* rückt die Gaskammern in den Mittelpunkt. Sie stellen das phantasmagorische Zentrum von Auschwitz dar. Die begriffliche Distinktion von Inszenierung und Erinnerung dient zur Beschreibung der unterschiedlichen filmisch-rhetorischen Strategien, mit deren Hilfe die Filmemacher jenen Ort vergegenwärtigen. Der Anspruch auf Authentizität hat lange Zeit die filmischen Darstellungen der Shoah bestimmt. Inwiefern sich Authentizität bei diesem Thema in Authentisierungsstrategien und -rhetoriken auflösen läßt, wird im zweiten Essay an weiteren Filmen erörtert. Der dritte, *Trauma, Zeit und Erzählung*, setzt sich mit der Darstellung der Überlebenden auseinander. Gezeigt wird, daß sich erst in jüngster Zeit ein Verständnis für die Traumatisierungen ausbildete, während die Überlebenden zuvor nicht selten für die verschiedensten Drehbuchzwecke funktionalisiert wurden.

In den zwei folgenden Essays über Philosophie stehen Adorno und Lyotard im Mittelpunkt. Beide Denker gestehen der Sprache einen besonderen Stellenwert zu. Die Konsequenzen für ihre philosophischen Anstrengungen in der Auseinandersetzung mit der Shoah schlagen sich daher auch in ihrer Reflexion auf Sprache und in ihrer Arbeit mit der Sprache nieder. In *»Wahr sind die Sätze als Impuls...«* wird Adornos essayistisches Verfahren unter Berücksichtigung seiner rhetorischen Praxis analysiert, im folgenden Essay wird gefragt, ob es im Bezug auf Auschwitz Berührungspunkte zwischen Adorno und Lyotard gibt. Dazu ist ein genauerer Blick auf Lyotards *Widerstreit* nötig. Der Abschnitt über Literatur beschäftigt sich dann zunächst mit Peter Weiss, dem Verfolgten und zeitlebens im schwedischen Exil gebliebenen Autor der *Ästhetik des Widerstands*. Sein spezielles Verhältnis zur Gruppe 47 verdeutlicht, welche Spannungen und unterschiedlichen Erfahrungen noch in der literarischen Landschaft der sechziger Jahre in der Bundesrepublik aufeinandertrafen. Weiss spürte immer wieder, daß die politischen Vorbehalte gegen ihn von seiten deutscher Kollegen auch auf die Verfolgungsgeschichte zurückgingen. In seiner Literatur gibt es eine konstante Auseinandersetzung mit dieser isolierten Stellung. Schließlich wird anläßlich des zehnten Todestages von Primo Levis Suizid das vielgestaltige Nachwirken der Auschwitzerfahrung in dessen Werk befragt.

In allen drei Bereichen – Film, Philosophie, Literatur – erscheinen die Effekte des Widerstreits auch in der ästhetischen Dimension. Filmische und literarische Werke setzen, mehr oder weniger bewußt, ästhetische Konzepte praktisch um. Werden die Werke dann miteinander verglichen, so zeigt sich, daß ihre Verfahrensweisen sich gegenseitig in Frage stellen und einander gleichsam kritisieren. Die im Medium der Begriffe reflexiv ausgerichtete Philosophie scheint über den ästhetischen Widerstreit hinaus zu sein. Doch an den Grenzen des begrifflich Kommensurablen – und genau hier findet das Denken im Umkreis von Auschwitz statt – wird bei Adorno und Lyotard die Reflexion auf die Kunst wichtig und erhalten darüber hinaus sogar künstlerische Elemente Einzug in die Praxis des begrifflichen Denkens. Neben den Fragen einer Ethik nach Auschwitz wirft die Vergegenwärtigung der Todeslager wesentlich auch ästhetische Fragen auf. Einige von ihnen bilden die Wegweiser der folgenden Studien.

Inszenierung und Erinnerung in filmischen Darstellungen der Todeslager

I.

Die Todeslager – Auschwitz, Belzec, Kulmhof, Maidanek, Sobibor, Treblinka – unterscheiden sich nach Raul Hilberg von anderen Konzentrationslagern dadurch, daß in ihnen systematisch durchgeführte, mit industriellen Mitteln betriebene Massentötungen bestimmter Bevölkerungsgruppen – vor allem der Juden – stattfanden, wofür Anlagen gebaut und entsprechende Verfahren entwickelt wurden.[1] Zur charakteristischen Form des Mordes wurde das Vergasen, das in Auschwitz-Birkenau aufgrund der Verwendung des Schädlingsbekämpfungsmittels Zyklon B am effizientesten funktionierte. Deshalb kann der Name Auschwitz für alle Todeslager stehen. Wer Auschwitz sagt, meint die Gaskammern. In ihnen geschah das, was dieser Name uns zu erinnern und zu denken aufgibt.

Heute, mehr als fünfzig Jahre nach der Befreiung der wenigen Überlebenden dieser Lager, kann sich unsere Erinnerung immer weniger auf die Erfahrungen der alternden Zeugen stützen. Stärker als bisher sind wir darauf verwiesen, uns ohne ihre direkte Hilfe ein Bild vom Geschehen zu machen. Dieser Umstand verdeutlicht, in welchem Maße die Erinnerung eine geistige Aktivität ist, mit deren Hilfe wir ein Bild oder eine Beschreibung der historischen Ereignisse konstruieren. Das Geschichtsbild entsteht allerdings nicht im geschichtsleeren Raum, sondern bezieht die verfügbaren historiographischen Quellen und die autobiographischen Dokumente, also das in den Archiven lagernde Wissen mit ein. Jedes neue Bild des Vergangenen schöpft aus dem kulturellen Gedächtnis, in das es zugleich auch eingeht, und modifiziert es.

Neben der willkürlichen Erinnerung (mémoire volontaire) muß, wenn nach den Mechanismen des Erinnerns gefragt wird, auch die unwillkürliche Erinnerung (mémoire involontaire) berücksichtigt werden. Im Proustschen Paradigma des unwillkürlichen Erinnerns, der Madeleinepassage aus *In Swanns Welt*[2] stößt dem Wachbewußtsein plötzlich wieder eine Welt zu, die schon

---

[1] Vgl. Raul Hilberg: Die Vernichtung der europäischen Juden, Frankfurt/M. 1990 (zuerst 1961), S. 927. – Vgl. weiter Israel Gutman/Eberhard Jäckel u. a. (Hg.): Enzyklopädie des Holocaust, Bd. 1-4, München - Zürich 1995 (zuerst 1990), das Stichwort »Vernichtungslager«, Bd. 3, S. 1494-1497.

[2] Marcel Proust: In Swanns Welt, in: ders.: Auf der Suche nach der verlorenen Zeit, Bd. 1, 2. Aufl., Frankfurt/M. 1976, S. 5-564, hier: S. 63-67.

längst vergessen schien. Die Erinnerung drängt sich auf, ohne daß ein Wille sie herbeigerufen hätte. Auf seiten der Überlebenden der Shoah drängt sich die Erinnerung ebenfalls auf – allerdings auf andere Weise. Sie sind häufig traumatisiert, werden von den Schreckbildern terrorisiert, und konzentrieren deshalb ihre psychischen Aktivitäten auf die Flucht vor der Erinnerung an die Verwundung, um den psychischen Schmerz zu lindern. Freud beschreibt den auf die traumatisierende Durchbrechung des Reizschutzes folgenden Mechanismus 1920, im Wissen um die psychischen Folgen des Ersten Weltkrieges, mit den Worten: »Von dieser Stelle der Peripherie strömen [...] dem seelischen Zentralapparat kontinuierliche Erregungen zu, wie sie sonst nur aus dem Innern des Apparates kommen konnten. Und was können wir als die Reaktion des Seelenlebens auf diesen Einbruch erwarten? Von allen Seiten her wird die Besetzungsenergie aufgeboten, um in der Umgebung der Einbruchstelle entsprechend hohe Energiebesetzungen zu schaffen. Es wird eine [...] ›Gegenbesetzung‹ hergestellt«[3]. Zweifellos bildet dieser Notwehrmechanismus gegen den erlittenen und fortwirkenden Schock eine wichtige psychische Schubkraft für den Erinnerungsmodus der Opfer.

Wie es neben dem willkürlichen individuellen auch ein willkürliches kollektives Erinnern gibt, das zum Beispiel von der Geschichtsschreibung organisiert wird, so gibt es nach Ansicht vieler Psychoanalytiker, Soziologen und anderer Wissenschaftler neben dem individuellen unwillkürlichen Erinnern auch eine unwillkürliche Erinnerung des Kollektivs, die ohne das Wissen der Akteure verläuft, aber dennoch von ihnen betrieben wird. Im Kollektiv der Täter wäre zum Beispiel das von den Mitscherlichs analysierte Schweigen über die schuldhafte Verstrickung in den Nationalsozialismus während der fünfziger Jahren zu nennen.[4]

Willkürliche und unwillkürliche Erinnerung sind allerdings nur analytisch zu trennen, während sie im jeweiligen Akt des Erinnerns meist miteinander vermischt vorliegen. Gemeinsam ist beiden Modi der Erinnerung, daß in ihnen Spuren einer vergangenen (individuellen oder kollektiven) Wirklichkeit (willentlich oder am Willen vorbei) wieder ins Bewußtsein eintreten. Demgegenüber soll der Begriff der Inszenierung jenes Handeln bezeichnen, das einen Artefakt schafft, im folgenden also einen Film, in dem das Vergangene nachgebildet wird. Natürlich sind die Grenzen zur Erinnerung fließend, doch während die Erinnerung mit einer sich vom Ereignis herleitenden Textur arbeitet, kreiert die Inszenierung eine neue.

Im folgenden soll das Begriffspaar zur Erkundung der Funktionsweise einiger Filme eingesetzt werden, die die nationalsozialistischen Todeslager thematisieren. Die Analyse jener Szenen, in denen die Gaskammern oder sogar das

---

3 Sigmund Freud: Jenseits des Lustprinzips, in: ders.: Studienausgabe, hg. von A. Mitscherlich u. a., Bd. 3, Frankfurt/M. 1989 (zuerst 1920), S. 213-272.
4 Vgl. Alexander und Margarethe Mitscherlich: Die Unfähigkeit zu trauern, München 1977 (zuerst 1967).

in ihnen Geschehene dargestellt wurden, bildet den Ausgangspunkt. Obgleich die ausgewählten Filme ganz verschieden vorgehen, ist ihnen gemeinsam, daß sie vor der Visualisierung des Todeskampfes der im Gas Sterbenden Halt machen. Hier herrscht faktisch ein Bilderverbot, ein Abbildungstabu, eine Aussparung.

II.

Die Grenze zum Tabubereich ziehen die Filme je verschieden. Am umstrittensten ist vielleicht die Gaskammersequenz aus *Schindlers Liste* (1993), wo Steven Spielberg mit Hilfe eines Drehbuchtricks das Verhalten der Deportierten in der Gaskammer bis zu jenem Moment verfilmt, in dem vermeintlich das Gas aus den Duschen strömt. Sehen wir uns diese vieldiskutierte Szene einmal genauer an. Vorausgeschickt sei, daß gegen Spielberg der Vorwurf erhoben wurde, er erkläre nicht, was er zeige.[5] Lothar Baier schreibt, Spielberg könne »die Kamera in einen Raum stellen, den die Hinweise Lagertor und rauchender Schornstein als Gaskammer in Auschwitz-Birkenau kenntlich gemacht haben, und zeigen, was dort passiert, nämlich nichts Besonderes. Unter den Duschköpfen wird geduscht«[6].

Werden also geschichtsunkundige Zuschauer durch *Schindlers Liste* dazu verführt zu denken, daß die zur Irreführung der Opfer so genannten Duschräume in Auschwitz tatsächlich zum Duschen benutzt wurden? Dem ist entgegenzuhalten, daß Spielbergs Arbeitsweise geradezu nach dem Wissen der Zuschauer um die Vergasungen verlangt, denn nur dieses Wissen gewährleistet, daß ihnen klar ist, was auf dem Spiel steht. Erst das Wissen garantiert die maximale Spannungserzeugung, es ist dramaturgisch notwendig, weil es emotional involviert. Deshalb gibt es im Film eine Szene, in der Milena den Frauen detailliert beschreibt, was später im Film stattfinden wird: Die Situation an der Rampe, das Haareschneiden, das Abgeben der Schuhe, das Ausziehen, die Täuschung der Opfer mit Hilfe der Duschraum-Illusion und schließlich die Vergasung. Doch die Frauen weisen diese Schilderung als ein Gerücht zurück; warum sollten die Nazis ihre fleißigen Arbeiter umbringen? Solch ein Verhalten hätte keinen Sinn.

Später wird ein Zug, der die von Schindler freigekauften Arbeiterinnen in Sicherheit bringen soll, nach Auschwitz fehlgeleitet. Nun liefert die Schilderung Milenas das Drehbuch für die folgende Gaskammersequenz: Den Frauen werden die Haare geschnitten, die Schuhe abgenommen, sie müssen sich ausziehen und sie werden in die so bezeichneten Duschräume geschickt. Die Zu-

---

5   Vgl. Frank Noack: Deutsche Tränen, in: Initiative Sozialistisches Forum (Hg.): Schindlerdeutsche, Freiburg/Br. 1994, S. 7-15 (zuerst in: Der Tagesspiegel v. 27.3.1994), S. 14.
6   Lothar Baier: ›Schindlers Liste‹, ein deutscher Film, in: Initiative Sozialistisches Forum (Hg.): Schindlerdeutsche, Freiburg/Br. 1994, S. 149-165, S. 152.

schauer wissen, was nun kommen müßte, und sie wünschen die Rettung der Frauen herbei.

Spielberg hat die Identifikation mit den Schindler-Juden schon über den gesamten Film aufgebaut, und auch in der Gaskammersequenz zieht er alle filmischen Register, um sie aufrechtzuerhalten. Immer wieder streut er Großaufnahmen von ihren ängstlichen Gesichtern ein. Die Entkleidungsszene unterlegt er mit einer melancholischen Solovioline. Dann sehen wir, wie eine junge Frau sich ihr Hemd auszieht. Im punktuell gesetzten Seitenlicht hebt sich der Körper von der dunklen Umgebung ab, das diffuse Gegenlicht umlegt ihn mit einem leichten Strahlenkranz. Spielberg inszeniert eine Aktszene mit deutlichen erotischen Anklägen. Vielleicht soll sie die Schönheit der Opfer symbolisieren und dadurch ihre Würde bewahren. Festzuhalten bleibt jedenfalls, daß der Regisseur die Identifikation hier unter anderen mit Hilfe von erotisch suggestiven Bildern aufbaut.

Historisch belegt ist, daß sich in Auschwitz viele Opfer entkleiden mußten, bevor sie umgebracht wurden. Doch die Darstellung der historischen Tatsache kommt im Spielfilm – dies belegt in der angespochenen Szene die Lichtführung – nicht ohne Inszenierung aus. So gesehen gibt die gewählte Inszenierung vor allem Auskunft über Spielbergs Konstruktion des Ereignisses, kaum über das Ereignis selbst. Kulturell kodierte Bildtraditionen aus dem Hollywood-Kino regeln hier die Identifikationsbildung, ohne daß die Zuschauer sich diesen Mechanismen zunächst entziehen könnten.

Außerdem dauert die Aktszene nur einige Sekunden, dann öffnet sich schon die Tür zur Gaskammer und wir können nicht mehr darüber nachdenken, was uns die soeben gesehenen Bilder suggerieren. Erst die Analyse löst den geradezu mythischen Bann, mit dem das Kinobild uns glauben macht, das Gezeigte sei wahr. Daß sich dieser Eindruck der Plausibilität in gut gemachten Filmen einstellt, ist das Ergebnis einer Illusionsmaschine, an der vom Drehbuchautor über die Licht- und Tonmeister und die Maskenbildner bis zu den Schauspielern, und natürlich dem Regisseur, ein ganzes Team arbeitet. Wir sitzen der Realitätssuggestion auf. Ohne sie wäre das Kino nicht das, was es ist. Ohne sie hätte der Film nicht jenen machtvollen Zugang zu unserem emotionalen Sensorium, der ihn von vielen anderen Künsten abhebt.

Wichtiger noch für die emotionale Beteiligung des Zuschauers als die erwähnte Verwendung der Musik und des Lichts ist die Kameraführung. Auch hier lohnt das genaue Hinsehen, um das von Spielberg konstruierte Bild der Geschichte aus dem ästhetischen Produkt selbst zu erschließen.

Mit einem Geräusch, das akustisch den Beginn der folgenden Sequenz markiert, wird die Tür zur Gaskammer geöffnet.[7] Die Kamera steht in Augenhöhe

---

7 Das folgende wertet Yosefa Loshitzky positiv, wenn sie schreibt: »Spielberg was the first mainstream Hollywood Jewish filmmaker to break the taboo of explicitly imagining the Holocaust and the gas chamber as its ultimate sacred center and horrifying metaphor« (dies.: Holocaust Others. Spielberg's *Schindler's List* versus Lanzmann's *Shoah*, in: dies.

zwischen den Frauen, sie teilt deren Perspektive. Nun drängen sie sich ängstlich aneinander und gelangen ins Innere des Raumes, während wir Zuschauer – den Kamerablick teilend – mitten unter ihnen sind.[8] Dort angelangt, bleibt die Kamera etwas zurück und gleitet in eine leichte Aufsicht. Wahrnehmungspsychologisch betrachtet droht das Schreckliche nun nicht mehr »mir«, sondern »ihnen«. Kaum merklich werden die Zuschauer gezwungen, eine andere Perspektive einzunehmen. Aus der teilnehmenden Sicht der Opfer gelangen sie in die Beobachterhaltung. Nach einem Schnitt wechseln sie dann gänzlich die Seite. Aus der Perspektive der Täter zeigt Spielberg nun, wie die Tür zur Gaskammer verschlossen wird.

Spielberg inszeniert das Geschehen in den Gaskammern als Verschränkung der Täter-, der Beobachter- und der Opferperspektive, wobei der letztgenannten ein Übergewicht zukommt. Diese Vermischung der Perspektiven dient der Spannungserzeugung. Aus der Szene geht nicht hervor, daß er auf die philosophischen, historiographischen und politischen Schwierigkeiten einer solchen Vermischung ästhetisch reagiert hätte. Lanzmann wirft ihm vor, Juden und Deutsche würden in *Schindlers Liste* ganz normal miteinander reden.[9] In der Tat hat das Ungeheuerliche der willkürlichen Ausgrenzung und Ermordung eines ganzen Bevölkerungsteils durch einen anderen, die faktisch geschehene Aufspaltung der Bevölkerungsgruppen[10] und damit auch der Perspektiven, bei Spielberg keine ästhetischen Konsequenzen.

In Großaufnahme folgt dann eine Heranfahrt an ein kleines Sichtfenster in der verschlossenen Tür, das langsam den Blick auf die ängstlich zum Beobachter blickenden Frauen freigibt. Spielberg thematisiert also den Kamerablick und den in dieser Sequenz untrennbar mit ihm verbundenen Voyeurismus. Doch das Motiv des Blicks von außen wirft bei ihm nicht die Frage nach der Darstellbarkeit dessen auf, was in den Gaskammern passiert ist. Er gleitet – im Gegenteil – über dieses Problem hinweg, denn ohne die Heranfahrt zu stoppen geht der Kamerablick ohne sichtbaren Schnitt durch das Fenster hindurch auf die Frauen zu, so daß die Zuschauer abermals den Raum gewechselt haben und nun wieder, in einer Art teilnehmenden Beobachterperspektive, bei den Opfern sind. Es folgt eine Totale, die sowohl die Frauen als auch die Duschen zeigt, jene dramaturgischen Einheiten, die die folgenden schnellen Per-

---

(Hg.): Spielberg's Holocaust, Bloomington - Indianapolis 1997, S. 104-118, S. 110 f.). Daß der Tabubruch an sich keine positiv zu wertende Qualität impliziert, sondern die Art und Weise entscheidend ist, in der er betrieben wird, soll die weitere Analyse ergeben.

8 Von einer »konsequente[n] Außenperspektive« (Sabine Horst: »We couldn't show that«, in: konkret, Heft 3/1994, S. 40-42, S. 41) kann also nicht die Rede sein.

9 Vgl. Claude Lanzmann: Ihr sollt nicht weinen. Einspruch gegen »Schindlers Liste«, in: Frankfurter Allgemeine Zeitung v. 5.3.1994, S. 27.

10 Dies dokumentiert zum Beispiel Jean Améry, für den die Nürnberger Gesetze derjenige Einschnitt waren, der ihn »zum Juden gemacht« (Jean Améry: Über Zwang und Unmöglichkeit, Jude zu sein, in: ders.: Jenseits von Schuld und Sühne, München 1988, S. 102-122, S. 105) habe. Von dieser Zeit an sei er der Todesdrohung ausgesetzt gewesen.

spektivenwechsel prägen. Nun geht das Licht aus – eine unmotivierte Aktion, sofern die Opfer wirklich nur duschen, die aber ins Drehbuch genommen werden muß, um die Zuschauer in dem Glauben zu halten, die Frauen sollten getötet werden. Wir hören Schreie, die Angstgeräusche drängen die Musik in den Hintergrund. Dann wird ein hartes Seiten- und Gegenlicht angeschaltet. Die Schnittfrequenz erhöht sich, während das Bild in Großaufnahme einzelne oder einander umarmende Frauen und Kinder zeigt. Der aufgeregten Schnittfolge entspricht die zunehmende Rastlosigkeit der subjektiven Kamera, die zuletzt zwischen den sich bewegenden Körpern umherirrt, so daß für kurze Zeit nur noch Licht- und Schattenflecken zu erkennen sind. Dann folgt ein Umschwung in der Stimmung. Die plötzlich völlig statische Kamera zeigt zwei Frauen, die ihren ängstlichen Blick nach oben richten. Ihn vollzieht ein Schwenk zur Decke, zu den Duschen nach. Die Musik gewinnt wieder Überhand über die Geräusche.

Die Zuschauer werden durch all dies darauf vorbereitet, daß die Zeit der Entscheidung gekommen ist. Das einsetzende Streicherarrangement signalisiert ein schicksalhaftes Aufgehobensein in der Masse, das religiöse Dimensionen annimmt,[11] denn in dieser Situation verschont zu werden wäre Zufall, der ja in einem anderen Kontext – den die Musik und die nach oben gerichteten Blicke aufrufen – Gnade genannt wird. Der Regelfall, dies zeigt zwar nicht der Film, wohl aber ein Blick auf die Zahl der in Auschwitz Umgebrachten, es waren über eine Million,[12] war jedoch die Ermordung.

Zwar steht im Film zu diesem Zeitpunkt die Entscheidung darüber, was in den sogenannten Duschräumen passieren wird, ob Tod oder Rettung eintreten werden, noch aus – und doch ist sie längst gefallen. Dramaturgisch gesehen ist die Phase beendet, in der die Zuschauer die Furcht der Opfer am stärksten teilten. Wahrnehmungspsychologisch bleibt nur noch eine Möglichkeit: die Zuschauer verlangen nach der überstandenen Phase äußerster Angespanntheit nicht nach deren Wiederholung, sondern nach psychischer Abfuhr der aufgebauten Spannung. Und Spielberg, der das emotionale Bedürfnis hervorrief, bedient es auch: in einer abermaligen Totale strömt plötzlich Wasser aus einigen Duschen, und während auch die anderen anspringen erleben wir auf den Gesichtern der Frauen zunächst den Unglauben und dann die Freude, die sich nach überstandener Todesangst einstellt. Erleichterung schließt die Sequenz ab, die auch jene Szenen nicht trüben können, in denen wir, während die Entronnenen das Gebäude verlassen, unbekannte Menschengruppen in einen unterirdischen Schacht hinabsteigen sehen, von dem aus die Kamera, die jetzt den Blick der davongekommenen Frauen verkörpert, nach oben, an einem Schornstein entlangschwenkt in den merkwürdig hell strahlenden Rauch

---

11 Baier spricht von einer »sehr christliche[n] Erweckungs- und Wiederauferstehungsgeschichte« (Baier, ›Schindlers Liste‹, S. 160).
12 Vgl. Gutman/Jäckel u. a. (Hg.), Enzyklopädie des Holocaust, Bd. 1, S. 119.

hinein, der weiter aufsteigt. Dieser Schwenk suggeriert die Verwandlung der Menschen in Rauch und Asche. Die beiläufige Art, in der auf das Schicksal *dieser* Menschen verwiesen wird, evoziert einen Schauer, der den Betrachter noch einmal daran erinnert, welcher Gefahr die Schindler-Juden entgangen sind.

Daß die Frauen überleben sollen, bereitet das Drehbuch zusätzlich vor, indem es die Szene in einen unaufgelösten Wettstreit Schindlers mit den Nazis einbettet. Während wir den Protagonisten ins Auto steigen sehen, um die Frauen zu befreien, führt uns die Parallelhandlung mit ihnen in die Gaskammer. Wir wissen also, während wir ihnen folgen, daß ein Retter unterwegs ist.[13] So erscheint die mögliche Rettung als eine denkbare, im Rahmen des Drehbuchs sogar als eine realistische Alternative.[14]

Warum aber gerade diese Gruppe dem Tod entging, bleibt unklar. An dieser Stelle trifft der von den Kritikern erhobene Vorwurf zu, Spielberg spanne die Zuschauer emotional ein, erkläre aber nichts. Dort, wo Schindlers Mut und Einfluß nicht mehr hinreichen, greifen andere Mächte unterstützend ein. In Spielbergs Kinofiktion ist das Gute in der Welt noch wirksam; es offenbart sich erklärungslos als Errettung der Frauen aus der Gaskammer. Wo aber der den Schindler-Juden widerfahrene Zufall im Film nicht erläutert wird, bleibt als Erklärung nur das Schicksal. Von dem Verlust metaphysischer Gewißheiten, der die moderne Kunst kennzeichnet, ist in *Schindlers Liste* nichts zu finden. Dabei entzünden sich an Auschwitz nachdrücklicher denn je die Zweifel am Wirken des Guten in der Welt, vergleichbar nur mit der Dringlichkeit, die einst das Erdbeben von Lissabon aufwarf. Spielberg kennt diese Zweifel nicht.

Alle untersuchten Parameter – Musik, Geräusch, Licht- und Kameraführung – dienen der emotionalen Involvierung der Zuschauer. Spielberg nutzt die platte, aber immer wieder wirkungsvolle Logik der Identifikation eiskalt aus. Die Dramaturgie funktioniert nach einem im Hollywood-Kino üblichen Schema: Die Protagonisten überleben, während Figuren minderen Identifikationsgrades geopfert werden. Die Inszenierung einer solchen Opferungslogik konstruiert ein Bild von den Lagern, in dem der Tod einem dramaturgischen

---

13 Verglichen mit Spielbergs Horrorfilmen mögen die genannten Drehbuchtricks nicht ins Gewicht fallen. Entsprechend wertet er sie: »In all meinen bisherigen Filmen habe ich mit vielen Tricks und mit all meiner künstlerischen Intelligenz das Publikum zu manipulieren versucht. [...] Aber jetzt, bei diesem Thema, wollte ich nicht die geringste mit Manipulation zu tun haben« (Interview mit Steven Spielberg, in: Der Spiegel, Heft 8/1994, S. 183-186, S. 185). Wo aber verläuft die Grenze zwischen Konstruktion und Manipulation?

14 Seeßlen zieht das Argument von der anderen Seite her auf: Es gebe im Film »Szenen, die cineastisch personalisiert sind – ob Schindler tatsächlich persönlich in Auschwitz war, um die Arbeiterinnen zu retten, [...] ist nicht mehr wirklich zu klären. Aber diese Abweichung geht nie über eine narrative Verdichtung hinaus; es ist wirklich geschehen, sagt jede Szene« (Georg Seeßlen: Shoah, oder die Erzählung des Nichterzählbaren, in: Freitag v. 4.3.1994). Die ›narrative Verdichtung‹ verlangt jene Drehbuchgestaltung, die uns wissen läßt, daß der Retter Schindler unterwegs ist. Mit dieser Gestaltung ist aber der Sinn der Erzählung selbst betroffen. ›Narrative Verdichtung‹ konstruiert ein bestimmtes Bild der Geschichte.

Kalkül unterliegt. Er ereilt gerade nicht diejenigen, die dem Zuschauer lieb geworden sind. Damit ist die Logik des Überlebens und des Sterbens an unsere identifikatorischen Bedürfnisse gebunden. Wir verstehen die historischen Ereignisse im Horizont des Hollywood-Diskurses. Die Todeslager werden in die Vertrautheit dieses Diskurses eingefriedet. Unnötig zu betonen, daß dieses Erzählschema in bezug auf Auschwitz obsolet ist. Gerade die intendierte und weitgehend durchgesetzte Ausnahmslosigkeit charakterisiert ja die nationalsozialistische Vernichtungspolitik gegenüber den Juden. Der Historiker Dan Diner schreibt, nachdem er gezeigt hat, daß noch die Überlebensstrategien der Opfer von den Nazis für den Tötungsmechanismus nutzbar gemacht wurden: »So war der Erfolg des Überlebens fast ausschließlich dem Zufall geschuldet und keiner wie auch immer gearteten Rationalität. Dies ist der eigentliche zivilisationszerstörende Kern von ›Auschwitz‹, und dies ist der Angelpunkt extremster Radikalität, von der aus die Massenvernichtung zu denken wäre«[15]. Jedes Bild von Auschwitz, das diesen Sachverhalt ignoriert, muß beschönigend genannt werden.

Die Gaskammersequenz kann als Modell für den ganzen Film gelten: es geht um Rettung, nicht um Auslöschung. Seine Rührung zieht *Schindlers Liste* aus dem Überleben der Schindler-Juden. Die aufgebaute Spannung löst sich im *happy end*. Die Gattung des Spielfilms hat in letzter Zeit eine beachtliche Häufung solcher Verfilmungen des – in jedem Einzelfall historisch beglaubigten – Schicksals Geretteter vorgelegt.[16] Ähnlich verfährt auch Jack Golds Spielfilm *Escape From Sobibor* von 1987, in dem der Massenausbruch aus dem Todeslager Sobibor nachgestellt wird. Viele kommen bei der Flucht um, doch es gibt auch Überlebende. Als ein weiteres Beispiel kann Robert M. Youngs *Triumph of the Spirit*, den er 1989 an den Originalschauplätzen drehte, angeführt werden. Der Protagonist, ein griechischer Jude, überlebt Auschwitz, weil er dort in von der SS organisierten Boxkämpfen auf Leben und Tod besteht. Seine Familie geht ins Gas, während seine Braut mit dem Leben davonkommt.

Der von vielen Intellektuellen im Zusammenhang mit Auschwitz immer wieder aufgegriffene Gedanke, daß sich hier nicht nur ein, mehr oder weniger kontingentes historisches Geschehen ereignet habe, sondern vielleicht das Modell der westlichen Kultur insgesamt beschädigt, wenn nicht gar widerlegt worden sei, so daß von einem Fortschritt, den diese Kulturentwicklung mit sich gebracht habe, nicht mehr gesprochen werden dürfe, diesen Gedanken finden wir bei Spielberg nicht. Sein Film preist einmal mehr die nordamerikanische Spielart des Fortschrittsoptimismus, dem er darüber hinaus eine sinnstiftende Handlungsorientierung abgewinnt. Danach könne der im moralisch

---

15 Dan Diner: Zwischen Aporie und Apologie, in: ders. (Hg.): Ist der Nationalsozialismus Geschichte?, Frankfurt/M. 1987, S. 62-73, S. 72.
16 Alle genannten Filme unterliegen dem von Avisar charakterisierten Erzählmodell des Hollywood-Kinos (vgl. Ilan Avisar: Screening the Holocaust. Cinema's Images of the Unimaginable, Bloomington - Indianapolis 1988, S. 33-35).

Guten verankerte, individuelle Wille, zusammen mit dem gegen scheinbar übermächtige Widerstände dennoch ausgeübten, von Zivilcourage getragenen Handeln im persönlichen Einflußbereich, also gewissermaßen im kleinen, das Böse besiegen. In diesem Sinne muß der in Schindlers Ring eingravierte Vers verstanden werden: »Wer nur ein einziges Leben rettet, rettet die ganze Welt«.

Spielberg inszeniert die historisch verbürgte, den Ereignissen aber unangemessene Geschichte einer Rettung. Sein Film bedient sich inszenatorischer Freiräume, ohne die nachgestellten historischen Vorgänge fehlerhaft zu schildern. Vielmehr baut er mit Hilfe der verbürgten Daten und vielen Originalrequisiten eine Rhetorik der historiographischen Wahrhaftigkeit auf. Ihren Höhepunkt erfährt sie mit dem Wechsel zum Farbfilm in den letzten Einstellungen und dem zeitgleichen Auftreten der heutigen Schindler-Juden. Der Sprung vom Schwarzweiß zur Farbe markiert den Übergang von der Fiktion zur Dokumentation. Die Schauspieler versammeln sich mit den Personen, die sie darstellen, an Schindlers Grab. Einerseits weist Spielberg damit auf den fiktiven Charakter seiner Filmerzählung hin, vor allem spricht er ihr aber dadurch Authentizität zu und hebt sie von der reinen Fiktion ab. Die Dokumentation beglaubigt das gezeigte Fiktive, das sich nun mit dem Schein des Authentischen schmücken kann. Spielberg relativiert den Bruch zwischen Fiktion und Fakt, er nimmt die suggestive Kraft des Dokumentarischen für die Fiktion in Dienst, die nun erst den Höhepunkt ihrer persuasiven Kraft erreicht.

Die in Anspruch genommene Realitätsnähe kaschiert die oben herausgearbeitete Eigenwertigkeit der Inszenierung. Erst die filmische Umsetzung der historischen Fakten macht die Wirksamkeit des Film aus. Erst diese filmische Umsetzung konstituiert auch den Erzählmodus, der dem Hollywood-Kino verpflichtet ist und das historische Ereignis Auschwitz in die Sehweise dieses Diskurses einfriedet. Spielbergs Meisterschaft zeigt sich daran, daß es ihm gelingt, die Inszenierung hinter der Realitätssuggestion verschwinden zu lassen, ohne auf seiten der Zuschauer Scham über den unangemessenen Versuch hervorzurufen. Nicht selten wurden zwar einige kitschige Szenen gegen Ende des Films moniert,[17] doch abgesehen davon wurde er im vereinigten Deutschland geradezu emphatisch aufgenommen. Doch dieses Rezeptionsphänomen soll hier nicht weiter verfolgt werden.[18] Es gibt aber das Stichwort, um den syste-

---

17 Nachdem er Spielbergs Film noch im Januar rückhaltlos gelobt hatte, räumt Andreas Kilb im April Schwächen des letzten Teils ein (vgl. ders.: Des Teufels Saboteur, in: Die Zeit v. 10.4.1994).

18 Vgl. dazu Baier, ›Schindlers Liste‹, und die Quellensammlung von Christoph Weiß (Hg.): »Der gute Deutsche«. Dokumente zur Diskussion um Steven Spielbergs ›Schindlers Liste‹ in Deutschland, St. Ingbert 1995. Monate bevor er in Deutschland anlief, legte Andreas Kilb auf Seite eins der ZEIT den Maßstab fest, indem er Spielbergs Film ein »Ereignis der Zeitgeschichte« nannte: »die Frage, ob sich der Massenmord an den europäischen Juden überhaupt in bewegten Bildern darstellen läßt, [wird] ebenso eindrucksvoll wie endgültig beantwortet. Ja, es geht« (Andreas Kilb: Warten, bis Spielberg kommt, in: Die Zeit v. 21.1.1994).

matischen Ort der Erinnerung in Spielbergs filmischem Diskurs zu markieren. Indem Spielberg Auschwitz als einen referenziellen Ort der Handlung inszeniert, schreibt er dem kollektiven Gedächtnis seine Inszenierung von Auschwitz ein. Sein Film modifiziert, nachdem ihn viele Tausend Menschen sahen, das Geschichtsbild der Zeitgenossen von den historischen Ereignissen. Deshalb, wegen seiner Funktion für das kollektive Erinnern, nicht weil er ein ästhetisches Ereignis wäre, muß er weiteranalysiert und mit anderen Versuchen der Darstellung verglichen werden.

III.

Nach dem Blick auf *Schindlers Liste* mag es plausibel erscheinen, die Unterscheidung zwischen Inszenierung und Erinnerung auf die Gattungsgrenze zwischen Spiel- und Dokumentarfilm anzuwenden. Der Spielfilm würde in dieser Sicht immer schon die Erinnerung verfehlen, während erst der Dokumentarfilm ihr gerecht werden könnte, weil nur er die Textur des Vergangenen mit einbindet, also etwa mit überliefertem Bildmaterial arbeitet oder Zeitzeugen befragt.

Doch gleich am Beginn der filmischen Darstellung der Shoah steht ein irritierendes Phänomen, das eine der Schwierigkeiten anzeigt, mit denen auch das scheinbar unbestechliche dokumentarische Erinnerungsbild in diesem Falle zu kämpfen hat. Als nämlich den besiegten Deutschen von den Alliierten Dokumentationen über die Konzentrationslager wie *Die Todesmühlen* (1945/46) gezeigt wurden, hielten jene das Gesehene nicht selten für Propaganda. Sie sahen die Leichenberge, glaubten aber den Bildern nicht, weil sie von den Siegern unter Verwendung der Kollektivschuldthese und im Zuge der Re-education[19] präsentiert wurden.[20] Joachim Paech schreibt hierüber: »Trotz der historischen Gleichzeitigkeit der dokumentierten vor-filmischen Realität der Lager mit der unmittelbaren Nachkriegswirklichkeit der deutschen Bevölke-

---

19 Besonders 1945 und 1946 wurde diese Politik umgesetzt. So sahen die deutschen Kriegsgefangenen in den amerikanischen Lagern anklagende Filme wie *Germany, Awake!/ Deutschland, Erwache!* (1945). Der Bevölkerung wurden vor den Spielfilmen im Kino Dokumentarfilme und Wochenschauen gezeigt, von denen z. B. die *Welt im Film*, Ausgabe 5 vom 15.6.1945 auf die NS-Lager einging. Schon 1946, als der Kalte Krieg sich abzeichnete, schwenkte die Militärregierung um. Die Todeslager verschwanden aus den Dokumentationen. Filme wie *Memory of the Camps* (GB 1945) gelangten gar nicht erst in die Kinos.
20 Cornelia Brink hat im ersten Kapitel ihres Buches Re-education-Plakate untersucht und die Reaktion der Bevölkerung rekonstruiert. Eines trug die Überschrift: »Diese Schandtaten: Eure Schuld!« (vgl. dies.: Ikonen der Vernichtung. Öffentlicher Gebrauch von Fotografien aus nationalsozialistischen Konzentrationslagern nach 1945, Berlin 1998, S. 73; vgl. auch die Zusammenfassung in: dies.: »Ungläubig stehen oft Leute vor den Bildern von Leichenhaufen abgemagerter Skelette...«. KZ-Fotografien auf Plakaten – Deutschland 1945, in: Fritz-Bauer-Institut (Hg.): Auschwitz, Frankfurt/M. - New York 1996, S. 189-222).

rung, konnten die dort gesehenen Bilder nur gegen große Widerstände in die Erfahrungswirklichkeit dieser Menschen nach 1945 eingeordnet werden; die Bilder mußten von Anfang an gegen das Verdrängen und gegen das Vergessen antreten«[21].

Die in jedem von uns wirksame Vorurteilsstruktur trägt mit dazu bei, wie wir Bilder verstehen. Selbst die scheinbar ›objektiven‹ dokumentarischen Bilder sind der individuellen und kollektiven Wahrnehmung ausgesetzt, die das sichtbare Bild immer wieder anders wertet. Dokumentarische Bilder sprechen nicht für sich selbst – dies ist die Lehre, die wir aus dem Beispiel ziehen müssen. Sie treffen vielmehr auf Zuschauer, die durch ihre Kindheitsentwicklungen, ihre Schichten- und Nationalitätszugehörigkeiten sowie durch andere Faktoren – hier also ihrer Zugehörigkeit zu den Opfern oder den Tätern – eigene Blicke auf die Bilder werfen. Das Verstehen der dokumentarischen Bilder im Sinne der Konstruktion des von ihnen repräsentierten historischen Ereignisses bildet sich beim Aufeinandertreffen der filmischen Wirklichkeit und der Erfahrungswirklichkeit der Zuschauer je anders.

Sobald das historische Ereignis aus der Gleichzeitigkeit der Erfahrung heraustritt und in die Vergangenheitsform wechselt, verschärft sich dieses Problem, denn nun kommt außerdem noch eine historische Veränderung der Wahrnehmung hinzu. Der Dokumentarfilm ruft also im Zuschauer nicht die Vergangenheit wach, wie sie wirklich gewesen ist, sondern Spuren des Vergangenen, die das rezipierende Bewußtsein im Akt der Bedeutungsproduktion schon immer interpretierend aufnimmt. Die Ermordung der Juden ist gewissermaßen vergangen und gegenwärtig zugleich: als historisches Ereignis gehört sie einer anderen Zeit an, doch als Diskursereignis und als Gegenstand der Erinnerung tritt sie immer wieder neu in das Bewußtsein ein.

Als Alain Resnais für *Nacht und Nebel* (*Nuit et brouillard*) 1955 in Auschwitz drehte, war er sich des zeitlichen Sprunges von zehn Jahren bewußt und machte das allmähliche Verschwinden des historischen Ereignisses aus der gelebten Erfahrung zu einem Thema seines Films. In Farbe zeigt er das langsam verwildernde KZ-Gelände, wo zwischen Ruinen und verlassenen Gebäuden wieder Pflanzen wachsen. In Schwarzweiß dagegen präsentiert er das dokumentarische Material aus der Zeit des Nationalsozialismus. So bleibt der Zuschauer den gesamten Film über des Zeitsprunges eingedenk.

Resnais ist sich darüber im Klaren, daß das Verständnis des historischen Ereignisses sich mit der Zeit wandelt. Er inszeniert das Erinnern, indem die Kamera in rastlosen Fahrten die Originalschauplätze absucht. Das Erinnerte aber fällt in bezug auf die visuellen Parameter des Films mit dem schwarzweißen Material zusammen. Es bietet die grauenhafte Antwort auf die fragenden Kamerafahrten. Dies sei an der Gaskammersequenz aus *Nacht und Nebel* erläu-

---

21 Joachim Paech: Erinnerungs-Landschaften, in: Manuel Köppen (Hg.): Kunst und Literatur nach Auschwitz, Berlin 1993, S. 124-136, S. 125.

tert.[22] Grundsätzlich unterscheidet sich Resnais' Film von Spielbergs dadurch, daß in ihm Bild und Ton asynchron verlaufen. Ein unsichtbarer Sprecher kommentiert die Bilder, während Dialoge nicht vorkommen. Text und Bild begeben sich an die Orte des Grauens und versuchen an ihnen die Spuren des Geschehenen abzulesen. Zum Ausgangspunkt des filmischen Erinnerns wird dadurch die Abwesenheit des historischen Ereignisses, nicht dessen inszenierte Präsenz.

Dieses Verfahren befolgt Resnais auch in der Gaskammersequenz. Nachdem er im historischen Schwarzweiß die Zyklon B-Fässer zeigt, wechselt er zur Farbe, filmt ein Vergasungsgebäude von außen, um nach einem Schnitt in dessen Inneres zu springen. Im Vorraum sehen wir einen Tank, von dem Rohre abzweigen, dann die Türen mit den Sichtfenstern. Nach einem weiteren Schnitt finden wir uns im Innern einer Gaskammer wieder. Zunächst geht der Blick in Augenhöhe durch ein vergittertes Fenster nach außen. Dann schwenkt die Kamera zur Decke, fährt extrem nah heran, so daß die zerfurchte Struktur des Betons zu sehen ist. Der Kommentator erklärt: »Man schließt die Türen. Man beobachtet. Das einzige Zeichen [...] ist die von Fingernägeln gepflügte Decke. Beton läßt sich erweichen«.[23] Die Fahrt geht über die gesamte Decke des Raumes, sie endet erst an der gegenüberliegenden Wand. In der ganzen Einstellung erklingt das von Hanns Eisler komponierte musikalische Hauptmotiv. Die Musik weist darauf hin, daß wir uns im Zentrum des Dargestellten befinden.

Resnais benutzt hier ein Verfahren, dessen sich später auch Claude Lanzmann bedienen wird, indem er mit dem gesprochenen Wort eine Handlung benennt, deren Resultat er zwar visuell zeigt, die er aber als solche nicht abbildet. Das ruft die Imagination der Zuschauer wach, deren innere Bildproduktion nun die Schrecken des Todeskampfes ausmalt.

An das Verharren der Kamera im Vergasungsraum montiert Resnais das Gesicht einer Frauenleiche in schwarzweißer Großaufnahme. Es folgen viele übereinanderliegende Leichen, dann die Krematorien, die Brillenberge, Berge von Schuhen, Berge von Haar, dann wieder Leichen, die von einem Bulldozer zusammengeschoben werden. Insgesamt dokumentieren die Sequenzen das Resultat der nationalsozialistischen Vernichtungspolitik. Mit diesen historischen Schwarzweißaufnahmen setzt Resnais Bilder ein, wo er zunächst auf die Imagination vertraute. Er nutzt das Schockpotential der Dokumente, das sich in den Leichensequenzen bis heute erhalten hat.[24]

---

22 Eine ausführliche Anayse dieses Films legt Avisar vor (vgl. Avisar, Screening the Holocaust, S. 6-18). Er entwickelt Insdorfs kurze, aber eindringliche Gedanken weiter (vgl. Annette Insdorf: Indelible Shadows. Film and the Holocaust, New York - Toronto 1983, S. 31-33).
23 Eigene Mitschrift, S. K.
24 So urteilt auch Avisar – »The visual shocks in this sequence culminate with pictures of Allied bulldozers shoving the corpses into mass graves (taken in Bergen-Belsen)« (Avi-

Ihre Schockwirkung erlangen die Bilder natürlich durch das Abgebildete, darüber hinaus aber durch das Wissen um ihre Realitätshaltigkeit. Wie *Schindlers Liste* durch die Inszenierung der Aussage, es handle sich um eine wahre Geschichte, zusätzlich Rührung hervorruft, so steigert das Wissen um die Authentizität der Schwarzweißaufnahmen die Ergriffenheit der Zuschauer von *Nacht und Nebel*. In den Sprecherkommentar, einem auditiven Bestandteil des Films also, integriert Resnais ebenfalls das Moment authentischer Erinnerung. Jean Cayrol, der in Mauthausen interniert war, schrieb den Text. Die deutsche Fassung bearbeitete übrigens Paul Celan – ebenfalls ein zufällig Überlebender. Ohne Cayrols Mitarbeit hätte er es nicht gewagt, solch einen Film zu drehen, sagt Resnais.[25] Er macht die Anwesenheit der authentischen Erfahrung zur *conditio sine qua non* seiner Arbeit. Während Spielberg eine Rhetorik der historiographischen Wahrhaftigkeit inszeniert, arbeitet Resnais mit dem dokumentarischen Material und entwickelt eine eigene Rhetorik des Dokumentarischen.

In Bild und Wort sucht er immer wieder die Beglaubigung des Geschehenen durch Dokumente oder durch Zeugenschaft. Doch Resnais' Film unterscheidet sich von vielen Dokumentationen und Kompilationsfilmen dadurch, daß er die Unmöglichkeit mitbedenkt, die Erfahrung der Überlebenden zu übermitteln. Cayrol beharrt darauf, daß die Erfahrung des Konzentrationslagers nicht kommunizierbar sei.[26] Selbst wenn er wollte, wäre es dem Zuschauer im Kino nicht möglich, die Erfahrung der Überlebenden zu wiederholen. Zwar wühlt ihn die ästhetische Schock-Strategie physisch auf, doch immer bleibt er in der Position eines Mitleidenden, ihm selbst wird das gezeigte Leid nicht angetan.

Resnais vertraut also einerseits auf die Schockwirkung der Bilder, doch andererseits nimmt er die Möglichkeit des Unglaubens in seinen Film herein. Eines Unglaubens, der sich diesmal nicht aus der oktroyierten Sicht der Sieger ergeben könnte, sondern der aus dem Charakter der Shoah selbst erwächst. Die von den Nazis in die Tat umgesetzte Inhumanität ist unglaublich, weil das Alltagsbewußtsein eines Mitteleuropäers im Jahre 1955 keinen Anhalt für Analoges in seiner Erfahrung findet.[27] Mit dem konsequent auskomponierten

---

sar, Screening the Holocaust, S. 11) – ohne allerdings auf diese Strategie des ästhetischen Schocks interpretierend einzugehen.

25 »I did not dare to make this film by myself: I was never deported myself.« (Alain Resnais, zit. nach: Avisar, Screening the Holocaust, S. 7).

26 »Die Wirklichkeit der Lager. [...] Kein Bild, keine Beschreibung gibt ihnen ihre wahre Dimension wieder – die ununterbrochene Angst« (eigene Mitschrift, S. K.).

27 Manche Interpreten lesen in Resnais' engagierten Film eine aktuelle Stellungnahme zum langsam eskalierenden Algerienkonflikt hinein: »Resnais was quite candid when I asked him the obvious: What was the point of the film ultimately? ›The whole point,‹ he replied, ›was Algeria.‹ Ostensibly a documentary on Nazi camps, Resnais used their horrors as the foreground for an impassioned cry against the mounting atrocities commited by Algerian rebels and by [...] the French settlers in Algeria.« (Charles Krantz: Teaching

Zeitsprung inszeniert Resnais dieses Unglaubliche, dem die Erinnerungsarbeit nachspürt.

Während Spielberg das Vergangene als eine Geschichte erzählt, die sich in unserem Beisein entwickelt, inszeniert Resnais die Problematik des Erinnerns. Statt den Zeitsprung einzuebnen, stellt er ihn heraus; statt die Möglichkeit des Begreifens einzuräumen, zeigt er, wie es sich immer wieder entzieht.[28] Anders als Spielberg, der neben einer wahren erklärtermaßen »eine schlüssige Geschichte«[29] erzählen wollte, beginnt Resnais dort, wo die Massentötungen alle Konzepte narrativer Schlüssigkeit außer Kraft setzen. Dem Zuschauer bleibt aufgegeben, ein eigenes Bild der historischen Ereignisse zu erarbeiten. Inszeniert werden bei Resnais die Schwierigkeiten, auf die diese Arbeit trifft.

Damit scheint die Frage beantwortet zu sein, ob der Dokumentarfilm der Erinnerung an Auschwitz angemessener ist als der Spielfilm. Doch hat auch das dokumentarische Vorgehen seine Schwächen. Wie gesehen, können selbst dokumentarische Bilder auf Unglauben stoßen, wenn eine Abwehrhaltung gegen sie besteht. Auch das Material ist zu befragen: Die Übernahme von Nazi-Material in eine Dokumentation ist problematisch, denn es transportiert die Weltanschauung der Täter. Resnais mischt kommentarlos Bildmaterial aus Nazi-Propagandafilmen mit dem der Alliierten. Zeigt ersteres nicht die Opfer als jene Untermenschen, die sie für die Nazis waren? Ernst genommen werden muß deshalb die Frage, ob ein Dokumentarfilm, der diese Bilder verwendet, die Opfer ein zweites Mal dehumanisiert. Hier kommt es entscheidend auf die Auswahl und auf die Montage der Bilder an sowie auf deren Kommentierung oder Konterkarierung durch andere Momente des Films, also zum Beipiel Texteinblendungen oder Musik.

Daß noch Resnais' selbstreflexiv angelegte Arbeitsweise die Momente eines inszenierten Bildes der Geschichte nicht ganz ablegen kann, zeigt darüber hinaus eine Kritik aus den USA, die darauf aufmerksam macht, daß er die Juden nicht unter den Opfern hervorhebe, so daß der Eindruck entstehe, alle Gruppen seien gleichermaßen von der Vergasung bedroht gewesen.[30] Dieser Ein-

---

›Night and Fog‹. History and Historiography, in: Film and History, Febr. 1985, Heft 1, S. 2-15, S. 11).

28 Er weist übrigens schon zu diesem frühen Zeitpunkt auf die ökonomischen Interessen hin, die mit dem KZ-Betrieb verbunden waren – ohne den Skandal der Lager ökonomistisch wegzuerklären.

29 Spielberg, Interview, S. 184.

30 »An otherwise historically and morally valid work, *Night and Fog* omits the particularity of the Jewish Holocaust, and, in so doing, it ephasizes the universal at the expense of the particular. It allows an escape into a mythical evil-in-general or responsibility-in-general for those who should be presented with the specifics of the prodigious suffering of the Jews of the Holocaust. It silently buries the deaths of six million Jews in universal genocide. It sinks the specific case of the central victims in a sea of generalities, and the Jews vanish with hardly a trace.« (Robert Michael: Night and Fog, in: Cineaste, 1984, Heft 4, S. 36 f., S. 36).

wand, über den sogleich eine lebhafte Debatte einsetzte,[31] deutet an, daß Resnais' avanciertes Bild der Vergangenheit in der existentialistischen Menschheitsemphase der fünfziger Jahre befangen sein könnte. Auch in dieser Hinsicht trägt der Dokumentarfilm einen historischen Index.

Je weiter das historische Ereignis in die Vergangenheit entgleitet, desto virulenter wird schließlich eine weitere Überlegung, die den Gebrauchswert des dokumentarischen Materials betrifft. An Originalaufnahmen der Lager gibt es nur ein begrenztes Archiv von Photos und Filmausschnitten. Die kaum zu vermeidende Wiederholung dieser Bilder, zum Beispiel in Lehrfilmen, an Jahrestagen im Fernsehen usw. bringt einen Repetitions- und Gewöhnungseffekt mit sich. Die Bilder verlieren die Schockwirkung, die sie beim ersten Sehen erreichen konnten; sie veralten. Manche verfestigen sich gar zu Symbolen und Ikonen.[32]

Auf alle angesprochenen Punkte müssen Dokumentarfilmer Rücksicht nehmen, sobald sie die Todeslager filmisch darstellen. Der Dokumentarfilm ist also nicht von vorneherein das bessere Medium für die Darstellung der Shoah. Die Alternative zwischen Dokumentarfilm hier und Spielfilm dort ist falsch aufgemacht. Beide Gattungen bieten an sich Vor- und Nachteile. Entscheidend ist, *wie* die einzelnen Filme gearbeitet sind.[33]

Allerdings lenkt die heute vorherrschende kulturindustrielle Einbindung des fiktionalen Herangehens dieses in eine ganz bestimmte Richtung. Der kommerzielle Spielfilm verlangt eine am Massengeschmack ausgerichtete Ästhetik, von der das *happy end* nur ein Teil ist. Sobald es mit Rücksicht auf den Stoff einmal vernachlässigt werden muß, wie in der US-amerikanischen Fernsehserie *Holocaust* von 1979, wo aus der jüdischen Familie Weiss lediglich der Sohn Rudi überlebt, setzt der Identifikationsmechanismus ganz sicher an anderer Stelle ein. Hier zum Beispiel als Verkitschung der Ermordungen als Opfergänge und als verharmlosende Darstellung des Lagers Auschwitz. Elie Wiesel resümiert, die Serie sei »eine Beleidigung für die, die umkamen und für die, die überlebten.«[34]

Zwar geht die kommerzielle Intention solcher Streifen meist schon eindeutig aus ihrer Machart hervor, im Falle der Holocaust-Serie liegt die »Kommer-

---

31 Vgl. Krantz, Teaching ›Night and Fog‹, besonders S. 27; vgl. Avisar, Screening the Holocaust, besonders S. 12-18.
32 Vlg. zu diesem Thema den Ausstellungskatalog: Yasmin Doosry (Hg.): Representations of Auschwitz. 50 Years of Photographs, Paintings, and Graphics, Kraków 1995; darin insbesondere: Yasmin Doosry: Vom Dokument zur Ikone: Zur Rezeption des Auschwitz-Albums, S. 95-104.
33 Avisar vertritt die Meinung, daß jeder am Hollywood-Erzählmodus geschulte Film Auschwitz verfehlen muß (vgl. Avisar, Screening the Holocaust, S. 46-51).
34 Elie Wiesel, Die Trivialisierung des Holocaust: Halb Faktum und halb Fiktion, in: Peter Märthesheimer/Ivo Frenzel (Hg.): Im Kreuzfeuer: Der Fernsehfilm Holocaust. Eine Nation ist betroffen, Frankfurt/M. 1979, S. 25-30, S. 26.

zialisierung des Grauens«[35] noch aus einem anderen Grunde auf der Hand: die NBC war in Zugzwang, weil die ABC erfolgreich *Roots* produziert hatte. Daß Wiesel von einer »Seifen-Oper«[36] spricht und anmerkt, der Ton sei falsch gewählt,[37] weist auf die Verquickung von Darstellung und Kommerz hin. Eine hier nicht ausgeführte Analyse der erschreckend naiven Gaskammerszenen aus *Holocaust* würde diesen Befund untermauern.

IV.

Als dritter Film soll nun Claude Lanzmanns *Shoah* von 1985 betrachtet werden. Lanzmann knüpft an Resnais' Vergegenwärtigung des Zeitsprungs an, radikalisiert sie aber noch. Beim Beginn der Dreharbeiten waren dreißig Jahre seit dem Ende des Krieges vergangen. Die Zeitzeugen starben aus. In dieser Situation wählt er eine Lösung des Darstellungsproblems, die derjenigen von *Schindlers Liste* und der der *Holocaust*-Serie diametral entgegensteht. Er verzichtet darauf, das Geschehene in Bilder zu bringen und benutzt auch keine dokumentarischen. In einer Stellungnahme zu Spielbergs Film formuliert er programmatisch: »In *Shoah* gibt es keine Sekunde aus dem Archiv, [...] auch, weil das Archiv nicht existiert. Die Frage ist: Erfindet man, um Zeugnis abzulegen, eine neue Form, oder versucht man, zu rekonstruieren? [...] Spielberg hat sich für die Rekonstruktion entschieden. Rekonstruieren aber bedeutet in gewisser Weise, Archive fabrizieren«[38]. *Shoah* ist wohl der radikalste ästhetische Versuch, das Grauen auszumessen, ohne auf die Bilder des Grauens zurückzugreifen.

Vom Bildmaterial geht deshalb keine Schockwirkung aus. Lanzmann zeigt keine ausgezehrten Häftlinge, keine Haarberge, keine Leichen. Meist sehen wir Zeitzeugen, die ihre Erinnerungen erzählen, oder Landschaften und Orte, über die gesprochen wird. Es scheint, als habe der Filmemacher ein Bilderverbot eingehalten; Lanzmann selbst sprach sogar von der Notwendigkeit eines Darstellungsverbots: »Der Holocaust ist vor allem darin einzigartig, daß er sich mit einem Flammenkreis umgibt, einer Grenze, die nicht überschritten werden darf, weil ein bestimmtes, absolutes Maß an Greueln nicht übertragbar ist: Wer es tut, macht sich der schlimmsten Übertretung schuldig. Die Fiktion ist eine Übertretung, und es ist meine tiefste Überzeugung, daß jede Darstellung verboten ist«[39]. Lanzmanns Ablehnung jedes fiktionalen Vorgehens führt ihn zu einer Spielart des Dokumentarfilms, der die Uneinholbarkeit des historischen Ereignisses zur Voraussetzung seines Diskurses macht. Im Jetzt findet

---

35 Washington Post, zit. nach: Märthesheimer/Frenzel (Hg.), Im Kreuzfeuer, S. 39.
36 Wiesel, Die Trivialisierung des Holocaust, S. 26.
37 Wiesel, Die Trivialisierung des Holocaust, S. 29.
38 Lanzmann, Ihr sollt nicht weinen.
39 Ebd.

er einen Zugang zum Vergangenen, indem er Spuren aufsucht, die sich an den Orten des historischen Geschehens, vor allem aber in der Physis der Opfer, bis heute erhalten haben.

Aus *Shoah* scheint die Inszenierung eliminiert zu sein, alle Emphase liegt hier auf der Erinnerung, und zwar auf der individuellen Erinnerung der interviewten Zeitzeugen. Das schon verschiedentlich gewürdigte Verfahren Lanzmanns[40] hält sich an deren Aussagen. In den Interviews mit ehemaligen Häftlingen dokumentieren Bild und Ton den Schmerz, den die Erinnerung aktualisiert: die Traurigkeit in den Augen Mordechai Podchlebniks, das Schweigen Abraham Bombas, das Weinen Filip Müllers und Jan Karskis. Die unwillkürlichen Äußerungen des Körpers bezeugen das aktuelle Nachwirken des Erlebten. Die Vergangenheit wird für diese Menschen nie vergangen sein.

Indem Lanzmann die Authentizität des Zeugnisses am Körper der Überlebenden aufsucht, entwickelt er ein genuin filmisches Konzept.[41] Spielbergs Rhetorik historiographischer Wahrhaftigkeit bietet demgegenüber nur Authentizität aus zweiter Hand. Zwar sind die historischen Daten seiner filmischen Erzählung verbürgt, doch dokumentiert das Gezeigte nichts als Spielbergs Version der Ereignisse. Dagegen treffen wir in Lanzmanns Film auf jene materialen Spuren, die die Erinnerung von der Inszenierung abheben.[42]

Dies bedeutet jedoch nicht, daß es in *Shoah* keine Inszenierung gäbe. Sie findet mindestens auf zweierlei Art statt. Erstens inszeniert Lanzmann das *setting* der Interviews. So mietet er für die Sequenz mit Abraham Bomba eigens einen Friseursalon an, um dem ehemaligen KZ-Friseur die Gelegenheit zu geben, die alten Bewegungen zu wiederholen und damit die Erinnerung wiederkehren zu lassen.[43] Ein übriges bewirkt Lanzmanns Interviewtechnik; er fragt häufig

---

40 Vgl. neben Gertrud Koch (Die ästhetische Transformation der Vorstellung vom Unvorstellbaren, in: dies.: Die Einstellung ist die Einstellung, Frankfurt/M. 1992, S. 143-155 (zuerst 1986)) auch Marcel Ophüls (Closely watched trains, in: American Film, Heft 2/1985, S. 16-20, 22, 79), Michael Marek (Verfremdung zur Kenntlichkeit, in: Rundfunk und Fernsehen, 1988, Heft 1, S. 25-44, besonders S. 35-37), Ulrich Wendt (Prozesse der Erinnerung. Filmische Verfahren der Erinnerungsarbeit und der Vergegenwärtigung in den Filmen ›Shoah‹, ›Der Prozeß‹ und ›Hotel Terminus‹, in: A. Messerli u. a. (Hg.), Cinema 39, Non-Fiction, Basel - Frankfurt/M. 1993, S. 35-54, besonders S. 39-42) sowie Jess Jochimsen: »Nur was nicht aufhört, weh zu thun, bleibt im Gedächtniss«. Die Shoah im Dokumentarfilm, in: Nicolas Berg (Hg.): Shoah – Formen der Erinnerung, München 1996, S. 215-231.
41 »Wir sehen zu, wie Erfahrungen zu Sprache werden [...]. Während der Schriftsteller das Schweigen brechen muß, um es darzustellen, ist dieses Schweigen im Videozeugnis ebenso präsent wie die Worte selbst [...]. Im Unterschied zum literarischen Zeugnis kann das Videozeugnis auch das *Nicht*erzählen einer Geschichte darstellen« (Young: Beschreiben des Holocaust, S. 249). Young spricht in diesem Zusammenhang von »Formen des Zeugnisses [...], die uns nur das Video oder der Film erschließen können« (S. 251).
42 Zur Bedeutung der Zeugenschaft in *Shoah* vgl. auch: Shoshana Felman: A l'âge du témoignage: Shoah, in: Bernard Cuau u. a.: Au sujet de Shoah, Paris 1990, S. 55-145.
43 Die Theorie für diese Technik liefert Gertrud Koch, in: Die Einstellung ist die Einstellung, S. 148 f. und S. 160-169. – Lanzmann und Koch legen Wert auf den Unterschied zwischen

nach Details, um die Erinnerung zu unterstützten. Mit diesen Verfahrensweisen provoziert er die Hervorbringung eines Dokuments und produziert es dadurch in gewisser Weise allererst. James Young nennt dieses Vorgehen treffend eine »Erzeugung des Zeugnisses«[44]. Ihr dient die Inszenierung zuallererst.

Zweitens inszeniert Lanzmann das vorfilmische Zeugnis aber auch mit Hilfe einer filmischen Rhetorik. So zoomt er in den Momenten schmerzhaften Erinnerns gerne extrem nah an die Person heran und wählt damit ein Mittel, das auch in der Sensationsberichterstattung verwendet wird.[45]

Als weiteres Beispiel kann der Bericht Mordechai Podchlebniks herangezogen werden. Wir hören ihn im Off, während die aus einem Auto filmende Kamera den geschilderten Fahrtweg des Kulmhofer Vergasungswagens in der heutigen Landschaft nachvollzieht. Die Sequenz dauert 6.14 Minuten und enthält nur zwei Schnitte. Den ersten setzt Lanzmann in jenem Moment ein, in dem die Juden in der Erzählung den Gaswagen betreten, mit dem zweiten wechselt er zum Erzähler hinüber, dessen Bericht nun in Bild und Ton erscheint. Die mit der Kamera nachvollzogene Vergasungsfahrt und der bedeutsame Schnitt während dieses Nachvollzugs belegen, daß die filmische Arbeit Lanzmanns – durch *mise en scène*, Schnitt und Montage – die dokumentierte Erinnerung inszeniert.

Die Beispiele zeigen, daß Lanzmann auf Einfühlung setzt. In diesem Punkt unterscheidet er sich nicht grundsätzlich von Spielberg, wenngleich hier Schauspieler agieren, während es dort Personen sind, die in der Erinnerung Teile ihres eigenen Lebens wieder heraufholen. Der Körper eines Schauspielers beherbergt nicht die Versehrungen der Körper von Überlebenden.

Außerdem löst Spielberg die Identifikation in die Rettung auf. Die Geretteten sind fruchtbar, sie gründen Familien. *Schindlers Liste* blendet die Wahrheit über das Leben nach dem Entrinnen einfach aus und suggeriert, nach Auschwitz könne von vorne begonnen werden. Doch Lanzmann zeigt, was danach geschieht: die Verletzung hält bis heute an. Die Traumatisierung konnte nicht überwunden werden. Noch in der zweiten Generation, ja selbst

---

dem Erinnern und dem Wiederdurchmachen einer Situation (le vécu). So sagt Lanzmann: »Der Film setzt sich nicht aus Erinnerungen zusammen. [...] Der Film hebt jegliche Distanz zwischen Vergangenheit und Gegenwart auf« (Lanzmann, zit. nach: Hans-Jürgen Müller (Hg.): Shoah – Ein Film, Oldenburg 1991, S. 136). Doch das Wiederdurchleben einer Situation ist vom Begriff des unwillkürlichen Erinnerns nicht deutlich zu unterscheiden. Gegen die Idee, etwas könne genau so wieder durchlebt werden wie beim ersten Mal, gegen die Idee der identischen Verdoppelung also, der Lanzmann zuzuneigen scheint, findet sich schon bei Proust der Gedanke, daß das Wiederdurchleben immer schon unter dem Vorzeichen des Verlustes geschieht – und damit im Medium der Erinnerung.

44 Young, Beschreiben des Holocaust, S. 249.
45 Avisar spricht von Lanzmanns »truthful camera« (Avisar, Screening the Holocaust, S. 31) und verfehlt damit den hier entwickelten Gedanken der Inszenierung.

in der dritten, wirkt das Vernichtungsgeschehen in denen nach, die der Vernichtung entkamen. Zwar haben sie wider alle Wahrscheinlichkeit überlebt, doch sie bleiben vom Tod gezeichnet. Lanzmann zeigt keine Geretteten, sondern Versehrte.

Insofern dienen dieselben Mittel – Identifikation und Einfühlung – unterschiedlichen Zwecken. Lanzmann stellt die Shoah – die Auslöschung – ins geistige Zentrum seines Films. Bemerkenswert ist dabei, daß er das von ihm selbst geforderte Darstellungsverbot nicht durchhalten kann. Zwar berücksichtigt er das Bilderverbot, doch Filme sind längst Bild-Ton-Kontinuen, und auf der Tonspur versenkt sich *Shoah* in die Szenerie des Schreckens wie kein anderer der angesprochenen Filme. So schildert Filip Müller, ein Überlebender der Sonderkommandos von Auschwitz, folgendes: »Das Sterben von Gas dauerte etwa / von zehn bis fünfzehn Minuten. [...] der Gas, / wenn er eingeworfen hat, / da hat er gewirkt doch so, / daß er sich ... von unten nach oben stieg der. / Und jetzt, in diesem schrecklichen Kampf, der da entstand / – das war ein Kampf, der da entstand –, / in ... in ... in ... / die Lichter waren weg, also ausgeschaltet / in den Gaskammern, / es war dunkel da, man hat nicht gesehen, / und daß die Stärkeren wollten immer mehr nach oben. / Weil sie haben wahrscheinlich gespürt, / daß, wie mehr sie nach oben kommen, daß um so mehr, um so mehr kriegen sie Luft. / Um so mehr also könnten sie atmen. Ja? / Und da entstand ein Kampf«[46].

Durch diese und weitere Beschreibungen können sich die Zuschauer eine detaillierte Vorstellung davon machen, was geschehen ist. Lanzmann rührt an dem eingangs erwähnten Tabu, das über der Darstellung des Todeskampfes liegt. Der Bericht beschreibt das, wofür es nach Lyotard keine Zeugen geben kann, weil eine Augenzeugenschaft der Getöteten nicht existiert.[47] Filip Müller schildert, was geschehen sein muß, als das Licht ausging und lichtet dadurch das Dunkel über diesen Augenblicken. Lanzmann nimmt den Bericht in seinen Film hinein, den er aus 350 Stunden Material montierte, das er von 1976 bis 1981 drehte und während der nächsten vier Jahre schnitt.[48] Dies verdeutlicht, daß die von Gertrud Koch überzeugend herausgearbeitete Aussparung der Verbildlichung nur für das kinematographische Bild gilt, nicht aber für das sprachliche.

Wenn Koch schreibt: »Strikt hält Lanzmann sich [...] innerhalb der Grenzen dessen, was vorstellbar ist: für das Unvorstellbare, die konkrete industrielle Abschlachtung von Millionen, setzt er die konkrete bildliche Vorstellung ab«[49], so gilt das Gegenteil für die sprachbildliche Vorstellung. Lanzmann stellt den Todeskampf der Sterbenden filmisch dar – auf der Tonspur wohlge-

---

46 Claude Lanzmann: Shoah, Düsseldorf 1986, S. 169 f.
47 Vgl. Lyotards Auseinandersetzung mit diesem Dilemma in den Ziffern 1-8 des *Widerstreits* (Jean-François Lyotard: Der Widerstreit, München (2) 1989, S. 17-21).
48 vgl. Müller (Hg.), Shoah, S. 37.
49 Koch, Die Einstellung ist die Einstellung, S. 149.

merkt. Die unterschiedliche Wertung von visueller und auditiver Darstellung leitet sich aus seinen Thesen über die Imagination her.[50] Er setzt die Tätigkeit der Einbildungskraft nachdrücklich von der visuellen Darstellung der historischen Ereignisse ab, so daß er formulieren kann: »Bilder töten die Imagination«[51]. Doch auch die Imagination erzeugt Bilder, nämlich Vorstellungsbilder in den Köpfen der Zuschauer. Vielleicht schlägt gerade die Nähe *dieser* Bilder zum Schrecklichen die Zuschauer des Films Shoah in den Bann. Längst bekannt ist ja das von Edmund Burke beobachtete Phänomen der Lust am Erschauern.[52] Sie entsteht, wo eine Nähe zum Schrecklichen gegeben ist, ohne daß der Betrachter selbst bedroht wäre. Auch der Voyeurismus sucht den ästhetizistischen Genuß am Grauenhaften, der in der Distanz von Sicherheit und erzähltem Schrecken entspringt. Wie kein anderer vermeidet Lanzmann die Bilder des Grauens. Doch selbst er muß darstellen, sofern er nicht schweigen möchte. Dies ist der Fallstrick jeder Darstellung von Auschwitz und der Grund für das postulierte Bilderverbot.[53] In jeder Darstellung wirkt das, was Adorno die »verruchte Affirmation«[54] nannte.

V.

Die Gaskammern bezeichnen den Unterschied zwischen den Todeslagern und anderen Typen von Lagern. Was in ihnen geschah, wird somit zum Fluchtpunkt des Erinnerns von Auschwitz. Die Inszenierung der Gaskammern im Film deutet auf verschiedene Modi heutigen Erinnerns wie auch auf unterschiedliche Wertungen des historischen Ereignisses hin.

An allen erörterten Filmen zeigte sich, daß Erinnerung ohne Inszenierung nicht möglich ist. Jede Ästhetik, die auf unverfälschte Dokumentation baut, indem sie die Dokumente als *objets trouvés* präsentiert, die für sich selbst sprechen sollen, abstrahiert vom arrangierenden, kontexualisierenden, kurz: vom

---

50 Koch weist auf ihren Sartreschen Ursprung hin; vgl. ebd.
51 Lanzmann, Ihr sollt nicht weinen.
52 Er schreibt: »Wenn [...] Schmerz und Schrecken so gemäßigt sind, daß sie nicht unmittelbar schaden; [...] so sind diese Regungen [...] fähig, Frohsein hervorzubringen: nicht Vergnügen, aber eine Art von frohem Schrecken« (Edmund Burke: Philosophische Untersuchung über den Ursprung unserer Ideen vom Erhabenen und Schönen, Hamburg (2) 1989 (zuerst 1757), S. 176), den *delightful horror*.
53 Kohlhammers Äußerung, es habe sich »eine perverse Sakralisierung des Holocaust vollzogen« (Siegfried Kohlhammer: Anathema, in: Merkur, Heft 6/1994, S. 501-509, S. 505), in deren Namen das Darstellungs- und Bilderverbot erfolgt sei, verfehlt den kritischen Gehalt der Idee des Bilderverbots. Kochs Vorschlag, es als »eine regulative Idee der Ästhetik« (Koch, Die Einstellung ist die Einstellung, S. 45) zu begreifen, die die Bilder immer wieder korrigierend konterkarieren kann, bietet demgegenüber eine handhabbare Integration der Idee des Bilderverbots in die ästhetische Praxis des Filmemachens.
54 Theodor W. Adorno: Engagement, in: ders.: Noten zur Literatur, Gesammelte Schriften, Bd. 11, Frankfurt/M. 1974, S. 409-430, S. 424.

inszenierenden Zugriff, den jeder Film mit sich bringt. Das reine Dokument, das Evidenz ausschließlich aus sich selbst zöge, gibt es nicht. Immer liegt das Material, liegen also die Erinnerungsspuren, in einem Mischungsverhältnis mit der Inszenierung.

Ein Faktor, der die besprochenen Filme wesentlich voneinander unterscheidet ist aber der Grad, in dem sie ihre inszenatorischen Momente kenntlich machen. Für die Machart von *Schindlers Liste* ist es unbedingt notwendig, die Zuschauer in die emotionale Identifikation mit der erzählten Geschichte zu bringen. Hier würden Selbstzweifel in bezug auf das transportierte Geschichtsbild nur stören. Spielbergs filmische Rhetorik sorgt im Gegenteil immer wieder für die Suggestion der Realitätshaltigkeit des Erzählten. Eine Version der Wirklichkeit erhöht sich bei ihm zum Bild für das Gewesene schlechthin.

Lanzmann und Resnais hingegen inszenieren auf verschiedene Weise einerseits das Erinnerte, darüber hinaus aber auch das Erinnern selbst. Ihnen wird das Bild vom Vergangenen problematisch, sie kennzeichnen den Zeitsprung, der zwischen dem Gewesenen und seiner filmischen Repräsentation liegt. Während *Schindlers Liste* die Geschichte als in sich stimmige und in sich abgeschlossene *story* erzählt, machen Resnais und Lanzmann die Perspektivität jedes Geschichtsbildes sowohl in seiner Subjektgebundenheit wie auch in seiner Historizität sichtbar. Wo die Pluralität der kollektiven Erinnerung einsichtig gemacht wird, bleibt das Bild von den historischen Ereignissen fortzuschreiben.

Den Nachgeborenen ist die Aufgabe übertragen, Auschwitz immer wieder neu zu denken. Wo dies nicht mehr geschieht, bleibt der sinnlose Tod von Millionen folgenlos. Doch es kommt auch auf die Art der Erinnerung an. Das ritualisierte Gedenken an Jahrestagen und in offiziellen Verlautbarungen pflegt die vom Konsens getragene Geste. Eine Art Ablaßbitte, die man aus internationaler Rücksichtnahme noch eine Weile inszeniert. Anders verführe ein Gedenken, das die Aktualität der historischen Ereignisse thematisierte, indem es immer wieder an das Unabgeschlossene rührte, das die Todeslager in die Welt brachten. Unabgeschlossen ist etwas, weil wir die Probleme, die es aufwirft, als die unseren erkennen. Die Aufgabe des Eingedenkens bestünde darin, jenes Unabgeschlossene zu vergegenwärtigen und ihm Zeit, Raum, Geltung und Gewicht zuzugestehen. Dadurch können wir die historischen Ereignisse selbst nicht verändern. »Die Erschlagnen sind wirklich erschlagen«[55], formuliert Max Horkheimer. Doch Walter Benjamin bietet mit dem Begriff des Eingedenkens ein Korrektiv dieser Aussage an, das er allerdings niederschrieb, bevor die Todeszentren entstanden waren. Er macht geltend, »daß die Geschichte nicht allein eine Wissenschaft sondern nicht minder eine Form des Eingedenkens ist. Was die Wissenschaft ›festgestellt‹ hat, kann das Eingeden-

---

55 Max Horkheimer, zit. nach: Walter Benjamin: Das Passagen-Werk, in: ders.: Gesammelte Schriften, Bd. V, hg. von Rolf Tiedemann, Frankfurt/M. 1982, S. 589.

ken modifizieren. Das Eingedenken kann das Unabgeschlossene [...] zu einem Ab[ge]schlossenen und das Abgeschlossene [...] zu einem Unabgeschlossenen machen«[56]. In das Spannungsfeld zwischen diesen beiden Extremen ist die erinnernde und darstellende Vergegenwärtigung von Auschwitz heute eingebunden.

---

56 Benjamin, Das Passagen-Werk, S. 589.

Authentizität und Authentisierungsstrategien in filmischen Darstellungen der Todeslager

I.

Die meisten Künstler, Kritiker und Ästhetiker, die nicht die Position vertreten, die Kunst müsse von vorneherein vor der Shoah kapitulieren, erkannten – jedenfalls bis zu Roberto Benignis *Das Leben ist schön* (1998)[1] – die Forderung nach einer wirklichkeitsgetreuen, beglaubigten, an der historischen Faktizität orientierten Darstellung dieses Ereignisses implizit oder explizit als eine Grundlage ihrer Arbeit an. In der Geschichte der Darstellung der Shoah haben sich außerdem diskursive Muster herausgebildet, in denen das Authentische besonders akzentuiert wird. Das Konzept Authentizität nimmt in der Ästhetik des Holocaust sowohl autor-, als auch werk- und rezeptionsästhetisch eine zentrale Position ein.[2] Gefragt werden soll deshalb im folgenden nach den Möglichkeiten und den Grenzen des Authentischen, wie sie sich im Medium Film darstellen. Quer durch die Gattungen hindurch werden dabei zunächst einige Artefakte dekonstruiert, die Authentizität für sich reklamieren oder denen Authentizität zugesprochen wurde, um dann Gründe zu nennen, warum trotz aller Kritik an dem Begriff im Zusammenhang mit der Shoah festgehalten werden sollte.

Auf den ersten Blick scheint gerade für den Film nichts leichter zu sein als eine wirklichkeitsgetreue Darstellung der historischen Faktizität. Denn zeichnet der Apparat die Wirklichkeit nicht unbestechlich so auf, wie sie sich zeigt? Dann müßte der Kompilationsfilm als angemessenes Muster für die authentische Behandlung der Shoah gelten. Einer von ihnen, der erste deutsche, der sich mit dem Thema befaßt, noch produziert in Schweden, Erwin Leisers *Mein Kampf* (1959), beginnt mit der Texteinblendung: »Jedes Bild in diesem Film ist authentisch. Alles, was hier gezeigt wird, ist geschehen«. Trat Leisers verdienstvoller Film gegen das Verleugnen der Täterschaft im Nachkriegsdeutschland noch mit dem Pathos desjenigen an, der nichts als die Wahrheit zeigt, so hat sich mittlerweile herumgesprochen, daß die historische Annahme, die Welt könne dargestellt werden, wie sie wirklich gewesen sei, ein Miß-

---

1 Dieser Film verdiente eine intensive Beschäftigung, die hier nicht geleistet werden kann, weil er erst nach Abschluß des Manuskripts anlief.
2 Zur Grundlegung des Begriffs Authentizität vgl. Christian Strub: Trockene Rede über mögliche Ordnungen der Authentizität. Erster Versuch, in: Jan Berg/Hans-Otto Hügel/Hajo Katenberger (Hg.): Authentizität als Darstellung, Hildesheim 1997, S. 7-17.

verständnis birgt, das auch für das photographische bzw. für das kinematographische Medium Konsequenzen hat. Denn aus der nichtfilmischen Wirklichkeit, um eine Kategorie Eva Hohenbergers aufzugreifen,[3] gelangt überhaupt nur das ins filmische Material, was gefilmt werden soll. Schon hierdurch transportieren die überlieferten Bilder untilgbar die Perspektivität eines historisch und gruppenspezifisch determinierten Blicks.

Was im Machtbereich der Nationalsozialisten gefilmt wurde, gab deren faschistische Weltsicht wieder. Darin kam das Leiden der jüdischen Bevölkerung nicht vor. Gertrud Koch zeigt, wie gestellte Photos aus dem Ghetto Lodz mühsam gegen den Strich gelesen werden müssen, um die Dimension des Leidens in ihnen zu rekonstruieren.[4] Sie verweist in diesem Zusammenhang auch auf den im Lager aufgenommenen NS-Propagandafilm *Theresienstadt* (rezipiert unter dem apokryphen Titel *Der Führer schenkt den Juden eine Stadt*).[5] Von der Vernichtungspolitik schweigt er natürlich. Auch das sogenannte *Auschwitz-Album*, eines der wenigen Photodokumente aus der Zeit vor der Befreiung, gibt ausschließlich die Sicht der SS wieder.[6] Nicht nur euphemistische Beschriftungen wie »Umsiedlung der Juden aus Ungarn«, »Aussortierung« und »Nicht mehr einsatzfähige Männer« verdeutlichen dies. Auch sogenannte technische Faktoren wie Kadrierung, Wahl der Brennweite und des Kamerastandpunktes setzen die rassistische Weltsicht ins Bild, zu der auch hier die Motivwahl ihren Teil beiträgt. Trotz dieser faschistischen Signatur der Bilder wurden sie, wenn auch in didaktischer Absicht, inzwischen so oft reproduziert, daß sie zu Recht als Ikonen bezeichnet werden.[7]

Mindestens zwei Faktoren erschüttern also die Authentizität dieses Originalmaterials. Erstens die mit ihm untrennbar verbundene Perspektive der Täter, weshalb es Claude Lanzmann strikt ablehnte, solches Material, zum Beispiel aus dem Warschauer Ghetto, zu benutzen,[8] und zweitens die nicht mitgezeigte Lücke dessen, wovon filmisch nichts überliefert ist. Das nach der Befreiung im Auftrag der Siegermächte gedrehte Material vermag einen Teil der Lücke zu schließen. Szenen wie die von Bulldozern zusammengeschobe-

---

3 Zu ihrer instruktiven Aufschlüsselung der Realitätsebenen des Films vgl. Eva Hohenberger: Die Wirklichkeit des Films, Hildesheim u. a. 1988, S. 28-64.
4 Vgl. Gertrud Koch: Täuschung und Evidenz in gestellten Fotos aus dem Getto Lodz, in: dies.: Die Einstellung ist die Einstellung, Frankfurt/M. 1992, S. 170-184.
5 Vgl. zum Titel und zum Film überhaupt: Karel Margry: Das Konzentrationslager als Idylle: »Theresienstadt« – Ein Dokumentarfilm aus dem jüdischen Siedlungsgebiet, in: Fritz-Bauer-Institut (Hg.): Auschwitz, Frankfurt/M. - New York 1996, S. 319-352.
6 Vgl. Doosry, Vom Dokument zur Ikone. – Aus der Häftlingsperspektive sind nur eine handvoll illegal gemachter Photos überliefert, die im Spätsommer 1944 in Birkenau aufgenommen werden konnten (vgl. Detlef Hoffmann: Auschwitz im visuellen Gedächtnis, in: Fritz-Bauer-Institut (Hg.): Auschwitz, Frankfurt/M. - New York 1996, S. 223-257, S. 230).
7 Vgl. Doosry, Vom Dokument zur Ikone.
8 Vgl. Claude Lanzmann: Gespräch mit Marc Chevrie und Hervé Le Roux, in: Hans-Jürgen Müller (Hg.): Shoah - Ein Film, Oldenburg 1991, S. 132-140, S. 134.

nen Leichen in Bergen-Belsen dokumentieren das Resultat der völkermörderischen NS-Politik. Doch auch sie müssen befragt werden, denn der Schockeffekt, den sie hervorbringen, ist nicht nur ein Resultat der Fakten. Er wird auch durch mehr oder weniger bewußt eingesetzte filmische Faktoren unterstützt. So strebten einige der Kamerateams nach starken Bildern. Sowjetische Kriegsberichterstatter drehten in Auschwitz die Befreiung nach, zum Teil Monate nachdem sie stattgefunden hatte, und versuchten dabei, wie Detlef Hoffmann schreibt, »eindrucksvolle, bedeutungsvolle Ikonen der Befreiung zu erstellen«[9]. Der Bilderschock sollte auf die internationale Öffentlichkeit wirken, doch auch innerhalb Deutschlands wurde er instrumentalisiert, zum Beispiel von den Amerikanern im Rahmen ihrer politischen Entnazifizierungsprogramme.[10] Der Gestus des Schockierenden übermittelt einen Blick von außen, dem sich die Verhältnisse plötzlich in ihrem ganzen Ausmaß zu erkennen geben. Diese Perspektive unterscheidet sich von derjenigen vieler Gefangener, für die die Erfahrungsqualität des Außergewöhnlichen sich während des entmenschlichenden und mörderischen Alltags schon verloren und einer Art Gewohnheit Platz gemacht hatte. Diese in Berichten von Überlebenden vielfach bezeugte Lethargie – auch gegenüber dem Schrecklichsten – die im Stadium des im Lagerjargons so genannten Muselmanns endete, fehlt überwiegend im dokumentarischen Material. Vollends bringen dann dessen Auswahl und die Montage zu einem Film narrative Strukturen hervor, die die historischen Ereignisse in einen von den Filmemachern konzipierten oder präferierten Sinnzusammenhang einbetten. Alle diese Überlegungen zeigen, daß Authentizität im Sinne einer naiven Abbildkonzeption selbst im Dokumentarischen nicht zu haben ist.

II.

Nun sind aber jene Filmemacher, die die Shoah thematisieren, mit einer in der Öffentlichkeit erhobenen Forderung nach Authentizität konfrontiert. Dies gilt paradoxerweise auch für Spielfilmregisseure. Während die Zuschauer gegenüber dem Dokumentarfilm gattungsbedingt voraussetzen, daß das gezeigte Geschehen auf verbürgten Ereignissen beruhe, erwarten sie im Spielfilm normalerweise die Einbindung der gesamten Fiktionspalette, die die sogenannte Traumfabrik entfesseln kann. Doch die Ausrichtung auf Authentizität hat sich auch im Spielfilm über die Shoah durchgesetzt. Kaum ein Regisseur, der auf eine Quellenangabe für die erzählte Geschichte verzichtete. Kaum einer, der nicht auf Originalmaterial zurückgriffe oder an den Originalschauplätzen drehte.

---

9 Detlef Hoffmann: Menschen hinter Stacheldraht, in: Ysamin Doosry (Hg.): Representations of Auschwitz, Kraków 1995, S. 87-94, S. 91.
10 Vgl. ausführlich: Brink, Ikonen der Vernichtung.

Unter dem Druck des Authentizitätsgebots muß sich jede Fiktionalisierung der Shoah legitimieren. Um dem Gebot zu genügen, stellen einige Spielfilme die Abgrenzung von der Fiktion eigens her. Besonders virtuos und erfolgreich geschah dies in *Schindlers Liste*. Manuel Köppen hat gezeigt, daß das Hauptlob für den Film dasjenige der authentischen Darstellung war.[11] Im folgenden sollen Mechanismen namhaft gemacht werden, die diese Reaktion provoziert haben.

Steven Spielberg rekurriert nicht nur laufend auf die Realitätshaltigkeit des Gezeigten, er macht das Konzept Authentizität sogar für besondere emotionale Effekte fruchtbar. Die Aura des Dokumentarischen stellt er mit Hilfe filmischer Mittel her, die im Sinne von Manfred Hattendorf als Authentizitätssignale[12] gelesen werden können. Hattendorf verortet die Authentizität eines Dokumentarfilms nicht in erster Linie in der Echtheit eines Ereignisses, welches den Filmbildern zugrundeliegt, nicht also in der Quelle, sondern er schreibt: »Authentizität ist ein Ergebnis der filmischen Bearbeitung. Die ›Glaubwürdigkeit‹ eines dargestellten Ereignisses ist damit abhängig von der Wirkung filmischer Strategien im Augenblick der Rezeption. Die Authentizität liegt gleichermaßen in der formalen Gestaltung wie der Rezeption begründet«[13]. Folgerichtig betont er, daß diese Dimension von Authentizität in die Rhetorik und die Wahrnehmungspsychologie falle.[14]

In *Schindlers Liste* finden sich mehrere filmisch-rhetorische Authentisierungsstrategien. Zunächst sollen einige ihrer Elemente im Haupterzählmodus aufgesucht werden, um dann auf eine für das Thema Authentizität entscheidende Wendung am Schluß des Films einzugehen. Schon der Schwarzweißfilm rückt das Gezeigte in die Nähe der zumeist ebenfalls in schwarzweiß überlieferten Bilder aus dieser Zeit. Die Farblosigkeit wirkt deshalb im Sinne eines historischen Schwarzweiß.[15] Sie ruft auch Assoziationen aus der Alltagswelt der Rezipienten wach, indem sie etwa an das photojournalistische Schwarzweiß in den Tageszeitungen erinnert. Schon dieses Mittel rückt das Gezeigte, durch die Kodierung im Stile einer Dokumentation, semiologisch in deren Nähe. Unterstützt wird dieser Eindruck durch die Texteinblendungen. Sie verorten und datieren das Gezeigte. Zugleich führen sie eine von der Figurenrede abgehobene Sprecherinstanz ein. Sie nimmt den Gestus der Tatsa-

---

11 Vgl. Manuel Köppen: Von Effekten des Authentischen – ›Schindlers Liste‹: Film und Holocaust, in: ders./Klaus R. Scherpe (Hg.): Bilder des Holocaust, Köln u. a. 1997, S. 145-170, S. 149.
12 Vgl. Manfred Hattendorf: Dokumentarfilm und Authentizität, Konstanz 1994, S. 72.
13 Hattendorf, Dokumentarfilm und Authentizität, S. 67.
14 Ebd.
15 An dieser Position soll hier, trotz des richtigen Einwandes von Köppen, die Schwarzweiß-Technik Spielbergs habe mit der der historischen Wochenschauen nicht viel gemeinsam (vgl. Köppen, Von Effekten des Authentischen, S. 158), festgehalten werden, weil in der Tat schon das Schwarzweiß selbst die »Filmkonvention ›Vergangenheit‹« (ebd.) hervorruft.

chenfeststellung an, denn was dort geschrieben steht, bleibt unwidersprochen. In der Figurenrede dagegen stehen Meinungen gegen Meinungen. So gerinnen die Zwischentexte zum historiographischen Denotat der Filmdiegese. Die angegebenen Daten halten übrigens – anders als manche Ausstattungsdetails des Spielfilms – der Nachprüfung stand; von der filmischen Authentisierungsstrategie her gesehen bleibt dieser Faktor aber sekundär. Ins Gewicht fällt hingegen, daß die präzisen Orts- und Zeitangaben eine Rhetorik der Nachprüfbarkeit installieren, welche den Eindruck hervorruft, das angegebene Koordinatengitter verbürge die historische Faktizität. Das vielfach belegte subjektive Empfinden der Zuschauer und zahlreicher Rezensenten, dem Film komme Authentizität zu,[16] kann mithin als Effekt seiner persuasiven Rhetorik interpretiert werden.

Dabei läßt sich leicht zeigen, daß die suggerierte Faktizität, die scheinbar rein sachliche Information, ein *emplotment* im Sinne von Hayden White umfaßt. Der schreibt: »Die Ereignisse werden zu einer Geschichte *gemacht* durch das Weglassen oder die Unterordnung bestimmter Ereignisse und die Hervorhebung anderer, durch Beschreibung, motivische Wiederholung, Wechsel in Ton und Perspektive, durch alternative Beschreibungsverfahren und ähnlichem – kurz mit Hilfe all der Verfahren, die wir normalerweise beim Aufbau einer Plotstuktur eines Romans oder eines Dramas erwarten«[17]. Unter *emplotment* versteht White »die Kodierung der in der Chronik enthaltenen Fakten als Bestandteile bestimmter *Arten* von Plotstrukturen«[18]. Diesem Mechanismus könne selbst die Geschichtsschreibung nicht entgehen, die ihn deshalb nicht leugnen, sondern selbstreflexiv in ihre Darstellungsarbeit integrieren und ihn kenntlich machen solle.

Im Spielfilm ist die Konstruktion einer Plotstruktur vorausgesetzt, doch Spielberg macht sie nicht kenntlich, sondern versucht sie durch den Rekurs auf Faktizität und Authentizität in Vergessenheit geraten zu lassen. Dafür nutzt er auch die eingeblendeten Zwischentexte, die am Ende des Films folgendermaßen lauten – erstens: »Nach dem Krieg war Oskar Schindler als Unternehmer nicht mehr erfolgreich. Auch seine Ehe scheiterte«, zweitens: »1958 verlieh ihm die Gedenkstätte Yad Vashem in Jerusalem den Titel eines ›Gerechten‹. Man lud ihn ein, in der Allee der Gerechten einen Baum zu pflanzen«, drittens: »Er wächst dort immer noch«, viertens: »Die Schindler-Juden heute«, fünftens folgen Namen von einzelnen Schindler-Juden, sechstens: »Heute gibt es in Polen weniger als viertausend Juden«, siebtens: »Es gibt mehr als sechstausend Nachkommen der Schindler-Juden«, und achtens die Widmung: »Im Gedenken an mehr als sechs Millionen ermordeter Juden«, dann der Abspann.

---

16 Vgl. Köppen, Von Effekten des Authentischen.
17 Hayden White: Auch Klio dichtet oder Die Fiktion des Faktischen, Stuttgart 1986, S. 104.
18 White, Auch Klio dichtet, S. 103.

Diese Informationen entsprechen den Fakten. Und doch erzählen sie zugleich Geschichten. Wie der ganze Film, so privilegieren sie das Einzelschicksal des Helden vor dem anderer Beteiligter. Die Mitteilung, daß seine Ehe gescheitert sei, erscheint im gleichen Modus wie die Erinnerung an sechs Millionen ermordete Juden. Darin liegt eine darstellerische Konsequenz aus der Fixierung auf Schindler. Außerdem rechnen die Einblendungen das Schicksal der Ermordeten gegen das der Geretteten auf. Zahlenmäßig fallen die Überlebenden nicht ins Gewicht, dennoch beansprucht ihre Geschichte den meisten Raum. Auch hier zeigt sich, was die wenigen Kritiker des Films schon mehrfach angemerkt haben: Spielberg rückt die Rettung in den Vordergrund, nicht die Auslöschung, die Sinngebung, nicht den Verlust aller Sinngebungsstrategien nach Auschwitz. Dies ist zweifellos die wichtigste *emplotment*-Entscheidung seines Films.

Spielberg hält Schindler, der die Rettung ins Werk setzt, – ein Parteimitglied immerhin – von allen Zweifeln frei. Mit dem Gewicht des historiographischen Fakts weist er auf den ihm in Yad Vashem verliehenen Titel eines ›Gerechten‹. Der Filmemacher hätte die Handlung erzählen können, ohne auf diese Würdigung Bezug zu nehmen. Mit seinem Hinweis auf die Gedenkstätte nutzt er deren moralische Integrität als Beglaubigungsmoment für die von ihm erzählte Version der Geschichte. Denn neben dem historischen Schindler schreiben die Zuschauer, der filmischen Logik folgend, auch der Schindler-Figur Spielbergs die Ehre zu.

Und damit sind die Fragen an die Zwischentexte keineswegs erschöpft. Warum zum Beispiel die Tatsache, daß der von Schindler gepflanzte Baum noch immer in Yad Vashem wachse, übermittelt wird, ist nur auf der symbolischen Ebene dekodierbar. Dann bedeutet sie etwa, daß Schindlers Tat, wie immer sein Leben sich entwickelt haben mag, bestehen bleibt. Wiederum verbirgt der Gestus des Faktischen eine These. Doch jenseits der bislang angesprochenen Mechanismen geschieht in den letzten Sequenzen von *Schindlers Liste* etwas Neues, das dem Film insgesamt eine Wendung verleiht: Spielberg wechselt die Gattung. Wie die damit verbundene Beglaubigungsstragegie im einzelnen funktioniert, zeigt ein genauerer Blick auf den Schluß.

Nach der Kapitulation, nach Schindlers Abschied von seinen jüdischen Arbeitern, die ihm aus Dank und Anerkennung einen Ring überreichten, nachdem also die Gefahr überstanden ist, warten die Arbeiter vor der Fabrik auf die Russen. Ein berittener Soldat nähert sich im Schritt-Tempo und verkündet gewichtig: »Ihr seid befreit worden von der Roten Armee«. Spielberg zeichnet damit eine Karikatur der Roten Armee, die die Wehrmacht nur deshalb besiegen konnte, weil Stalin sie zuvor entschlossen motorisiert hatte. Doch daß ein Militär nun keine Angst mehr einflößt, sondern lächerlich wirkt, signalisiert, daß die Situation sich verändert hat. Der narrative Modus wechselt vom Melodramatischen zur Komödie.

Nun resümiert Spielberg die Situation der Überlebenden: in Polen gibt es keine Juden mehr, im Osten und im Westen sind sie unerwünscht. Wohin sollen sie also gehen? Der Russe bemerkt: »Ist das nicht eine Stadt? Dort hinten?«, und deutet mit dem weit ausgestreckten Arm in die Ferne. Er weist also voran, im Sinne der Bildlogik aber zurück, denn der Arm zeigt nach links, gegen die Leserichtung. Auch Stern blickt dorthin. In der folgenden Einstellung, einer Totale, wird dieser Raum beschritten. Damit schreibt Spielberg das Thema der Reise fort, welches leitmotivisch in der ersten Schwarzweiß-Einstellung mit einer fahrenden Lokomotive eröffnet wurde und das unter anderem die Heimatlosigkeit der Juden in der Diaspora konnotiert. Die Schindler-Juden wandern durch ein weites Land. Zwei Drittel des Bildes nimmt ein freundlicher Himmel ein, darunter eine unkultivierte Fläche mit niedrigem Grasbewuchs, ohne Merkmale, die das Auge interessieren könnten. Den Horizont bildet die Kette der nebeneinander, frontal auf die Kamera zugehenden Überlebenden. Nach den vorangegangenen Einschließungsinszenierungen, die, etwa in den Lagern Plaszow und Auschwitz, mit der Todesdrohung verknüpft waren, wobei die Gaskammersequenz die Klimax bezeichnet, öffnet sich nun ein weiter Raum ohne Drohpotential. Diese Weitung konnotiert Freiheit, und Spielberg unterstreicht dies, indem er ein populäres hebräisches Volkslied einspielt: *Jeruschalajin schel sahav*. Es ist das gelobte Land, welches nun metonymisch mit der erlangten Freiheit verbunden wird. Die Stadt, auf die der Russe weist, ist nicht Brünnlitz, wo Schindlers Fabrik steht, sondern entpuppt sich als das auf hebräisch, in der Sprache der heiligen Schrift, besungene Jerusalem. Eben in diesem Sinne ist das Voran ein Zurück: eine zyklische Figur entsteht, die in der Narration zur mythischen wird. Einen tendenziösen Unterton gewinnt die Verwendung dieses Liedes, wenn man dessen Popularisierung in der Zeit des Sechs-Tage-Krieges 1967 mitdenkt,[19] in dessen Verlauf bekanntlich Ost-Jerusalem besetzt wurde. Handwerklich betrachtet, arbeitet Spielberg hier mit einem Anachronismus, der ideologisch die gerechte Inbesitznahme eines Landes unterstützt, von dem suggeriert wird, es sei leer.

Halbnah porträtiert Spielberg nun einige der Schindler-Juden, deren Bewegungen und Blicke in den Zuschauerraum hineindrängen, so daß der Eindruck entsteht, ihre Dynamik transzendiere den optisch evozierten narrativen Raum. Und während die Überlebenden auf einer *tabula rasa* einem neuen Anfang entgegengehen, streift der Film mit zwei Zwischenschnitten die alten Verhältnisse ab. Durch Schindlers aufgegebene Krakauer Fabrik fegt der Wind; der sadistische Lagerkommandant Göth wird gehenkt. Statt des Dämonischen treten bei diesem nun lächerliche Momente hervor, etwa die Hitler-

---

[19] Auf diesen Zusammenhang verwies bereits: Judith E. Doneson: The Image Lingers. The Feminization of the Jew in ›Schindler's List‹, in: Yosefa Loshitzky (Hg.): Spielberg's Holocaust, Bloomington – Indianapolis 1997, S. 140-152, S. 149.

imitation beim Zurechtrücken des Scheitels oder die Situationskomik, als der Stuhl, der ihm unter den Beinen weggestoßen werden soll, nicht sogleich nachgibt. Göths Ende begleitet eine sich entfernende Kamerabewegung, so daß die Geschichte dieser Figur in der Filmerzählung selbst, sowohl was den Plot als auch was den narrativen Raum angeht, zurückgelassen und beendet wird. Die Rahmung des Galgens unterstreicht das Abschlußhafte und zeigt die Szene wie ein Bild im Bänkelsang. All dies signalisiert: das Alte ist vorbei, eine neue Zeit kann beginnen.

Spielberg macht sie durch eine Überblendung sinnfällig. Auf dem Boden fehlt nun der Bewuchs, die Figuren verändern sich und der Film wechselt in den Farbmodus. Es sind, wie der Zwischentext anzeigt, die Schindlerjuden in der Jetztzeit. Sie befinden sich in Israel. Diese Fortsetzung der Erzählung transformiert die Verfolgung, die nun als vergangene erscheint, zu einer Vorgeschichte, zu einem mörderischen Durchgangsstadium, aus dem die Freundlichkeit der Farbe verbannt war. Doch die Farbe, die während des Films immer dann aufflackerte, wenn eine Sabbatkerze entzündet wurde,[20] kehrt zurück, und mit ihr das Leben. Denn am mythischen Ort der Verheißung, auf den die Farbigkeit der Kerzen schon immer verwies, geschieht nun die Inbesitznahme der Heimat, der – im spirituellen Sinne – wahren Heimat, in der die Reise ein Ende hat und wo die Überlebenden sich, hierfür steht die Zahl sechstausend, anders als in der Heimat der Diaspora, vergegenwärtigt in der Zahl viertausend, entfalten und vermehren können.

Mit der Überblendung in die Jetztzeit wird die Fortsetzung der Filmerzählung zugleich zu einer Dokumentation. Indem nun jene Personen auftreten, auf deren Leben die zuvor erzählte Handlung referiert, zeigt der Film, daß den Figuren Menschen entsprechen. Die Filmcharaktere gewinnen dadurch an Authentizität. Diesen Eindruck verstärkt Spielberg in der folgenden Sequenz, in der er jedem Schauspieler die von ihm verkörperte Person an die Seite stellt. Nun könnte argumentiert werden, Spielberg weise gerade hierdurch auf die Differenz zwischen Realität und Filmerzählung hin, doch durch den gattungsbedingten Zweifel am Wirklichkeitsgehalt eines Spielfilms wirkt die Szene in die entgegengesetzte Richtung, nämlich als Authentizitätssignal.

Doch neben diesem Authentisierungseffekt durch das Zeigen der wirklichen Schindlerjuden ist es auch deren Handeln, welches einen solchen Effekt hervorbringt. Denn sie legen auf Schindlers Grab nach jüdischer Sitte einen Stein und bezeugen dadurch ihre Verbundenheit mit ihm. Diese rituelle Handlung dokumentiert das Verhältnis der gezeigten Personen zu Schindler, der hiermit von ihnen als Retter anerkannt wird. Damit ändert der Film die Ebene. Während die zuvor erzählte Geschichte zwar Rührung hervorbrachte,

---

20 Das rote Kleid des getöteten Mädchens bildet eine – eigens zu interpretierende – Ausnahme. Johannes-Michael Noack bindet diese Farbe an zentrale *plot points* (vgl. ders.: »Schindlers Liste« – Authentizität und Fiktion in Spielbergs Film, Leipzig 1998, S. 96).

mußte sie nicht unbedingt als wahre rezipiert werden. Nun authentisieren die gezeigten Schindler-Juden die Filmerzählung, indem sie sich für den Film zur Verfügung stellen und vor der Kamera, an Schindlers Grab, ihre Dankbarkeit, ihren Respekt usw. bezeugen. Die Zuschauer wissen nicht, wie die Bilder zustandegekommen sind, ob über Einstellungen diskutiert wurde, ob alle Schindlerjuden einer Meinung über Schindler waren, ob sie wußten, in welcher Weise Spielberg die von ihnen mitgetragenen Szenen montieren würde.[21] Ob die Überlebenden von Spielberg instrumentalisiert wurden oder nicht, können die Zuschauer nicht entscheiden. Diese Frage stellt sich während der Rezeption auch gar nicht, denn die Authentisierungsstrategie zielt auf Evidenzerfahrungen ab, denen wesentlich ist, daß das Geschehene vorreflexiv für plausibel gehalten und geglaubt wird. Was die Zuschauer aber sehen, ist das filmische Resultat, worin die Zeitzeugen die im Film erzählte Version der Geschichte beglaubigen.[22]

Authentisieren heißt, die Echtheit bezeugen. Wer anders könnte dem Film Authentizität zusprechen als die überlebenden Schindler-Juden? Spielberg läßt sie seinen Film signieren. Von der inszenierten Vergangenheit geht dieser in eine Dokumentation über, und dokumentiert wird die Geste der Authentisierung. Mit dem Übergang zum Dokumentarischen werden die Zuschauer selbst zu Augenzeugen. Beglaubigt erscheint nun die Dankbarkeit der Figuren, die sich in der Filmerzählung zum Beispiel in der Übergabe des Ringes an Schindler ausdrückt. Übertraten die Dankbezeugungen in dieser Sequenz die Grenze zum Kitsch nicht zuletzt deshalb, weil eine reine Behauptung inszeniert wurde, setzt der Wechsel zur Dokumentation nun Rührung frei. Das von Spielberg am Ende seines Films eingeführte dokumentarische Element bringt eine gegenüber der reinen Fiktionalität gesteigerte emotionale Wirkung hervor.

Sämtliche Authentizitätssignale funktionieren höchst produktiv in dem von Hollywood gewünschten Sinne der emotionalen Involvierung. Die Unsicherheit gegenüber diesem sperrigen, tabudurchsetzten Thema bringt Skepsis und eine gewisse Reserve gegenüber vorschneller Identifikation mit sich. Wird diese aber glaubhaft, das heißt politisch korrekt, und gar mit der Zustimmung der Opfer, aufgebaut, so entbindet die nun entstandene Rührung unabgegol-

---

21 Der Bericht von Franciszek Palowski über die Dreharbeiten gibt hier nur wenig Aufschluß. Der Take am Grab sei für alle, auch für Spielberg, »so moving« (ders.: The Making of Schindler's List, Secaucus, N. J. 1998, S. 158) gewesen. Die Szene der nebeneinander gehenden Schindler-Juden scheint mehrmals gedreht worden zu sein (vgl. S. 159).

22 Noack nimmt die Sequenz genau in diesem Sinne – völlig unkritisch – für den Beweis der Authentizität des gesamten Films: »Authentischer geht es nicht. Der Konsument muß sich, vielleicht sogar schmerzvoll, eingestehen, daß das, was er in den letzten 180 Minuten gesehen hat, eine Abbildung der vergangenen Wirklichkeit war« (Noack, »Schindlers Liste«, S. 110). Dieser naive Gebrauch des Begriffs der Wirklichkeit wirkt sich in einer Arbeit, die das Thema »Authentizität und Wirklichkeit« (Untertitel) wählt, verheerend auf die Thesenbildung aus.

tene psychische Energien. Diese Quelle der Wirksamkeit zapfte die TV-Serie *Holocaust* an, und Spielberg gelang dies erneut.

Nun scheint sich nach dieser Lektüre von Spielbergs Film Authentizität auflösen zu lassen in Authentisierungsstrategien, die sich mehr oder weniger bewußt bereitliegender Elemente der filmischen Rhetorik bedienen, um den Eindruck des Authentischen hervorzurufen. Diese Lesart führt häufig genau dort weiter, wo Filme sich so gerieren, als übermittelten sie nichts als pure Authentizität und wo auch die Publikumsreaktion auf diesem Aspekt beharrt. Eine solche, kritische Lesart kann das Gemachte am scheinbar Evidenten zeigen. Dennoch darf der Begriff des Authentischen nicht auf seine ideologische Seite reduziert werden. Dies würde in der Konsequenz zu der These führen, daß zwischen der historischen Erfahrung der Subjekte und der künstlerischen Darstellung dieser Erfahrung kein Zusammenhang postuliert werden könne. Die künstlerische Form fiele in die Beliebigkeit. Demgegenüber verweist ein emphatischer Begriff des Authentischen, etwa derjenige Theodor W. Adornos,[23] auf das Nichtidentische, welches im Kunstwerk als sedimentierte Erfahrung des Anderen kompositorisch gebunden liegt – ein Aspekt, der insbesondere für das Sujet Auschwitz wichtig ist.

Einer der Vorteile eines solchen Begriffs von ästhetischer Authentizität liegt darin, daß er sowohl auf dokumentarische wie auch auf nichtdokumentarische Artefakte angewendet werden kann. Wie die mit dem Mittel der Fiktion arbeitende Literatur können auch Spielfilme an ihm gemessen werden. *Schindlers Liste* wird dann wegen der den Film beherrschenden Perspektive der Rettung, die er ästhetisch konsequent umsetzt, zu kritisieren sein. In den Schlußpassagen müßte aber, trotz aller Kritik, auch ein Moment von Authentizität erkannt werden, da sie, durch Spielbergs Authentisierungsstrategie hindurch, dem Bedürfnis der Überlebenden, ihre Erfahrung weiterzugeben, eine Möglichkeit der symbolischen Artikulation schaffen.

Konnte hinsichtlich des historischen Filmmaterials, mit seinen Perspektivierungen und Lücken, argumentiert werden, daß dessen unkritische Verwendung im Kompilationsfilm einem emphatischen Begriff von Authentizität widerstreitet, so zeigt der Blick auf *Schindlers Liste*, wie ein Spielfilm systematisch die Authentizitätssuggestion aufzubauen vermag. Im Anschluß an einige Überlegungen zu Claude Lanzmanns *Shoah* wird die These vertreten werden, daß trotz aller Kritik am Begriff Authentizität weder Filmemacher noch Kritiker auf ihn verzichten sollten.

---

23 Hattendorf gibt ihn, ohne auf die *Ästhetische Theorie* einzugehen, stark reduziert wieder, so daß er um wesentliche Dimensionen verkürzt wird (vgl. Dokumentarfilm und Authentizität, S. 65). So wären, neben dem immerhin angesprochenen immanenten Formgesetz der Werke, unbedingt auch Adornos Theorien des Nichtidentischen und des Rätselcharakters der Werke zu berücksichtigen gewesen.

III.

Lanzmanns neunstündiger Film ist eine einzige Meditation über die Gegenwärtigkeit der Vergangenheit. Die traumatische Fixierung der Überlebenden an das Vernichtungsgeschehen bildet ein Hauptthema des Films. Lanzmann interviewt vor allem die Opfer, daneben Täter, Zeitzeugen und Historiker. Er benutzt – mit Ausnahme einiger Dokumente – kein Material aus der Vergangenheit, insbesondere kein photographisches. Auch lehnt er jede Fiktionalisierung der Shoah ab. Die historischen Lager belegt er mit einem Abbildungsverbot. Was wir sehen, sind Sequenzen aus der Jetztzeit: Menschen, die sich erinnern und Orte, auf die sich die Erinnerung bezieht. Dabei kommt dem Registrieren von Emotionen eine zentrale Stellung zu. Zeigen die Interviewten Emotionen, zoomt er häufig näher heran. Können sie nicht weitersprechen, redet er ihnen zu oder bedrängt sie sogar, wie Abraham Bomba, dem er sagt: »Sprechen Sie weiter, Abe, Sie müssen. Es ist notwendig«, und: »Es muß sein. Ich weiß, daß es hart ist, ich weiß, verzeihen Sie mir. [...] Ich bitte Sie, fahren Sie fort«, während Bomba antwortet: »Zu furchtbar...«, »ich kann nicht«, »lassen Sie uns aufhören«[24].

Diese Sequenz wird in der Sekundärliteratur zu *Shoah* immer wieder herausgestellt. Bomba war Friseur und mußte in Treblinka Häftlingen in der Gaskammer die Haare schneiden, bevor sie umgebracht wurden. Eines Tages kamen mit einem Transport die Frau und die Schwester eines Freundes, der ebenfalls in der Gaskammer Haare schnitt. Sie waren froh, ihn zu sehen und wußten nicht, was sie erwartete. Bis hierhin spricht Bomba mit kräftiger Stimme, der man jedoch die Überwindung anmerkt. Plötzlich verstummt er und schweigt ungefähr zwei Minuten lang. Auf Lanzmanns Drängen, nun fortzufahren, antwortet er fast flüsternd. Schließlich gewinnt er den Erzählton zurück und setzt seine Schilderung fort, überspringt aber die Vergasungen.

Bomba spart das Schlimmste aus, doch Lanzmann verweilt bei der Aussparung und registriert das körperliche Ringen um die wegsackende Sprache, um das Wiedergewinnen der Fassung sowie den Kampf gegen die überwältigende Erinnerung und gegen die Tränen. Die Zuschauer werden zu Zeugen dieser physischen und psychischen Überwältigung durch die Vergangenheit. Lanzmann setzt hier ganz auf Empathie, indem er alle filmischen Parameter auf Bomba abstellt: Großaufnahme, Synchronton, kein Schnitt. Insofern partizipiert sein Film – obwohl Lanzmann die Bezeichnung Dokumentarfilm von sich weist – am Pathos des Dokumentarischen, indem für die vorfilmische Wirklichkeit die Authentizität des Gezeigten in Anspruch genommen wird. Den zentralen Stellenwert solcher Momente betont Lanzmann, wenn er be-

---

24 Lanzmann, Shoah, S. 158. – Young problematisiert dieses intensive Nachfragen Lanzmanns, vgl. Young, Beschreiben des Holocaust, S. 260 f.

merkt: »Die Tränen sind der Einbruch der Wahrheit, der Einbruch des Wahren. Wie Spinoza sagt: Die Wahrheit erweist sich von selbst«[25]. Doch gerade diese Sequenz enthält eine Irritation des dokumentarischen Ethos. Denn daß Abraham Bomba, der nach der Befreiung wieder Friseur geworden war, seinen Salon längst aufgegeben hatte und Lanzmann für die Aufnahmen eigens einen anmietete, verschweigt der Filmemacher. Allerdings empfindet er dies vermutlich nicht als unredlich. Vielmehr ist es für sein Konzept nebensächlich, denn die Authentizität sucht er nicht im *setting* auf, sondern in den unwillkürlichen Äußerungen des Körpers. Deshalb interviewt er Bomba beim Haareschneiden. Lanzmanns theoretisches Verständnis von der Vergegenwärtigung des Vergangenen hat Gertrud Koch herausgearbeitet: »Er vertritt die Auffassung, daß die Personen in seinem Film spielen: sie spielen nach, was sie durchlebt haben, le vécu. Das meint jedoch etwas anderes als sich erinnern. [...] Ein Erinnerungssatz muß überhaupt nichts davon enthalten, wie ich diese Situation erlebt habe. Darum muß Lanzmann darauf beharren, daß die Personen des Films nicht Erinnerungen erzählen, sondern Situationen wieder durchleben.«[26] Lanzmann knüpft mit dem Konzept der spielenden Verkörperung seiner selbst an antifreudianische Thesen Sartres an. Ob die Psychoanalyse dabei zu Recht links liegengelassen wird, soll hier nicht weiter untersucht werden – immerhin zielen psychoanalytische Begriffe wie »Übertragung« und »Agieren« auch auf die somatischen Momente in der Therapie ab. Lanzmanns Opposition von Wiedererleben und Erinnern setzt jedenfalls einen vergeistigten Begriff des Erinnerns voraus. Affektive und andere somatische Momente kommen in ihm, anders als in der traumatischen Vergegenwärtigung der Vergangenheit, nicht vor. Lanzmanns Konzept referierend, bringt Koch deshalb Erinnerung und Trauma in Opposition zueinander: »Erinnerung als mentaler Akt der Selbstsituierung im Zeitkontinuum dient der Kohärenzherstellung, als solche ist sie im Trauma ausgeschlossen«[27]. Koch versteht Lanzmanns Fragetechnik als »Versuch, das Somatische am traumatischen Schock, das sich gerade der kommunikativen Äußerung von Erinnerung als bewußtem Prozeß entzieht, zu fassen«[28]. Damit weist sie in die Richtung von Inkohärenzen, die sich quer zu den Alltagserfahrungen und -wahrnehmungen entfalten.

An dieser Stelle läßt sich eine Dimension des Authentischen festmachen, die die bewußt eingesetzten Authentizitätssignale transzendiert. Obwohl Lanzmann, der an Bomba heranzoomt, wenn bei diesem Tränen aufsteigen, ebenfalls Authentizitätssignale einsetzt, so ereignet sich in diesem Moment etwas, das nicht in der effekthascherischen Geste des Zooms aufgeht. Was sich

---

25 Claude Lanzmann: Gespräch mit Gisela Lerch, in: Müller (Hg.), Shoah, S. 148-152, S. 150 (zuerst in: Süddeutsche Zeitung vom 5.4.1986, S. 12).
26 Koch, Die Einstellung ist die Einstellung, S. 148.
27 Koch, Die Einstellung ist die Einstellung, S. 168.
28 Ebd.

hier zeigt, ist genuin, denn es entbindet sich nicht jenseits der Situation, die der Film geschaffen hat. Wie sich wegen Spielbergs Film die Schindlerjuden in Jerusalem trafen, so greift auch Lanzmann durch seine Interviewtätigkeit in den Alltag der Überlebenden ein. Doch während die Schindlerjuden für eine große Beglaubigungsgeste herangezogen werden, entbindet Lanzmann mit Hilfe der szenisch arrangierten Interviews ihre Erfahrungen.

Die authentische Dimension von Bombas Schweigen kann mit Klaus Briegleb Unmittelbarkeit im Diskursbruch genannt werden. Die Situierung der Opfer im Diskurs über die Lager verläuft entlang der Diskursgrenze. Konfrontiert mit dessen Verleugnungsbegehren, wird die Grenze immer dort erreicht, wo sich das dem Diskurs Inkommensurable artikuliert. Für die Opfer der Verfolgung heißt dies, »daß sie beim eigenen Versuch, ihr Bewußtsein sprechend zu befreien von der Traumatisierung, die sie bei der Beraubung ihrer Namen im Eingang zur KZ-Hölle erfahren haben, selber an die Grenze der diskursiven Sprache gehen. Hier verläuft die Spur des Todes, der die wahre Zeugenschaft zum Verstummen bringt«[29]. Nun kommt es auf den zugrundegelegten Diskursbegriff an, ob Phänomene wie der Abbruch der Rede innerhalb oder außerhalb des Diskurses, als Diskurselemente oder als Diskursbruch, konzipiert werden. Entscheidend für das Thema Auschwitz ist aber, daß die Unterbrechung des rationalisierenden Sprechens über das Geschehene als Effekt eines individuellen und kollektiven Nachlebens des Ereignisses gedeutet wird. Authentisch in diesem Sinne wäre also nicht die historisch korrekte Inszenierung des Vergangenen, sondern die Vergegenwärtigung der im Verborgenen weiterwirkenden Erschütterung.

Lanzmanns Film evoziert jene Momente, in denen die unwillkürliche Zeichensprache des Körpers freigesetzt wird. *Shoah* macht die Zuschauer zu Zeugen dieser Artikulationen. Mit James E. Young kann gesagt werden, daß das Videozeugnis »die Erzeugung des Zeugnisses«[30] dokumentiert: »Der Prozeß des Erinnerns, des Konstruierens, des Korrigierens, des Formulierens von Gedanken und des Suchens nach einer Ordnung, der in literarischen Texten zumeist unsichtbar bleibt, reichert das Videozeugnis mit jener schmerzhaften Selbsterkenntnis und Selbstbesinnung an, die dem literarischen Zeugnis fehlt«[31]. In den unwillkürlichen Artikulationen des Körpers findet *Shoah* seine wirkungsvollsten Authentizitätssignale, die sich auf der Rezeptionsseite als Evidenzerfahrung niederschlagen. Young, dem die lenkenden Mechanismen,

---

29 Klaus Briegleb: Unmittelbar zur Epoche des NS-Faschismus, Frankfurt/M. 1989, S. 50.
30 Young, Beschreiben des Holocaust, S. 249.
31 Young, Beschreiben des Holocaust, S. 250. »Zeugnis ablegen heißt, ein Zeugnis zu erzeugen, und das erinnert uns daran, daß das Zeugnis nicht einfach nur überliefert, sondern erzeugt wird und daß wir als Zuschauer an seiner Erzeugung beteiligt sind. Das Ziel besteht darin, den Zeugen selbst, sein Sicherinnern an die Ereignisse und den Vorgang des Mitteilens seiner Erinnerung daran, nicht aber die Ereignisse als solche zu dokumentieren« (S. 257).

welche die Interviewsituation auf die Zeugen ausübt, vollkommen bewußt sind, und der auch sonst alle dokumentarischen Gesten kritisiert, die Wahrheit vorspiegeln, wo Inszenierung herrscht, beharrt auf dem genuinen Moment der Videozeugnisse. Der Zeuge bleibe hier »direkt mit seiner Geschichte verbunden«[32], das Videozeugnis hinterlasse gleichsam »eine Spur des Überlebenden selbst«[33].

Ketzerisch könnte gefragt werden, warum wir den Tränen Bombas oder eines anderen Überlebenden Authentizität zubilligen, während wir denen eines Schauspielers in einem Spielfilm nicht glauben. Jedesmal sehen wir auf der Leinwand Tränen fließen. Nur unsere Unterstellung, die einen seien echt, die anderen falsch, ändert den Status des Gesehenen. Zu fragen wäre also, ob sie entsteht, weil eine filmische Rhetorik der Beglaubigung sie hervorgerufen hat oder weil die vorfilmische Realität Merkmale trägt, die nachfilmisch als genuin erkannt werden. Geht Authentizität, mit anderen Worten, in Authentisierungsstrategien auf oder zeigt sie sich in jener Weise, die Lanzmann emphatisch Wahrheit nennt? Verabsolutiert werden beide Alternativen falsch. Gegenüber der ersten wäre darauf zu beharren, daß trotz des Zooms, trotz der ostentativen Kamerageste, mit Bombas Verhalten etwas Vorfilmisches in den Film geholt wird, das den Effekt des schockhaft Erlebten physiognomisch und gestisch übermittelt. Gegenüber der zweiten Alternative wäre anzumerken, daß dies keineswegs mit reiner Unmittelbarkeit zusammenfällt oder daß sich hier Wahrheit *sans phrase* zeigte. Auch das Gestische muß entziffert und daher interpretiert werden. Zu verteidigen wäre also die Intention auf das Authentische als heuristische Unterstellung einer Lektüre, die sich auf das Inkommensurable richtet. Würde diese Unterstellung fallengelassen werden, gerieten alle Bilder auf dieselbe Ebene. Dann könnten zwar die Rhetoriken des Zugriffs auf Wirklichkeit thematisiert werden, weil diese aber ausschließlich als Konstrukt gedacht wäre, würde jedes Urteil darüber verwehrt bleiben, ob die Bilder eine Wirklichkeit treffen. Die Shoah erschiene als ein Kabinett von Bildern, von inszenierten und nichtinszenierten, denen dieselbe Gültigkeit zukäme, weil sie lediglich verschiedene Versionen des Ereignisses böten und jeder Rekurs auf das Ereignis abgeschnitten wäre. Ein Relativismus der Bilder also, und damit der Weltsichten. In bezug auf die Shoah ist dies ein untragbarer Gedanke. Die Forderung nach authentischer Darstellung ist hier in der Tat moralisch geboten. In ihr wirkt das Bestreben, die ganze Dimension des Geschehenen zu vergegenwärtigen und dem Verleugnen, Verdrängen und Schönreden entgegenzutreten.

Die Zuschauer von *Shoah* erkannten intuitiv die Gültigkeit des narrativen Integrationsprinzips an, nämlich die These von der Gegenwärtigkeit des Vergangenen. Dies ist einerseits auf die geglaubte Authentizität der unwillkürli-

---

32 Young, Beschreiben des Holocaust, S. 262.
33 Young, Beschreiben des Holocaust, S. 263.

chen Artikulationen der Zeugen zurückzuführen. Doch Lanzmann bietet ein weiteres Verfahren auf, mit dem er sein Konzept von der Vergegenwärtigung des Vergangenen im Spiel – und das zugehörige Authentizitätsmodell – überschreitet. Immer wieder montiert er über den im Off zu hörenden Bericht der Überlebenden Bilder vom aktuellen Zustand der Vernichtungsstätten. Er zeigt verfallene und überwucherte, eigentlich unspektakuläre Orte, an denen sich in der Phantasie der Überlebenden aber bis heute der Horror entzündet. Hier zwingt er die Zuschauer, *nicht* dem zu trauen, was sie sehen. Anders als die gezeigten Menschen senden die Wälder und Felder keine unwillkürlichen Signale aus. Erst die Bild-Ton-Montage legt den aktuell durchlebten Schmerz über die Landschaftsbilder. Die Imagination bindet beides zusammen, und die Zuschauer projizieren nun den gegenwärtigen Schrecken in die Naturansichten. Lanzmann stellt durch die Montage das widersprüchliche Ineinander von gegenwärtiger Normalität und gegenwärtigem Schrecken her. Dadurch refiguriert seine filmische Narration unsere Zeiterfahrung.[34] So nutzt er die mit Hilfe der klassisch-dokumentarischen Evokation von Authentizität gemachte Evidenzerfahrung für eine poetische – weil aus einer Übertragung hervorgegangene – Arbeit am Gedächtnis des Kollektivs, indem nun das Gewesene in der Imagination der Zuschauer wieder die Orte der Normalität bewohnt. Damit wird ein Zustand sinnfällig, dem Traumatisierte oft ein Leben lang ausgesetzt sind.

Lanzmann macht, anders als Kompilationsfilme, die das verfügbare Originalmaterial zusammenschneiden, oder Spielfilme, die fast alles, bis in die Gaskammern hinein, inszenieren, das historische Ereignis der Shoah als Sich-Entziehendes kenntlich. Das Vergangene erscheint in seiner heutigen Gestalt, in Bildern aus der Gegenwart. Und die sind nicht einfach gegeben, sondern sie werden mühsam, in jahrelanger Interviewtätigkeit, angefertigt oder durch ein Montageverfahren, das seinen konstruierenden Eingriff nicht verbirgt, allererst erstellt. Das Sich-Entziehende an der Shoah hat mehrere Aspekte. Zwei der wichtigsten macht Lanzmann zu Konstruktionsprinzipien seines Films: das Unbegreifliche des Vorgangs, das, was Dan Diner dessen Gegenrationales genannt hat,[35] und die Unzugänglichkeit des Traumas. Der Maßstab für die Einordnung der Shoah scheint immer dann zu entgleiten, wenn das Geschehene begrifflich und erklärend festgeschrieben werden soll. Auch der Einbildungskraft, um eine Kategorie aus dem 18. Jahrhundert zu bemühen, gelingt

---

34 Ricœur wertet die Refiguration als das produktivste Element der Erzählung. Er stellt die Hypothese auf, »daß die Arbeit des Denkens, die in jede narrative *Konfiguration* eingeht, ihren Abschluß in einer *Refiguration* der Zeiterfahrung findet« (Paul Ricœur: Zeit und Erzählung, Bd. 3, München 1991, S. 7). Die Konfiguration der narrativen Elemente stellt Ricœur auf eine Stufe mit der produktiven Einbildungskraft Kants (vgl. Paul Ricœur: Zeit und Erzählung, Bd. 1, München 1988, S. 109). Die solcherart refigurierte Zeit nennt Ricœur auch erzählte Zeit (vgl. Bd. 1, S. 130 ff.).
35 Vgl. Diner, Zwischen Aporie und Apologie, S. 72.

die Synthetisierung nicht. Die Zahl der Ermordeten ist über alle Vorstellung groß, und die gnadenlose Ausnahmslosigkeit der Vernichtungsmaschinerie überschreitet das individuelle Widerstandspotential, so daß die Shoah schon mit den Überwältigungskategorien des Erhabenen gedacht wurde.[36] Keine sinn- oder bildhafte Fixierung der Shoah hält der Kritik lange stand. Deshalb überzeugt Lanzmanns Versuch, die Effekte des Ereignisses, seine sichtbaren Spuren, nicht es selbst, aufzusuchen bzw. die von den Erinnerungen gereinigten Orte wieder filmisch mit ihnen zu besiedeln. Das Trauma verkörpert die Gegenwärtigkeit des Vergangenen. Die wenigen Zeugen können kaum darüber sprechen, und wenn sie sprechen, faßt die Sprache das Erlebte nicht. Aus der Perspektive der Opfer entzieht sich die ganze Implikation der Shoah der Darstellung und der Kommunikation.

IV.

Diese besonderen Merkmale der Shoah als Sujet müssen in die Einschätzung der Kategorie Authentizität eingehen. Der Anspruch auf künstlerische, hier also filmische Authentizität will mehr als die korrekte Wiedergabe historischer Fakten. Wo Filme das Authentische für sich reklamieren, wo die Zuschreibung von Authentizität stattfindet, kann ein diskursanalytisches Vorgehen die Zuschreibungsmechanismen und -regeln, die Authentizitätssignale und Authentisierungsstrategien sowie die Rhetorik der Beglaubigung erforschen. Doch dieses rekursive Verfahren bietet kein kritisches Instrumentarium. Gerade das Thema Auschwitz verlangt aber nach einer Auseinandersetzung, die von einem – allerdings selbstreflexiv abgesicherten – normativen Impuls getragen wird. Erst wo dieser Impuls im Spiel ist, kann der diskursanalytische Blick kritisch, das heißt urteilend werden.

Dieses kann im Rekurs auf die in der künstlerischen Form, also der filmischen Realität, gebundene Weltsicht geschehen. Authentizität bemißt sich aber nicht allein, wie Adorno meinte, am Werk selbst, vor allem an dessen Formgesetz, sondern kommt auch durch die Zuschreibung der Rezipienten zustande, also durch die nachfilmische Realität. Hattendorf hat das komplizierte Gefüge der voneinander abhängenden Realitätsebenen treffend charakterisiert. Kein Modell vermöge »dem Produktions- und Rezeptionsprozeß von Wirklichkeit im Dokumentarfilm ganz gerecht zu werden. Wesentlich hierfür ist der durch den Filmregisseur intendierte, im filmischen Diskurs *behauptete Bezug* zur nichtfilmischen Realität, dessen Beglaubigung in der nachfilmischen Realität von der auf einem ›Vermutungsakt‹ beruhenden Zustimmung des Rezipienten abhängt. Die ›vermutete Realität‹ wiederum ist nie mit der nichtfilmischen

---

36 In der Nachfolge Lyotards etwa von Hans-Joachim Lenger in: Ohne Bilder. Über Versuche, das Entsetzlichste zu entziffern, in: Wolfgang Welsch/Christine Pries (Hg.): Ästhetik im Widerstreit, Weinheim 1991, S. 203-215.

Realität deckungsgleich«[37]. Das Gefühl des Authentischen stellt sich ein, wenn der behauptete Bezug von nichtfilmischer zur filmischen Realität in das Rezeptionsschema der vermuteten Realität paßt. Dabei sind alle Faktoren variabel. Von der Art und Weise, wie der Filmemacher den Realitätsbezug herstellt, hängt die vermutete Realität ebenso ab wie von dem vorfilmischen Geschehen, das dann in die filmische Realität eingeht. Aber auch die Rezeptionsbedingungen spielen mit hinein. Ohne hier allen Variablen nachzugehen, kann gesagt werden, daß der Begriff Authentizität eine Dynamisierung zum Authentisierungsgeschehen erfährt. So verstanden wäre das, was als authentisch gilt, schon immer umstritten, schon immer diskussionswürdig, schon immer ein Bild von der Wirklichkeit oder der Vergangenheit, welches zeit-, orts-, gruppenspezifisch usw. akzentuiert ist. Ebenso wie sich etwas zeigt, das als authentisch gelten kann, muß es gesucht und erfragt werden: »Denn es ist« – mit Walter Benjamin zu sprechen – »ein unwiederbringliches Bild der Vergangenheit, das mit jeder Gegenwart zu verschwinden droht, die sich nicht als in ihm gemeint erkannte«[38].

Als regulative Idee, als Maßstab, der an alle Artefakte angelegt werden sollte, die auf die Shoah referieren, kann am Begriff Authentizität festgehalten werden. Dadurch bliebe die Aufgabe erhalten, in die sich entziehende Dimension des Geschehenen hineinzuleuchten und dabei unablässig jenen Punkt aufzusuchen, an dem der Einbruch des Inkommensurablen die Möglichkeit von Empathie suspendiert. Dies sind normative Sätze, doch das Pathos in der Forderung nach Authentiztität ist nur normativ zu fundieren.

---

37 Hattendorf, Dokumentarfilm und Authentizität, S. 48.
38 Walter Benjamin: Über den Begriff der Geschichte, in: ders.: Gesammelte Schriften, Bd. I, hg. v. R. Tiedemann und H. Schweppenhäuser, Frankfurt/M. 1974, S. 693-704, S. 695.

Trauma, Zeit und Erzählung
Zur filmischen Repräsentation KZ-Überlebender

I.

Gegen Ende seines Holocaust-Films wechselt Steven Spielberg in die Jetztzeit hinüber, wo die authentischen Schindler-Juden neben ihre Darsteller treten und sich alle am Grab von Oskar Schindler versammeln, um seiner zu gedenken. Spätestens zu diesem Zeitpunkt wurden, als das Epos in den Kinos lief, Millionen von Zuschauern von ihren Emotionen überwältigt. Hollywood hatte wieder einmal gesiegt. Die Tränen flossen – nicht zuletzt, weil die erzählte Geschichte durch den Übergang ins Dokumentarische mit dem Authentizitätsprädikat geadelt wurde. Es gibt sie also auch in Wirklichkeit, die glücklich Geretteten, sie haben Kinder und Kindeskinder gezeugt. Die Nachkommenschaft sei inzwischen auf sechstausend angewachsen, rechnet der Film vor. Zweitausend mehr, als heute in Polen leben.

Am Ende von *Schindlers Liste* steht das Neu-Beginnen. Mehrfach beobachtet und oft kritisiert wurde an dem Film, daß hier eine Erfolgsgeschichte erzählt werde, die der historischen Dimension des Mordes an den Juden nicht gerecht würde. Doch der Frage, ob über Auschwitz und den anderen Lagern ein Bilder- oder Darstellungsverbot liegen müsse, soll hier nicht nachgegangen werden. Was interessiert, ist die Inszenierung dessen, was nach der Befreiung kommt. Befragt werden also Filme, die die Befreiung als filmisch-narratives Faktum voraussetzen. Manche, zum Beispiel Alain Resnais' *Nacht und Nebel*, zeigen das Universum der Todeslager, Überlebende jedoch nur am Rande.[1] Doch gerade Spielfilme, aber auch Dokumentarfilme und Fernseh-Dokumentationen, richten ihr narratives Konzept viel häufiger auf die Perspektive der Überlebenden aus.

Deshalb soll zunächst daran erinnert werden, worauf Primo Levi in seinem letzten Buch mit dem Titel *Die Untergegangenen und die Geretteten* bestand: »Nicht wir, die Überlebenden, sind die wirklichen Zeugen. […] Wir sind die, die […] den tiefsten Punkt des Abgrunds nicht berührt haben. Wer ihn berührt […] hat, konnte nicht mehr zurückkehren, um zu berichten, oder er ist stumm geworden. Vielmehr sind sie, die ›Muselmänner‹, die Untergegangenen, die eigentlichen Zeugen, jene, deren Aussage eine allgemeine Bedeutung gehabt

---
1 Sieht man einmal von Cayrol ab, der den Sprecherkommentar verfaßte und von den wenigen gezeigten dokumentarischen Bildern, die die Alliierten nach der Befreiung von den Überlebenden, vor allem aber von den Toten, gemacht hatten.

hätte. Sie sind die Regel, wir die Ausnahme.«[2] Wer narrativ das Überleben voraussetzt, hat es immer mit dem Problem zu tun, daß er eine Ausnahmeerscheinung in den Mittelpunkt rückt. Nun wirft aber oft genug gerade die Ausnahme ein Licht auf die Regel. Es kommt also alles darauf an, *wie* sich der jeweilige Film der Überlebensgeschichte annimmt. Und hier gibt es beträchtliche Unterschiede.

Bei Spielberg verschwindet die Shoah hinter der Rettung. Die Überlebenden sind in den letzten Einstellungen von anderen älteren Menschen nicht zu unterscheiden. Nur daß sie sich an Schindlers Grab versammelt haben, deutet auf ihre gemeinsame Geschichte hin. Es ist jener symbolische Ort, an dem ihre individuellen Biographien in einem entscheidenden, kollektiv bedeutsamen Punkt zur Deckung gelangen. Spielberg erzählt eine Gründungsgeschichte, das Neubeginnen findet in einer neuen Heimat statt: im versprochenen Land, in Israel. Der Held erscheint als der Stifter neuen Lebens für die nach ihm benannten Schindler-Juden. Nach der Entscheidung, der Peripetie, dem Showdown, erfahren wir kaum etwas über ihre Existenz, außer daß sie Kinder und Enkel zeugten und sich in Dankbarkeit an Schindlers Handeln erinnern. Wie so oft im Hollywood-Kino, löst der Schluß die Handlungsfäden. Die Sache ist entschieden, die gezeigten Juden konnten vor der Katastrophe gerettet werden.

Um die Rettung und das *happy end* eindeutiger akzentuieren zu können, arbeitet *Schindlers Liste* mit der Suggestion, daß die Überlebenden nach der Zeit der Gefahr wieder in die Normalität zurückkehren. Nach diesem Schema funktionieren Filme aus vielen Genres, nicht zuletzt zahlreiche Kriegsfilme.[3] Überstandene Todesangst und erlittene Grausamkeiten fallen von den Betroffenen ab, sobald sie gerettet und wieder in der Heimat sind. Die inszenierte Rettung tilgt jedes Problembewußtsein. Sie behauptet implizit, daß nach der Befreiung eine reibungslose Integration stattgefunden habe. Damit arbeitet sie dem Verschweigen zu. Doch es gibt auch Filme, die nicht nach diesem Schema funktionieren, und um diese soll es im folgenden gehen. Für Werke, die die Suggestion einer problemlosen Heimkehr nicht aufbauen, bildet die Rettung nicht mehr jenen absoluten Umschlagspunkt, an dem sich die Rührung so vorzüglich entfachen läßt. Plötzlich reichen die Schatten der Vergangenheit in die gegenwärtige Normalität hinein, und statt der entlastenden Rührung werden die Zuschauer mit einem unaufgelösten Handlungsknoten konfrontiert, der sich mitten in ihrer Gegenwart schürzt.

Doch auch jenseits des Konzepts der Rettung fällt die Repräsentation der Überlebenden völlig verschieden aus. Das Bild von ihnen wandelte sich nach der Befreiung der Lager ständig. Das verweist auf eine ungeklärte Stellung der

---

2 Primo Levi: Die Untergegangenen und die Geretteten, München - Wien 1990, S. 85.
3 Wie die Traumatisierung nach Fronteinsätzen wirklich verläuft, zeigt demgegenüber Jonathan Shay: Achill in Vietnam. Kampftrauma und Persönlichkeitsverlust, Hamburg 1998.

jeweiligen Nachkriegsgesellschaften zu dieser Bevölkerungsgruppe. Deshalb sollen an einigen Filmen aus dem Spiel- und dem Dokumentarfilmbereich beispielhaft verschiedene Darstellungen Überlebender bzw. des Überlebens untersucht werden, in denen sich typische gesellschaftliche Verhaltensweisen ihnen gegenüber niedergeschlagen haben. Berücksichtigt werden muß dabei das immer mitgestaltete Verhältnis von Vergangenheit und Gegenwart, so daß die Fragestellung an der Konstellation dreier Begriffe entlang entworfen werden kann: Trauma, Zeit und Erzählung.

II.

1947 in den Vereinigten Staaten: Stingo möchte Schriftsteller werden. Also setzt er sich in den Bus, verläßt die Südstaaten und mietet sich im jüdischen New Yorker Stadtteil Brooklyn ein. Und er findet, was er sucht, nämlich Lebens-Schicksale. Sophie, seine Nachbarin, liebt Nathan, doch es ist eine Haßliebe, voll von Demütigungen und Versöhnungen. Stingo fühlt sich zu dem mysteriösen Paar hingezogen, vor allem zu der schönen Sophie, und lernt nach und nach dessen Geheimnis kennen. Sie ist eine polnische Katholikin und Auschwitzüberlebende, deren gesamte Verwandtschaft durch die Nazis ermordet wurde. Nathan half Sophie, als sie abgemagert und suizidgefährdet nach New York kam. Er kümmerte sich um sie und richtete sie wieder auf.

Zwei Wendungen geben der Geschichte ihr volles Gewicht. Der zu Stingos Vorbild avancierte, geniale und charismatische Nathan entpuppt sich als drogenabhängiger Manisch-Depressiver. Als er Sophie wieder einmal verläßt, bringt Stingo, der sich längst in sie verliebte, Sophie aus der Stadt. Er will mit ihr ein bürgerliches Leben führen. Vor einer Liebesnacht zwischen beiden erzählt Sophie ihm von Auschwitz. An der Rampe stellte sie ein SS-Mann vor die Wahl: Entweder sie bestimme, welches ihrer beiden Kinder in die Gaskammer solle oder beide würden unverzüglich dorthin gebracht. Zuerst ging Sophie nicht darauf ein, doch als die Kinder abgeführt werden sollten, schickte sie das Mädchen in den Tod. Der Junge kam später im Kinderlager um, wahrscheinlich an Typhus. Nach dieser Klimax verläßt Sophie Stingo und geht zu Nathan zurück. Stingo hat genug von der Stadt und will in die Südstaaten zurückkehren. Als er sich von Sophie und Nathan verabschieden möchte, haben sie sich bereits das Leben genommen.

Das zentrale Thema des Films ist das Nachwirken von Sophies Entscheidung auf ihr Leben in New York. Ihre Gegenwart und ihre Zukunft stehen ganz im Zeichen der Auschwitz-Erfahrung. Das große Verdienst des Films ist es, daß er glaubhaft die Untilgbarkeit dieser Erfahrung in Szene setzt. In den fünfziger Jahren hätte *Sophies Entscheidung* (*Sophie's Choice*), der 1982 auf den Markt kam (Regie: Alan J. Pakula, nach dem Roman von William Styron), vermutlich kaum gedreht werden können. Das liegt nicht an den eingesetzten, recht konventionellen filmischen Mitteln, sondern an dem Problembewußtsein für die psychischen Prozesse der Überlebenden, das in die Buch- bzw. in die Drehbuchvorlage eingegangen ist. So bizarr es heute klingt: vor den sechziger Jahren wußten weder die Fachwelt noch die Öffentlichkeit davon, daß die KZ-Haft einen dauerhaften, schädlichen Einfluß auf Körper und Psyche ausübt. Gleich nach dem Krieg war ein vortheoretisches Wissen davon noch vorhanden, zumindest in den Camps für *Displaced Persons* und bei einigen Hilfsorganisationen, die die Überlebenden betreuten. Ein Ausnahmefilm wie die deutsch-jüdische Spielfilmproduktion *Lang ist der Weg* von 1947,[4] in dem Bewohner eines DP-Lagers vor der Kamera standen, griff das Thema auf, und auch in dem schweizerisch-US-amerikanischen Spielfilm *Die Gezeichneten* (*The Search*) von Fred Zinnemann (1948) gibt es zu Beginn einige Sequenzen, die das Ausmaß der Verstörung überlebender Kinder deutlich machen. Dieser Film arbeitet aber dann zielstrebig den durch diese Bilder nahegelegten Schock weg, um zum Schluß die Überwindung der Lagererfahrung zu inszenieren, und zwar auf doppelte Weise. Zunächst wird der überlebende Junge der Akkulturation durch einen amerikanischen Soldaten ausgesetzt. Als er schließlich bereit ist, dem GI in die USA zu folgen, findet ihn seine Mutter wieder, so daß auch dieser Schmerz zuletzt neutralisiert wird. Das Verständnis für die Traumatisierungsvorgänge stellte sich erst viel später und sehr langsam ein.[5] Dies sei hier kurz skizziert.

KZ-Häftlinge waren in eine dauernde Extremsituation[6] versetzt. Nicht nur mußten sie der Unterernährung standhalten, sich Kleidung verschaffen und gegen die tötenden Arbeitsbedingungen ankämpfen, darüber hinaus waren sie ständig vom Tod durch Willkürakte der Kapos oder der SS bedroht. So trugen die meisten Häftlinge körperliche Schäden davon, die sich in einer signifikant von der übrigen Bevölkerung abweichenden Mortalitätsrate niederschlugen.[7] Hinzu traten die seelischen Folgen der extremen Streßbelastung, die sich psychisch, aber auch physisch äußerten.

Nach dem Kriege konnten ehemalige Häftlinge in der Bundesrepublik Entschädigungsverfahren in Gang setzen. Allerdings mußten sie nachweisen, daß ihre derzeitigen Symptome mit der Haft in einer ursächlichen Verbindung standen. So kamen die Psychoanalytiker dem Trauma auf die Spur. 1967 for-

---

4 Vgl. hierzu Cilly Kugelmann: Lang ist der Weg, in: Fritz-Bauer-Institut (Hg.): Auschwitz, Frankfurt/M. - New York 1996, S. 353-370.
5 Hinweise zur Traumaforschung finden sich in: Christoph Fuchs: Auswahlbibliographie Traumatisierung, in: Mittelweg 36, Heft 2/1996, S. 74-80, und: Martin S. Bergmann u. a. (Hg.): Kinder der Opfer, Kinder der Täter, Frankfurt/M. 1995, S. 386 ff. Stationen der frühen Forschungsgeschichte finden sich in: Christian Pross: Wiedergutmachung, Frankfurt/M. 1988, S. 149-184 u. S. 361-364.
6 Dieser Begriff wurde schon sehr früh von Bettelheim eingeführt, vgl. Bruno Bettelheim: Erziehung zum Überleben, Stuttgart 1980.
7 Vgl. Leo Eitinger: KZ-Haft und psychische Traumatisierung, in: Psyche, 44. Jg. (1990), S. 118-132.

mulierte William G. Niederland auf dem internationalen Kopenhagener Kongreß der Psychoanalytischen Gesellschaft seine These von einem »Überlebenden-Syndrom«, die als Initialzündung für die Erforschung des Traumas begriffen werden kann. Zum Überlebenden-Syndrom gehören nach Niederland: Erstens »schwere, oft ganz plötzlich einsetzende Erregungs- und Angstzustände, die das Personenganze [...] erfassen«[8]. Zweitens ein unauslöschliches Gefühl des »Andersseins«[9]. Drittens eine tiefe »Überlebensschuld«[10]. Viertens ein »Zustand des seelischen Überwältigt- und Verringertseins«[11]. Fünftens eine psychische Prägung durch die Begegnung mit dem Tod, die Niederland »Todesengramm«[12] nennt. Sechstens wird der Umweltbezug durch die KZ-Erfahrung beherrscht, woraus sich »psychosoziale Konsequenzen insbesondere für die nächste Generation«[13] ergeben. Siebtens werden die »nach der Befreiung geborenen Kinder [...] in das Verfolgungsschicksal der Eltern vielfach miteinbezogen und beginnen Symptome aufzuweisen«[14].

Die Traumaforschung entwickelte Niederlands Überlegungen weiter und differenzierte sie aus. Die psychiatrische Forschung arbeitet heute bevorzugt mit der PTSD-, also Post-Traumatic-Stress-Disorder-Hypothese, die besagt, daß eine extreme Streßsituation für die Traumatisierung verantwortlich gewesen sei. Die Überforderung des gesamten Organismus habe zu Langzeitschäden geführt, die mit Hilfe des PTSD-Schemas klinisch-pathologisch erkannt werden könnten.

Die psychoanalytische Forschung betont dagegen die Interaktion von Innen und Außen, von Psyche und Umweltfaktoren. Hans Keilson führte 1979 den Begriff der sequentiellen Traumatisierung ein[15] und brachte damit die initiale Verletzungssituation mit dem weiteren Schicksal der Traumatisierten in Verbindung. Daraus entwickelte sich eine dynamische Auffassung des Traumas. Nicht nur die individuelle psychische Disposition und die individuelle traumatisierende Extremsituation sind demnach von Belang, sondern auch die gesellschaftlichen und sonstigen Bedingungen des Lebensumfeldes. Ob Retraumatisierungsschübe eintreten, ob die Symptome gemildert werden können, hängt unter anderem von der Art und Weise ab, in der die Gesellschaft und die Bezugspersonen den Traumatisierten begegnen. David Becker betont diesen Aspekt in seiner Arbeit mit lateinamerikanischen Folteropfern. Sein

---

8 William G. Niederland: Folgen der Verfolgung. Das Überlebenden-Syndrom Seelenmord, Frankfurt/M. 1980, S. 231.
9 Niederland, Folgen der Verfolgung, S. 232.
10 Ebd.
11 Ebd.
12 Ebd.
13 Niederland, Folgen der Verfolgung, S. 233.
14 Ebd.
15 Hans Keilson: Sequentielle Traumatisierung bei Kindern, Stuttgart 1979. Zusammenfassung in: Hans Keilson: Sequentielle Traumatisierung bei Kindern, in: Gertrud Hardtmann (Hg.): Spuren der Verfolgung, Gerlingen 1992, S. 69-79.

Verständnis von der Traumatisierung berührt einen Gesichtspunkt, der auch für die Stellung des Films und der Gesellschaft zu den Überlebenden wichtig wird: »Wenn man ein Trauma als Konsequenz spezifischer sozialpolitischer Konstellationen begreift, dann ist es nicht nur Folge einer komplizierten Dialektik zwischen Innen und Außen, sondern existiert auch im Innen und Außen, hat seinen Teil im betroffenen Individuum und geht darüber hinaus. Das Trauma erstreckt sich auf alle sozialen Beziehungen.«[16]

Bis in die sechziger Jahre hinein, also zwanzig Jahre lang, erkannten – abgesehen von einigen Ausnahmen[17] – selbst die professionellen Helfer nicht, daß die seelische Verletzung der Überlebenden ihre aktuelle Verfassung elementar beeinflußt. Dieses gilt für die Bundesrepublik ebenso wie für die USA und sogar für Israel.[18] Ohne entsprechendes Einfühlungsvermögen reagierte auch die Gesellschaft in den genannten Ländern. In der Bundesrepublik herrschte in den fünfziger Jahren noch die kollektive Verleugnung, die die Mitscherlichs später analysierten.[19] Das Problembewußtsein in bezug auf den einige Jahre zuvor von Deutschen ausgeführten Holocaust tendierte gegen null. Für die damals in Westdeutschland entstandenen Filme existierte der Massenmord gar nicht, und wer etwa von »Tragödie« sprach, meinte den sogenannten Zusammenbruch und die sogenannte schwere Zeit danach. Erst mit Erwin Leisers *Mein Kampf* aus dem Jahre 1959 begann die bundesdeutsche filmische Auseinandersetzung mit der Judenvernichtung. Bezeichnenderweise war es also ein Deutscher jüdischer Abstammung, der dieses Thema aufgriff. Der Film wurde in Schweden produziert.[20]

Auch Hollywood mochte sich des Themas nicht recht annehmen, die Arbeiten von Annette Insdorf[21] und Ilan Avisar[22] belegen das. Nach der unmittelbaren Nachkriegszeit war es wohl 1964 zuerst Sidney Lumet mit *Der Pfandleiher* (The Pawnbroker), der es aufgriff. Für Hollywoods Zurückhaltung war neben dem zeitgeschichtlichen Aspekt auch ein ästhetisch-kommerzieller verantwortlich. Bekanntlich bedarf es einiger Kunstgriffe, um der Darstellung von Auschwitz eine mutmachende Wendung zu geben. Hollywood, das immer

---

16 David Becker: Ohne Hass keine Versöhnung. Das Trauma der Verfolgten, Freiburg/Br. 1992, S. 141.
17 Es waren oft selbst Verfolgte des Naziregimes, wie Bettelheim, Keilson, Eitinger und Niederland.
18 In Israel wurde den Überlebenden materiell geholfen, doch die Abwehr vor der Konfrontation mit der Holocaust-Erfahrung auf seiten der Gesellschaft, der Psychiater und Psychoanalytiker behinderte die Erkenntnis, daß Traumatisierung und Lagererfahrung zusammengehören (vgl. Zahava Solomon: Jüdische Überlebende in Israel und im Ausland, in: Mittelweg 36, Heft 2/1996, S. 23-37).
19 Vgl. Mitscherlich/Mitscherlich, Die Unfähigkeit zu trauern.
20 Über seine Biographie und über Intention und Entstehung von *Mein Kampf* gibt der Regisseur Auskunft in: Erwin Leiser: Auf der Suche nach Wirklichkeit, Konstanz 1996, S. 23 ff.
21 Vgl. Insdorf, Indelible Shadows.
22 Vgl. Avisar, Screening the Holocaust.

wieder am nordamerikanischen Fortschrittsmythos mitgestrickt hat, stellt sich, wenn es über die Shoah Filme machen möchte, eine schwierige Aufgabe. Wie kann die filmische Erzählung am Schrecken von Auschwitz partizipieren, ohne der Resignation zu verfallen, die die Reflexion auf dieses Ereignis nahelegt? Perspektiven wie jenen, daß sich in Auschwitz ein »Zivilisationsbruch«[23] ereignet habe oder daß nach Auschwitz sämtliche Kultur nur noch Müll sei,[24] werden sich die fortschrittsoptimistischen Hollywood-Filme kaum anschließen können. Ein narrativer Ausweg ist die oben bereits erwähnte Fokussierung der Handlung auf die Geretteten anstatt auf die Untergegangenen.

Aber auch die Geschichte der Überlebenden kann völlig verschieden erzählt werden, wodurch unterschiedliche ideologische Dispositionen transportiert werden. Pakula inszeniert in *Sophies Entscheidung* die Untilgbarkeit der Verletzung. Gerade für Hollywood ist dies keineswegs selbstverständlich. Kampfhandlungen, aus denen die Helden unversehrt hervorgehen, bestimmen ganze Genres, etwa den klassischen Western sowie zahllose Abenteuer- und Kriegsfilme. Ausnahmen bestätigen die Regel, doch die Regel besagt, daß die Überwindung des Kampfes und des Schmerzes im *happy end* als narratives Paradigma der Hollywood-Ästhetik gelten kann.[25]

Sophies Entscheidung widerstreitet dem Hollywood-Mythos des auferstandenen Helden. Sophies Verletzung ist untilgbar, Meryl Streeps Leinwandpräsenz bekräftigt die Nachwirkungen des geschichtlichen Ereignisses Auschwitz. Doch auch dieser Film schafft durch sein narratives Konzept zuletzt das

---

23 Dan Diner: Aporie der Vernunft, in: ders. (Hg.): Zivilisationsbruch, Frankfurt/M. 1988, S. 30-53, S. 31.
24 Vgl. Theodor W. Adorno: Negative Dialektik, in: ders.: Gesammelte Schriften, Bd. 6, Frankfurt/M. 1973, S. 7-412, hier: S. 359.
25 David Bordwell hat die Merkmale und Mechanismen des klassischen Hollywood-Kinos der Periode 1917-1960 untersucht, die auch für die meisten Hollywood-Produktionen nach 1960 noch Gültigkeit beanspruchen können. Vgl. seine zusammenfassende Darstellung in: David Bordwell: Classical Hollywood Cinema: Narrational Principles and Procedures, in: Philip Rosen (Hg.): Narrative, Apparatus, Ideology, New York - Oxford 1986, S. 17-34. – Ein Beispiel für die Auferstehung des geschundenen Helden, das in den erörterten Zusammenhang gehört, ist John Schlesingers *Marathon-Mann (Marathon Man)* aus dem Jahre 1976, mit Dustin Hoffman in der Titelrolle. Als Kind erlebt Dave den Suizid seines von McCarthy in die Enge getriebenen Vaters mit, als Erwachsener stirbt sein Bruder blutüberströmt in seinen Armen. Von einem ehemaligen KZ-Arzt wird Dave gefoltert. Doch im Stile eines Marathonläufers, dessen Bild der Film optisch immer wieder als Durchhalte-Ikone aktualisiert, begibt sich Dave auf die lange, einsame Strecke, um endlich die Komplizen des Arztes zu erschießen, ehe dieser selbst den Tod findet. Dave, der im Laufe des Films diversen traumatisierenden Situationen ausgesetzt war, übersteht alles, ohne Schaden genommen zu haben. Am Ende sind die Schatten der Vergangenheit besiegt, weil ihre physische Träger eliminiert wurden. Dave wirft seine Pistole weg; symbolisch beginnt er ein neues Leben. Die Inszenierung der Gewalt, bis hinein in die Folterszene, dient in diesem Film ausschließlich der Dramaturgie von Spannung und Suspense. Die KZ-Thematik ist nichts als Kulisse, alles läuft auf *action* hinaus – und auf die Erlösung von der Spannung und der Bedrohung zum Schluß.

Beunruhigende aus der Welt. Am Ende ist Sophie tot. Auch hier gelangt der Spannungsbogen an einen Ruhepunkt. Der Tod ist der Preis dafür, daß die Verletzung Sophies als untilgbare konstruiert werden konnte. Keine Überlebende sucht die Gesellschaft nun länger heim, Sophie formuliert keinen Anspruch an die Mitbürger, sondern zieht sich aus der Welt zurück. Damit entlastet diese Figur die Gemeinschaft. Sie fordert nicht deren Solidarität ein, sondern zieht eine privatisierende, individualisierende Konsequenz. Mit Kleist dürfen die Zurückgebliebenen sagen: Auf dieser Welt war ihr nicht zu helfen.

Hier erscheint das Trauma als unentrinnbares persönliches Schicksal. Nichts – nicht Stingo, nicht Nathan – kommt gegen den traumatisierenden Ursprungsmoment an, der dem Film seinen Titel gibt. Auch das Erzählen heilt nicht, es zerschellt am Geschehenen. Daß Sophie Stingo von dem fürchterlichen Moment erzählt, verändert nicht ihre Disposition. Diese Konstruktion des Traumas entbindet die Gesellschaft von der Aufgabe, Sophies Trauma zu lindern. Es würde ja doch nichts helfen. Also wird Sophie abgeschrieben.

Das ist in Lumets *Pfandleiher* anders. Sol Nazerman, der jüdische KZ-Überlebende und Pfandleiher, gespielt von Rod Steiger, ist zum Menschenfeind geworden, der keine emotionalen Bindungen mehr eingehen kann und für den nur noch Geld zählt. Seine gesamte Familie kam im KZ um, er selbst entging diesem Schicksal zufällig. Nun sucht ihn die Überlebensschuld heim. Auch Lumet inszeniert das Fortwirken der KZ-Erfahrung, doch scheint das Opfer nicht ganz unschuldig daran zu sein. Während Sophies aus der Versehrung hervorgeganges Verhalten eine nachvollziehbare Dimension erhält, verhärtet sich der Pfandleiher über das im Rahmen der filmischen Erzählung erklärbare Maß hinaus. So stößt er seinen Lehrling zurück, der voller Bewunderung für ihn ist und sogar für ihn stirbt, weil er sich schützend vor ihn stellt, als Nazerman bei einem Raubüberfall getötet werden soll. Da dieser die Schüsse aber provoziert hatte, weil er sterben wollte, findet eine Parallele zu den KZ-Ereignissen statt: wieder überlebt er, ohne daß er überleben wollte.

Die Parallele reicht noch weiter. Nach den Schüssen empfindet Nazerman Schmerz, dem er auch einen physischen Ausdruck verleiht, indem er sich den Nagel des Auftragsblocks in die Hand rammt. Das ist eine deutliche Christusanspielung, die hier über den jüdischen Pfandleiher gestülpt wird. Juan, sein Lehrling, war ihm also nicht gleichgültig. Als er die Chance dazu hatte, sich ihm zu öffnen und über sein Schicksal zu sprechen, tat er es nicht. Deshalb geriet Juan auf die schiefe Bahn, und deshalb mußte er schließlich sterben.

Sicherlich transportiert Lumets Film auch Gesellschaftskritik. Die Dominanz des Geldes und die soziale Kälte, die sich aus ihr entspinnt, werden angeprangert. Dagegen nimmt der Film die utopische Dimension in Anspruch, die im gegenseitigen Vertrauen liegt. Lumets letztendlich widersprüchlich bleibender Plot läßt jedoch die Deutung zu, daß hier der Überlebende mithilft, die Normalisierung der Beziehungen zu blockieren. Zum einen ist das Vergangene Schuld an seiner Menschenfeindlichkeit, darüber hinaus trifft ihn aber eine Mitschuld, denn gelingende Kommunikation ist nur dort möglich, wo ein Vertrauensvorschluß gewährt wird, den der Pfandleiher verweigert. Lumet präsentiert das Trauma zwar nicht als unwandelbares, doch er überträgt dem Traumatisierten zu einem gewissen Teil selbst die Verantwortung dafür, daß es sich wandle. Die beunruhigende kollektive Dimension des Traumas entschärft er, indem er es individualisiert.

In *Sophies Entscheidung* wird das Beunruhigende noch auf eine weitere Art fortgerückt und geradezu obszön ausgebeutet. Sophies Schicksal wird nämlich zum Bildungserlebnis für Stingo, den angehenden Schriftsteller. Avisar verweist zu Recht auf das zugrundeliegende Schema des Bildungsromans.[26] Nicht nur initiiert sie ihn in die Liebe. Wie Goethes Wilhelm Meister Mignon sterben und den Harfner untergehen sieht, so lernt Stingo auf Kosten Sophies, daß es nicht-integrierbare Lebensschicksale gibt. So kann er, stellvertretend für uns, eine Lehre aus ihrem Schicksal ziehen. Stingos Erziehung ist gelungen, weil er Einblick in die menschlichen Abgründe erhielt. Sophies trostlose Biographie bekommt doch noch einen Sinn.

Diese Überlegungen zu den angesprochenen Spielfilmen zeigen, daß eine große Variationsbreite bei der narrativen Konstruktion KZ-Überlebender besteht. Erwecken manche Filme den Eindruck, als gäbe es keine Nachwirkungen, so inszenieren andere die Traumatisierung. Aber auch die Darstellungen des Traumas unterscheiden sich voneinander. Man könnte ein Erzählen, das an die Verantwortung des Zuschauers appelliert, von einem Erzählen unterscheiden, das das Trauma von ihm fernhält. Ersteres zeigt, daß das Trauma nicht von der gesellschaftlichen Situation in der Jetztzeit abzulösen ist. Letzteres deutet es als unverrückbare Pathologie einiger unglücklicher Individuen.

Populäre Spielfilme, die Kasse machen sollen, tendieren zur Entlastung der Zuschauer. Ilan Avisar fragt in seiner Untersuchung *Screening the Holocaust*, ob das Erzählkino Hollywoods der Shoah überhaupt gerecht werden könne. Dabei verwendet er einen engen Begriff der Erzählung wenn er schreibt: »Erzählung ist die Konstruktion einer Handlung, die aus einer Serie von Ereignissen zusammengefügt wurde und die eine kohärente Struktur mit einem deutlich unterscheidbaren Anfang, einer Mitte und einem Schluß formt«[27]. Demgegenüber soll hier ein weiter gefaßter Begriff des filmischen Erzählens benutzt werden, der über die Handlungselemente hinausgeht und namentlich auch die genuin optischen Momente mit einbezieht.[28] Avisar beschreibt, wie Holly-

---
26 Vgl. Avisar, Screening the Holocaust, S. 127.
27 Im Original heißt es: »Narrative is the construction of an action, composed of a series of events, forming a coherent structure with clearly discernible beginning, middle, and end« (Avisar, Screening the Holocaust, S. 34). Hier und im folgenden stammen die Arbeitsübersetzungen von mir, S. K.
28 Etwa im Sinne von Hickethier, wenn er schreibt: »Filmische und televisuelle Narration sind durch die Verbindung von Dramaturgie, Erzählstrategien und Montage zu beschrei-

wood unweigerlich das geschichtliche Material transformiert und seiner Erzählformel anpaßt: »Autoren von Holocaust-Geschichten organisieren bzw. gruppieren die verschiedenen Elemente der Geschichte. Und indem sie das tun, bleiben sie den immanenten Regeln der narrativen Form treu oder arrangieren – wie die strukturalistische Erzähltheorie behauptet – die Ereignisse und Vorkommnisse in Übereinstimmung mit dem narrativen Diskurs, der den Basismodus der Präsentation bildet«[29]. Die Bestandteile der Hollywood-Formel sind bekannt: Vor allem geht es um den Kampf zwischen den Guten und den Bösen sowie dem letztendlichen Sieg der Guten, der physisch oder geistig vollzogen werden kann. Darin liegt die Erzählstrategie der Universalisierung begründet, die im Falle des Holocaust dazu dient, ihn ins Allgemein-Menschliche zu überhöhen. Eine These Avisars besagt, daß Hollywood noch die jüdische Katastrophe in sein christliches, von der Heilsperspektive geprägtes Erzählmuster integriere.[30]

Ein zentrales Merkmal der Shoah, das Scheitern aller Sinngebungsversuche diesem Ereignis gegenüber, muß das populäre Erzählkino umfälschen. So vereinnahmen die Filme Auschwitz für eine Lehre, aus der die Zuschauer lernen können oder zeigen Charaktere, die der Todesfabrik widerstanden. Die Geschichte muß zurechtgemacht werden, um die Erwartungen des Publikums zu erfüllen: »Hollywoodfilme trivialisieren die Geschichte nicht nur, sondern entwerfen Bilder und Haltungen, die die unbestreitbaren moralischen Lehren aus der Geschichte verzerren und beschädigen. [...] Die Handlung mag ernst oder sogar schlimm sein, aber die moralischen Kodes, die zum Untergang oder zum Reichtum führen, bleiben immer deutlich. Darüber hinaus sind sie verlockend und akzeptabel für das breite Publikum. Das Resultat ist, daß die Werke mit ideologischen Obertönen überladen sind, die konform gehen mit den vorherrschenden sozialen Einstellungen und eher eine bequeme als eine herausfordernde Botschaft übermitteln«[31]. Im einzelnen untersucht Avisar die folgenden drei Bestandteile der Hollywood-Narration: »die Stimulation von

---

ben« (Knut Hickethier: Einführung in die Film- und Fernsehanalyse, Stuttgart 1993, S. 143), wobei die Erzählstrategien immer auch eine optische Seite haben.

29 »Authors of Holocaust stories usually take the material for their work from the reality of the historical experience, and they organize or plot the varied story elements. But in doing so they abide by the inherent rules of the narrative form, or, as structuralist narrative theory maintains, they arrange events and incidents in accordance with the operations of the narrative discourse, the basic modus of presentation« (Avisar, Screening the Holocaust, S. 34).

30 Vgl. Avisar, Screening the Holocaust, S. 131.

31 »Hollywood films do not merely trivialize history, but project images and attitudes that distort it and violate its incontrovertible moral lessons. [...] The action may be serious or even awful, but the moral codes that underlie decline or prosperity are always clear, and they are, moreover, appealing and acceptable to the large audience. The result is that the works are loaded with ideological overtones that conform to prevailing social attitudes and convey a comforting, rather than a challenging, message« (Avisar, Screening the Holocaust, S. 130).

Erwartungen und ihre Befriedigung durch eine kohärenten Struktur, die emotionale Involvierung mit dem Schicksal der Charaktere und die Einlagerung ideologischer Positionen durch die Manipulation der teilnehmenden Reaktion des Lesers oder des Zuschauers auf die Handlungen der dramatischen Figuren«[32].

Die betrachteten Filme unterstützen Avisars Wertung. Nirgends liegt die Verantwortung für die Linderung des Traumas bei der solidarischen Gemeinschaft. Sofern die seelische Verletzung überhaupt in den Blick gerät, wird der gesellschaftliche Sprengstoff, den sie darstellt, durch die narrative Konstruktion entschärft. Entweder mit Hilfe ihrer postulierten Unveränderlichkeit, die folgerichtig in den Suizid führt, oder durch den unterschwelligen Vorwurf an die Traumatisierten, ihre Isolation aufzugeben und wieder Vertrauen in die Menschen zu fassen. Das kommerzielle Kino muß die Kunden involvieren und rühren, doch es darf ihnen nicht zu Leibe rücken. Wer für Hollywood Drehbücher schreiben möchte, muß lernen, daß zuletzt die Handlungsfäden gelöst werden. Sobald das Licht im Saal angeht, muß der Konflikt entschieden sein. Jegliche Verunsicherung auf seiten der Zuschauer, die die Darstellung des Traumas verursacht haben könnte, verflüchtigt sich. Das Trauma wird ignoriert, privatisiert oder in die Vergangenheit eingerückt – und damit den typischen Strategien des Entlastungsdiskurses übergeben.

Daß Spielfilme auch anders mit dem Thema umgehen können, zeigt auf einfühlsame Weise Moshe Mizrahis *Madame Rosa* (*La vie devant soi*), der 1977 in Frankreich produziert wurde. Ohne dokumentarische Einlassungen über die Lagerrealität, entwickelt er die Gegenwart der Angst und den erlittenen Verlust vollständig aus dem Alltag einer Überlebenden (Simone Signoret), die zusätzlich zu ihrer Dachwohnung ein ›geheimes jüdisches Versteck‹ im Keller unterhält. Dieser Raum symbolisiert ihren anderen Zustand, den sie verbirgt, der aber immer gegenwärtig bleibt. Ohne Rückblenden entwickelt der Film dadurch das spezielle, durch die Erfahrung des Traumas hervorgerufene Zeitverhältnis, in welchem die Vergangenheit immer gegenwärtig ist. Madame Rosa ist – sagt man – ein bißchen verrückt. Und obwohl Mizrahi es den Zuschauern nicht aufdrängt, bleibt doch keine Minute lang im Ungewissen, daß diese Disposition von der Verfolgung herrührt – und dies, ohne daß der Regisseur seine Figur zu einem pathologischen Fall erklärt hätte. *Madame Rosa* ist die eindringlichste und gelungenste Spielfilmapplikation des Themas.

---

32 Avisar untersucht in der Folge »three essential aspects of narrative form: the stimulation of expectations and their gratification in a coherent structure; the inducement of emotional involvement with the fate of the characters; and the insertion of ideological positions by means of manipulating the reader's or viewer's emphatic reaction to the actions of the dramatic agents« (Avisar, Screening the Holocaust, S. 35).

III.

Die Hollywood-Formel bietet einen besonders einleuchtenden Beleg für die Existenz normierter Erzählmuster, die im Fall der Darstellung von Überlebenden dazu führen, daß das verunsichernde Potential entschärft wird, welches ihre Biographien für die Gesellschaft bergen. Dokumentarfilme sind diesem Druck nicht ausgesetzt. Zweifellos vermochten einige von ihnen jenes Potential eindringlicher gegen die Zuschauer zu kehren als dies jemals einem Hollywood-Film gelang. Doch gehorchen auch sie bestimmten Gattungsnormen, zu denen etwa die Authentisierungsgeste gehört. Hinzu kommt, daß nicht nur der Spielfilm erzählt, sondern auch der Dokumentarfilm. Auch er greift auf Darstellungstraditionen zurück, konstruiert Spannungsbögen und kalkuliert mit den Erwartungen der Zuschauer. Deutlich wird dies an den Klassikern der Gattung, etwa bei Flaherty, wo der Kampf zwischen Mensch und Natur in minutenlangen Entscheidungssituationen dramatisiert wird. Ferner an der Vermischung von Nachricht und Unterhaltung im Infotainment der Fernsehwelt. Diese Wortprägung macht Schluß mit der Illusion, die Nachricht bzw. das dokumentarische Bild könnten gleichsam pur, ohne Einbindung in erzählerisch-rhetorische Zusammenhänge, präsentiert werden. Jeder weiß, daß die *Tagesschau* mit Elementen der Fortsetzungsgeschichte arbeitet.

In den Dokumentarfilmen treten Überlebende vor die Kamera, während in den zuvor erwähnten Produktionen Schauspieler Überlebende verkörpern. Filme wie *Mendel Schainfelds zweite Reise nach Deutschland* (1971) von Hans-Dieter Grabe, *Der Prozeß* (1984) von Eberhard Fechner und *Shoah* von Claude Lanzmann bauen ihre Erzählstrategie auf der Authentizitätsfunktion auf. In dieser gründet überhaupt das Pathos des Dokumentarischen, dem es darum geht, die Zuschauer zu überreden, die filmische Darstellung der Welt als Abbildung von Wirklichkeit zu deuten. Diese Suggestion darf aber nicht darüber hinwegtäuschen, daß hier zwar ein anderes Bild von den Überlebenden präsentiert wird, aber kein ›objektives‹. Besonders Fechners und Lanzmanns Vorgehen können gegeneinander akzentuiert werden, wodurch die unterschiedliche Situierung der Überlebenden im gesellschaftlichen Umfeld durch die Filmemacher hervortritt. Auch das nichtfiktionale Erzählen konstruiert bzw. tradiert gesellschaftlich relevante Bilder von den Überlebenden. Es ist damit in den Erinnerungs- und Verleugnungszusammenhang ebenso eingebunden wie das fiktionale.

Fechner und Lanzmann situieren ihre Filme unmißverständlich in der Jetztzeit, wenngleich das von den Überlebenden Berichtete häufig in die vierziger Jahre zurückkehrt. Anders als in *Schindlers Liste*, *Triumph des Geistes* oder der Fernseh-Serie *Holocaust*, anders auch als in vielen historischen Dokumentationen oder in den Kompilationsfilmen, springen die Filmemacher in der erzählten Zeit nicht zurück. Was die Überlebenden erzählen, erscheint als Aktualisierung, nicht als die Suggestion einer Präsenz des Ereignisses selbst. Die Identifikation wird dadurch abgezogen von dem dramatischen Geschehen der Vergangenheit und zentriert auf das heutige Drama der andauernden Verwundung durch das Gewesene.

Fechner begleitete in den Jahren 1975 bis 1981 den Düsseldorfer Majdanek-Prozeß. Er führte Interviews mit ca. 70 Teilnehmern, mit Opfern, Tätern und Juristen, die transkribiert Aktenmaterial im Umfang von 8000 Seiten ergaben. Hieraus montierte er einen dreiteiligen Film von insgesamt viereinhalb Stunden. In der Interviewsituation versuchte er, die Kamera vergessen zu machen: kein direktes Licht, um die Gesprächspartner nicht zu verstören, keine handwerklichen Bemerkungen innerhalb des Teams, lange Interviewzeiten. Durch enge Vorgaben an die Kameraleute richtete er die Dreharbeiten schon in der Interviewsituation auf sein ästhetisches Montagekonzept aus: »Ich muß die Kameramänner immer wieder bitten, bei den Aufnahmen möglichst keine Zooms, keine Kamerafahrten zu machen, weil man später bei der Montage nicht in eine Kamerabewegung hineinschneiden kann«[33].

Auf die Montage läuft bei Fechner künstlerisch alles hinaus. Er kommt ohne Kommentar aus, indem er die Interviews so schneidet, daß die Informationen von den Interviewten selbst ausgesprochen werden. Er verzichtet auf den Erzähler, nicht aber auf das Erzählen. Denn wie im modernen Roman des 20. Jahrhunderts stellt sich die Einheit des Erzählens durch die Vielfalt der Perspektiven her. Michael Marek schreibt: »Die Art der Montage bewirkt [...] einen situativen und thematischen Zusammenhalt der aufeinander aufbauenden Aussagen. So erwächst ein Erzählzusammenhang, der mit der filmischen Handlung gleichzusetzen ist. [...] Zwischen den Prozeßparteien stellt sich [...] ein fiktives Gespräch her, das in dieser Weise niemals stattgefunden hat«[34].

Fechner schneidet die O-Töne ohne Pausen aneinander und unterstützt die Gesprächsillusion auch optisch. Spricht ein Interviewter nach rechts, so wendet sich der folgende häufig nach links.[35] Die meisten Einstellungen sind in statisch bleibenden Nahaufnahmen in Innenräumen gedreht, oft vor neutralem Hintergrund. So entsteht der Eindruck eines unablässigen Erzählstroms, einer in sich gegliederten, teils widersprüchlichen, aber letztlich homogenen, kollektiven Erzählung.

Dieser Eindruck wird verstärkt durch Fechners Bestreben, die Emotionalität der Interviewten nicht auszubeuten. Der ruhige Berichtston herrscht vor. Gefühlsäußerungen, die sich auf damalige Geschehnisse beziehen, schneidet Fechner heraus, nur solche, die auf aktuelle Ereignisse reagieren, läßt er stehen.[36] Ehemalige Häftlinge, die Angehörige verloren haben, sprechen konstatierend, weitgehend entemotionalisiert über den Verlust. Nicht ihre Emotio-

---

33 Fechner, zit. nach: Egon Netenjakob: Eberhard Fechner, Weinheim - Berlin 1989, S. 152.
34 Marek, Verfremdung zur Kenntlichkeit, S. 29.
35 Vgl. hierzu Netenjakob, Eberhard Fechner, S. 174.
36 Vgl. Netenjakob, Eberhard Fechner, S. 175.

nalität stellt Fechner ins Zentrum seiner filmischen Methode,[37] sondern die intellektuelle Konfrontation der Opfer mit den Tätern.

Wir sehen Herrschaften im Alter zwischen 50 und 70, die ihre Versionen von einer über 30 Jahre zurückliegenden Wirklichkeit erzählen. Hier die Geschichten von der »Blutigen Brigitta« und vom »Todesengel«, dort die Schilderung des harten, aber angeblich immer korrekten Alltags der Wachmannschaften. Lügen die Täter? Aus ihren Gesichtern geht es nicht hervor. Das Erschreckende ist, daß sie an ihre geschönten Lebensläufe, die sie mit den Versatzstücken des Entlastungsdiskurses garnieren, ehrlich zu glauben scheinen. Die Verdrängung hat ganze Arbeit geleistet. Die Interviews zeigen Menschen, keine Bestien. Doch genau als diese Bestien kennen die Opfer sie. In direkter Konfrontation schneidet Fechner die widersprüchlichen Erinnerungen an das Lager gegeneinander und ergreift schließlich Partei für die Opfer.

Denn ihre Aussagen belegt er mit über 500 historischen Photos, einigen Filmausschnitten und Aussagen von Experten wie Simon Wiesenthal. Zur Bebilderung suchte er Archive in mehreren Ländern auf. Den Photos kommt in Fechners narrativem Konzept eine Beweisfunktion für die Aussagen der Opfer zu und eine Widerspruchsfunktion gegen die verharmlosenden Aussagen der Täter. Die Zuschauer glauben den Opfern, mißtrauen aber den Tätern. In der Konfrontation der Aussagen durch die filmische Montage stellt sich das Erschrecken darüber ein, daß ganz normale Menschen Bestialitäten wie die beschriebenen begangen haben konnten. Es ist ein Erschrecken, das sich auf die Jetztzeit bezieht, auf die Diskrepanz zwischen kleinbürgerlich-gepflegtem Parlando und jenem anderen, Gewesenen.

Fechners narratives Konzept zielt, wie gesagt, auf intellektuelle Prozesse, wenngleich Empathie allein wegen der Ungeheuerlichkeit der beschriebenen Vorgänge immer mit im Spiel ist. Schon die Gliederung des Films richtet sich auf ein Begreifen des Majdanek-Prozesses und der Funktionen des Lagers. Fechner unterteilt das Ganze in thematische Abschnitte, die in strenger systematischer Folge stehen. Teil eins trägt den Titel »Anklage«, Teil zwei »Beweisaufnahme«, Teil drei »Urteile«. Auch die Zwischentitel orientieren sich einerseits an der Chronologie der Gerichtsverhandlung, andererseits an der Phänomenologie und der Geschichte des Lagers. Der Film ist unter anderem deshalb ein Lehrfilm, weil er die wichtigsten Fakten über das Lager vollständig mitteilt. Bezeichnend sowohl für seine Intention als auch für seine Montagearbeit ist die folgende Aussage Fechners: »Ich konstruierte einen synthetischen Tag aus all den Aussagen der vielleicht fünfundvierzig meiner Interviewpartner, die im Lager waren. Denn trotz der nachzulesenden Erlebnisse einzelner Leu-

---

37 In diesem Punkt argumentiere ich – obwohl ich seinen Artikel noch immer für den besten über Fechners Film halte – anders als Michael Marek, wenn er schreibt: »Das Ziel des Films ist [...] das Sichtbarmachen von Gefühlen und individuellen Bewältigungsstrategien, die sich im Versuch der Erinnerung an Majdanek einstellen« (Marek, Verfremdung zur Kenntlichkeit, S. 29).

te gab es das in dieser Weise bisher noch nicht«[38]. Der Dokumentarist tritt hier als Geschichtsschreiber auf. Er rettet, was an Quellen noch greifbar ist und bringt es in eine verallgemeinernde Form.

Der Film verleiht den Opfern eine Stimme, die jenseits des juridischen Diskurses liegt. Dies gilt allerdings auch für die Täter, die in der Verhandlung keine Aussage machten, vor der Kamera aber ihre Sicht der Dinge ausbreiteten. Weil Fechner an den Aussagen der Opfer vor allem ihr Wissen um damalige Vorgänge interessiert, steht für ihn nicht ihre psychische Prägung durch das Geschehene im Vordergrund. Am Rande hören wir, daß das Gericht Zeugenaussagen im Ausland aufnehmen mußte, weil mehrere ehemalige Häftlinge nicht nach Deutschland reisen wollten. Zu Beginn des zweiten Teils thematisiert der Film dann die Schwierigkeiten des Erinnerns nach über 30 Jahren. Das Gedächtnis läßt nach, die Täter verändern sich, werden älter usw. Lediglich ein paar Minuten[39] gewährt Fechner Aussagen darüber, was während des Erinnerns passierte. Ein Zeuge versuchte während der Befragung ein Glas Wasser zu trinken, hielt es mit beiden Händen fest, brachte es aber nicht zum Mund, weil er zu sehr zitterte. Eine Zeugin erkannte im Gerichtssaal den Mann wieder, der ihre Mutter abgeführt hatte und geriet außer sich.[40] Vor der Kamera sagte sie, sie sei in jenem Moment nicht mehr in Düsseldorf gewesen, sondern in Majdanek. Ferner thematisiert der Film die zweite Verfolgung der Opfer im Gerichtssaal, wenn zum Beispiel ein Rechtsanwalt den Antrag stellt, eine ehemalige Insassin der Beihilfe zum Mord anzuklagen, weil sie Zyklon B zu den Gaskammern tragen mußte. Diese Frau war die einzige überlebende Zeugin, die aus eigener Anschauung etwas über die Vergasungsvorgänge aussagen konnte.

Der Prozeß ist vor allem ein Film an das Kollektiv der Täter. Er bietet Aufklärung darüber, was im Lager geschah, und hält der bundesrepublikanischen Nachkriegsgesellschaft vor, daß sie diesen Prozeß erst nach 30 Jahren aufnahm. Fechner spart weitgehend aus, welches Leben die ehemaligen Häftlinge nach der Befreiung führten. Ersichtlich wird, daß das Vergangene bis in die Jetztzeit fortwirkt, doch die Traumatisierung der Überlebenden bleibt dabei im Hintergrund. Während im Spielfilm die historische Szene fiktional entworfen wird, entwickelt Fechner sie mit dokumentarischen Mitteln. Das Anliegen des Gerichts und das des Filmemachers konvergieren: beide sind auf der Suche nach der materiellen Wahrheit, wollen wissen, wie es im Lager wirklich gewesen ist. Während das Gericht die Wahrheit festschreiben muß, um zu einem Urteil zu gelangen, kann der Künstler den polyperspektivischen Blick auf das Geschehene wahren. Was bei Fechners Wahrheitssuche aber unterbelichtet bleibt, ist die Zeitlichkeit im Nachleben des Ereignisses. Nicht auf den

---

38 Fechner, zitiert nach: Netenjakob, Eberhard Fechner, S. 161.
39 Vgl. die Minuten sieben bis fünfzehn des zweiten Teils.
40 Vgl. Teil zwei, Minute 32.

Modus des Aktualisierens, also auf die Gegenwart des Traumas, legt er den Akzent, sondern auf die Erhellung von etwas Vergangenem. Das gewesene, nicht das aktuelle Leiden der Überlebenden rückt er in den Mittelpunkt. In der Terminologie einer nach der Produktion von Fechners Film geführten Debatte könnte gesagt werden, daß Fechner sich um eine Historisierung des Geschehenen bemüht.[41]

Anders akzentuiert Lanzmann das Thema in *Shoah*. Formelhaft gesagt: Fechner historisiert, Lanzmann aktualisiert. Was im vorangegangenen Essay herausgearbeitet wurde, fällt auch hier ins Gewicht. Die Ausrichtung auf die unwillkürlichen Körperregungen und das Konzept der Selbstdarstellung im Spiel gehen vom aktuellen Zustand der Überlebenden aus. Wo Fechner ihre Emotionalität im Film nicht zeigen möchte, stellt Lanzmann genau auf diese ab: »Die Tränen dieses Mannes, wenn er weint, diese Tränen sind sehr wichtig«[42]. Fechner möchte die interviewten Überlebenden nicht bloßstellen, für Lanzmann artikulieren gerade solche Körperregungen das unaussprechliche Fortleben des Ereignisses.

An dieser Differenz zeigt sich die durch kollektive Erfahrungen produzierte Perspektivität des filmemachenden Blicks. Fechner spricht aus dem Kollektiv der Täter heraus und adressiert seinen Film mit der Frage, warum dreißig Jahre vergehen mußten, bevor ein solcher Prozeß stattfinden konnte, vor allem an das deutsche Publikum. Jede Geste, mit der er so täte, als könne er die Seite wechseln, würde das mit der Shoah unhintergehbar festgeschriebene Verhältnis beider Gruppen zueinander ignorieren. Dies implizierte eine Leugnung der Tragweite des Ereignisses. Anders Lanzmanns Position. Konfrontiert mit den traumatisierten Überlebenden übernimmt er auf andere Weise Verantwortung, er greift aktiv in ihre Leidenswirklichkeit ein, indem er mit Hilfe des Films bewußt Situationen erzeugt, die den Traumatisierten eine Möglichkeit eröffnen, das Erlebte zu artikulieren. Sein Drängen auf die Aussage Bombas kann kritisch gewertet werden, weil das Wiederholen der schmerzhaften Situation neuen Schmerz mit sich bringt, ohne daß ein therapeutischer Erfolg absehbar wäre. Doch der Filmemacher signalisiert Bomba durch sein Vorgehen zugleich, daß die Erfahrung der Überlebenden nicht aus dem gesellschaftlichen Diskurs ausgeschlossen werden dürfe. Er macht sich nicht zum Instrument einer erneuten Isolierung der Überlebenden, sondern er geht auf sie zu. Er kämpft um jedes einzelne Zeugnis. Vielleicht ist dies das Geheimnis seiner

---

41 Vgl. zum umstrittenen Thema der Historisierung von NS-Verbrechen die Debatte zwischen Broszat und Friedländer, zu der die folgenden Texte gehören: Martin Broszat: Plädoyer für eine Historisierung des Nationalsozialismus, in: ders.: Nach Hitler, München 1986, S. 159-173 (zuerst 1985); Saul Friedländer: Überlegungen zur Historisierung des Nationalsozialismus, in: Dan Diner (Hg.): Ist der Nationalsozialismus Geschichte?, Frankfurt/M. 1987, S. 34-50; Martin Broszat/Saul Friedländer: Um die »Historisierung des Nationalsozialismus«. Ein Briefwechsel, in: Vierteljahrshefte für Zeitgeschichte, 36. Jg. (1988), S. 339-372.

42 Lanzmann, Gespräch mit Gisela Lerch, S. 149.

vielgelobten Interviewmethode. Nach Eva Hohenbergers Modell setzt er damit die Realität bzw. Institution Film in Funktion. Als vervielfältigendes und speicherndes Medium wird die Kamera zum Repräsentanten der Öffentlichkeit, und das vor ihr abgelegte Zeugnis erlangt zusätzliches Gewicht für die Überlebenden, weil sie durch den Apparat zur Allgemeinheit und zur Nachwelt sprechen können. Diese Möglichkeit der situativen Einflußnahme hat der Spielfilm nicht, es sei denn, er findet einen Weg wie Spielberg am Schluß von *Schindlers Liste*, mit dem er allerdings zugleich die Gattung überschreitet. Um den Opfern das Zeugnisablegen über die dort inszenierte Authentisierungsgeste hinaus zu eröffnen, nutzte Spielberg den kommerziellen Erfolg des Films und gründete die *Shoah Foundation*, eine Stiftung, deren Mitarbeiter systematisch Videointerviews mit den noch erreichbaren Überlebenden führen.

In Lanzmanns Verfahren ist die Parteilichkeit des Filmemachers vorausgesetzt. Einerseits betrifft dies das grundsätzlich unterschiedliche Verhältnis zu den interviewten Ex-Nazis und den interviewten Überlebenden. Auf die Frage, ob er durch das Filmen mit der versteckten Kamera nicht die Persönlichkeitsrechte der Ex-Nazis beeinträchtige, antwortete Lanzmann: »Wenn man die Menschen täuschen muß, täusche ich sie. Und wenn man sie verletzen muß, verletze ich sie. Damit das klar ist. [...] Ich zeige voller Stolz, daß ich sie belogen habe, denn sie haben das oberste Gesetz, [...] das Gesetz des Lebens, nicht respektiert. Deshalb empfinde ich überhaupt keine persönlichen oder ethischen Konflikte gegenüber diesen Menschen, keine. Ich war zu allem bereit, um sie zum Sprechen zu bringen, und ich war zu allem bereit, um sie vor die Kamera zu bringen«[43]. Eine ähnliche Parteilichkeit findet sich in Marcel Ophüls' *Hotel Terminus* (1988), der die Täter zusätzlich noch der Lächerlichkeit preisgibt und ihnen mit Sarkasmus begegnet.[44]

Entscheidend für *Shoah* ist in diesem Zusammenhang Lanzmanns Weigerung, beide Gruppen in ein imaginäres Gespräch miteinander zu bringen. Während Fechners Montagetechnik gerade dies bewirkt, indem sie die einander widerstreitenden Erinnerungen in einen einzigen Erzählstrom integriert, verfährt Lanzmann anders: »Die Konstruktion war [...] diktiert von Fragen der Moral. Ich hatte nicht das Recht, die Begegnung der Darsteller zu provozieren. Ich konnte unmöglich die Nazis mit den Juden konfrontieren; nicht, daß ich sie leibhaftig miteinander konfrontiert hätte, was mehr als obszön gewesen wäre; sondern es ging nicht, sie in der Montage zusammenzubringen. [...] In diesem Film begegnet keiner dem anderen«[45]. In der Logik dieser Parteinahme funktioniert auch die poetische Refiguration der Zeiterfahrung in *Shoah*, die sich an der traumatischen Gegenwärtigkeit des Horrors

---
43 Lanzmann, Gespräch mit Gisela Lerch, S. 151.
44 Auch in Ophüls' Film wird das psychische Erbe sinnfällig, welches die von Barbie gefolterten Opfer nicht wieder ablegen können.
45 Lanzmann, Gespräch mit Marc Chevrie und Hervé Le Roux, S. 139 f.

entlang gebildet ist. So ist Lanzmanns Film von der Interviewtechnik bis in die Komposition hinein der Parteinahme für die Überlebenden verpflichtet.

IV.

Jeder Film entwirft eine Welt, doch keiner kann aus den ikonographischen und narrativen Traditionen herausspringen. In diesen Traditionen befinden sich mittlerweile auch Bestandteile der Lager, etwa die Rampe von Auschwitz oder das Tor mit der Inschrift »Arbeit macht frei«.[46] Auch vor der Shoah macht die Klischee- und Ikonenbildung nicht Halt. So schöpft jeder Film, ob er will oder nicht, aus symbolischen Ressourcen, die schon vor ihm in der Öffentlichkeit zirkulierten. Andererseits zeigen manche Filme nie dagewesene Bilder, Bildfolgen, Töne und Worte, modifizieren die Muster, die bisher unser Weltverständnis bestimmten. Das innovative Potential der Künste für die Weltdeutung haben zahlreiche Ästhetiker betont. Paul Ricœur legt den Akzent seiner Untersuchung auf die wechselseitige Durchdringung von Narration und Zeitlichkeit. Hayden White und anderen folgend, setzt er einen weiten Begriff des Narrativen voraus; noch die Geschichtswissenschaft sei auf Narration angewiesen. Der Narration verleiht Ricœur einen geradezu anthropologischen Rang. Er sagt, »daß zwischen dem Erzählen einer Geschichte und dem zeitlichen Charakter der menschlichen Erfahrung eine Korrelation besteht, die nicht rein zufällig ist, sondern eine Form der Notwendigkeit darstellt, die an keine bestimmte Kultur gebunden ist. Mit anderen Worten: daß die Zeit in dem Maße zur menschlichen wird, in dem sie sich nach einem Modus des Narrativen gestaltet, und daß die Erzählung ihren vollen Sinn erlangt, wenn sie eine Bedingung der zeitlichen Existenz wird«[47]. Damit wird das In-die-Sprache-Bringen zu einem wichtigen Akt der menschlichen Selbsterfahrung – allerdings auch zu einer Quelle für neue Mythologien.

Mit dem Sujet der KZ-Überlebenden tritt der Zusammenhang von Zeit und Erzählung im Zeichen des Traumas auf. Die Darstellungen des Traumas variieren – wie die gesellschaftliche Sicht auf es. Wie erwähnt, mußte sich das Wissen um das Trauma erst langsam in der Öffentlichkeit herausbilden. Doch von welcher Öffentlichkeit ist die Rede? Von der deutschen? Von der israelischen? Von der amerikanischen? Je nach Gruppenzugehörigkeit muß hier spezifiziert werden. Das einigende »Wir« zwischen Mördern und zu Mordenden darf,

---

46 Eine Ausstellung des Auschwitz-Museums weist darauf hin und zeigt die bevorzugten Repräsentationen von Auschwitz: »By showing how certain representations of Auschwitz have come to dominate the discourse, and how representing them in different ways has affected our understanding, we hope to demonstrate how our understanding of history as a whole is shaped, and to alert people to the problems inherent in representation« (Jonathan Webber: Foreword, in: Representations of Auschwitz, hg. v. Yasmin Doosry, Kraków 1995, S. 5-17, S. 11).

47 Ricœur, Zeit und Erzählung, Bd. 1, S. 87; im Original teilweise kursiv gesetzt.

darauf hat Lyotard hingewiesen, nicht vorausgesetzt werden.[48] Da existiert ein Widerstreit, der bis heute nachwirkt.[49]

In den Nachgeborenen des Täterkollektivs lösen andere Faktoren die Erinnerung an die Lager aus als in den Opfern. Für die Überlebenden, für ihre Kinder und Enkel, existiert häufig ein Zwang, zum Gewesenen zurückzukehren, es Mal um Mal zu aktualisieren, es als Bedingung des gegenwärtigen Erlebens aufzufassen. Die KZ-Haft ist für sie nicht mit dem Tage der Befreiung vergangen, sondern psychisch dauert sie lebenslang an, und psychisch bewirkt sie auch eine Art Sippenhaft, denn die folgenden Generationen entwickeln Symptome wie die Opfer selbst. Während Angehörige des Täterkollektivs ein abgeschlossenes Geschehen vergegenwärtigen, gab es diese abgeschlossene Vergangenheit für die traumatisierten Opfer nie.

So wird die Zeit in den Erzählungen der Täter und der Opfer auf ganz verschiedene Art zur menschlichen. Die vom Trauma geprägte Zeiterfahrung hebelt jede Konstruktion eines linearen Zeitablaufs aus. Nicht im technisch-mathematischen Sinne, sondern im qualitativen. Hier dominiert die Vergangenheit die Gegenwart, das Grauen ist nicht vergangen, es ist gegenwärtig. Umgekehrt steht jedes abschließende Erzählen, das die Gegenwart des Schreckens leugnet, auf der Seite der Täter, nicht auf der Seite des anhaltenden Leidens am Vergangenen.

Wie sich die Zeiterfahrung einer Gruppe organisiert, welcher Entwurf von der Welt sich in ihr durchsetzt, ist keine akademische Frage. Narration und Handlung sind auch im Alltag ineinander verschränkt. Neue Aussagen über die Welt ermöglichen ein verändertes Handeln. James E. Young hat in seiner Untersuchung über das *Beschreiben des Holocaust* besonderes Gewicht auf diese Verbindung von Weltdeutung und Handeln gelegt. Er schreibt: »Die Geschichte entfaltet sich niemals unabhängig davon, wie wir sie verstehen«[50]. Bezogen auf Auschwitz verbindet er damit die These, »daß die Ereignisse des Holocaust in ihrer literarischen Darstellung nicht nur *post factum* gestaltet werden, sondern daß sie von Anfang an, das heißt schon während sie stattfanden, von den Schemata geprägt waren, nach denen sie begriffen und ausgedrückt wurden und die schließlich zu bestimmten Formen des Handelns geführt haben«[51]. Das gilt auch für die Darstellung der Überlebenden, die immer mit einem Verständnis davon verschmolzen ist, was das Überleben sei.[52] Wird es

---

48 Vgl. Lyotard, Der Widerstreit, S. 175 f.
49 Andererseits darf das Verhältnis zwischen Tätern und Opfern nicht hypostasiert werden, doch die Nazis etablierten die Grenze mit der Definition des Juden. Sie wurde auf abscheuliche Weise wirkmächtig. Es gab also eine historische Situation, in der die Grenze als absolute gültig war. Für die Zeit nach 1945 sowie für die Nachgeborenen ist diese Grenzziehung nicht mehr in der gleichen Weise gültig. Das Kollektiv der Täter und das der Opfer treten einander verändert gegenüber.
50 Young, Beschreiben des Holocaust, S. 20.
51 Ebd.
52 Auch unter Psychoanalytikern wird über das Bild von den Überlebenden gestritten, vgl.

konstruiert als ein Resultat des Widerstandswillens?, als Produkt des Zufalls?, als Hilfe eines humanen Helfers im Kreise der Täter? Werden die Überlebenden dargestellt als Gerettete?, als lebende Tote?, als Gezeichnete, die ihre eigene Kraft aufwenden mögen, um sich wieder zu integrieren? Oder als Gezeichnete, die die Solidarität der übrigen brauchen, um wieder Fuß zu fassen? Sowohl Spielfilme als auch Dokumentarfilme können die Akzente ganz verschieden setzen, obwohl die meisten Spielfilme durch ihre kommerzielle Einbindung schnell an Grenzen stoßen. Entlastend wirken Filme dort, wo sie das Trauma der Überlebenden von der Verantwortung der übrigen abspalten, indem sie es verschweigen, privatisieren oder für unveränderlich erklären. Aktualisierend verfahren Filme, sofern sie diesen Entlastungsmechanismen nicht verfallen, sondern ihre narrativen Strategien auf das andauernde Leid hin öffnen. Niemand kann gezwungen werden, sich den Verfolgungserfahrungen der Opfer auszusetzen. Doch empfinden manche eine Verpflichtung[53] dazu. Wer sich vom Schicksal der Überlebenden nicht aus der Ruhe bringen läßt, schreibt die Katastrophe fort. Nicht zuletzt an solchen, die Zivilgesellschaft betreffenden Reaktionen entscheidet sich, in was für einer Gesellschaft wir heute leben.

---

die Intervention von Isidor J. Kaminer: »On razors edge« – Vom Weiterleben nach dem Überleben, in: Fritz-Bauer-Institut (Hg.): Auschwitz, Frankfurt/M. - New York 1996, S. 139-160.
53 Dieser Begriff ist bei Lyotard unter Rückgriff auf Lévinas entwickelt; vgl. Lyotard, Der Widerstreit, S. 183 ff.

»Wahr sind die Sätze als Impuls...«
Begriffsarbeit und sprachliche Darstellung in
Adornos Reflexion auf Auschwitz

I.

Auschwitz – an diesem Namen haftet nicht nur das Monströse, sondern auch das Unerklärliche. In letzter Instanz versagt die Ratio vor dem Ereignis. Das hat mehrere Gründe, die nicht in etwaigen ungenügenden wissenschaftlichen Bemühungen zu suchen sind. Inzwischen können ganze Bibliotheken mit der Geschichte des Nationalsozialismus und der Lager gefüllt werden. Vielmehr gehen die Gründe auf das Geschehene selbst zurück. Es wirkt bis heute nach. Es verursacht noch immer ein Beben in den Diskursen, das deren Rationalität durchquert. Dieses Nachwirken kann am Beispiel von Adornos Reflexionen auf Auschwitz gezeigt werden. Adorno bietet sich für eine solche Untersuchung an, weil er dem Ereignis schon früh eine große Tragweite beigemessen hat und weil er bei dem Versuch, geistige Konsequenzen aus ihm zu ziehen, bewußt eine Schreibweise wählt, die die Begriffsarbeit mit Verfahren konfrontiert, die die traditionelle Philosophie nicht vorsieht.

Adornos Denken zeichnet sich seit Mitte der vierziger Jahre durch eine »bewußte Zeitgenossenschaft zu Auschwitz«[1] aus. Detlev Claussen belegt dies mit den entsprechenden Passagen. Dabei wird deutlich, daß Auschwitz für Adorno kein Phänomen ist, dessen Untersuchung einer Fachwissenschaft, also etwa der Historiographie, überlassen werden darf, sondern daß es auf alle geisteswissenschaftlichen Sparten einwirkt. Welche Tragweite es für Adornos Philosophie hat, zeigt sich daran, daß er es in moralphilosophischen, ästhetischen und sogar in erkenntnistheoretischen Zusammenhängen in den Mittelpunkt stellt. Claussen sagt, erst heute werde deutlich, »daß im Zentrum des Adornoschen Werkes Auschwitz steht«[2]. Auf welche Weise das geschichtliche Ereignis Auschwitz neben seinem Denken auch sein Schreiben mitbestimmt, ist bislang kaum beachtet worden. Die hier zu entfaltende Hypothese lautet, daß sich an der Schnittstelle von Denken und Schreiben, in der Darstellung, das Unausdenkbare als rhetorische Praxis niederschlägt.

Trotz seiner großen Sensibilität für ästhetische Gebilde und trotz seiner eigenen künstlerischen Versuche als Komponist beharrt Adorno auf der Grenze zwischen Philosophie und Kunst. Natürlich interessiert ihn besonders das

---
1 Detlev Claussen: Nach Auschwitz. Ein Essay über die Aktualität Adornos, in: Dan Diner (Hg.): Zivilisationsbruch. Denken nach Auschwitz, Frankfurt/M. 1988, S. 54-68, S. 54.
2 Claussen, Nach Auschwitz, S. 62.

Austauschverhältnis zwischen beiden sowie ihr Aufeinander-Angewiesensein. Doch vor aller Wechselwirkung weist er der Philosophie einen eigenen Bereich zu, indem er die Begriffe als ihr Medium definiert. Wie die Begriffe indessen an eine Grenze stoßen, die jede spartenhaft abgetrennte Philosophie betrifft, macht seine Reflexion auf Auschwitz besonders deutlich. Insbesondere den für Adorno in diesem Zusammenhang zentralen Begriff der Kultur führt er an jene Grenze und – wie sich zeigen wird – noch über sie hinaus.

II.

Dem Begriff der Kultur kommt bei Adorno eine Schlüsselrolle für die Reflexion auf Auschwitz zu.[3] Mit der *Dialektik der Aufklärung*, die in den vierziger Jahren geschrieben wurde, wenden sich Horkheimer und Adorno gegen einen undialektischen Begriff der Kultur, der die Menschheitsentwicklung als ein kontinuierliches Fortschreiten aus der Unwissenheit in die Bewußtheit über die eigenen Lebensumstände begreift. Hiernach zielt ein Instrument der so verstandenen Kultur, die Aufklärung, auf die Fähigkeit, die eigenen Verhältnisse zu planen und zu beherrschen. Die Kulturentwicklung erscheint als die fortschreitende Unterwerfung der Natur unter die Zwecke des Menschen, seien sie ausbeutender oder besänftigender Art. Für die politische und ökonomische Praxis war dieser Begriff der Aufklärung seit der industriellen Revolution der vorherrschende. Die *Dialektik der Aufklärung* macht dagegen deutlich, daß jeder Schritt praktizierter Aufklärung einen Schatten mit sich führt.

Wer die Natur beherrschen möchte, muß zunächst die eigene unterwerfen, muß den Zwang, den er ausübt, auch gegen sich selbst ausüben, um erfolgreich zu sein. Jener Fortschritt, der unbestreitbar vielen Menschen das Leben erleichtert oder sogar erst ermöglicht, wird erkauft durch gegenläufige Prozesse. Diese berühren auch die Theorie. Denn wo Erkenntnisse nur noch instrumentell für die Praxis der Unterwerfung entwickelt werden, reflektiert Aufklärung nicht mehr auf sich selbst, sondern verfällt einer neuen Mythologie, im 19. Jahrhundert zum Beipiel der Fortschrittsideologie.

Horkheimer und Adorno dagegen fassen Begriffe wie Aufklärung, Kultur, Zivilisation dialektisch. Ihr Begriff der Kultur umgreift sowohl die Errungenschaften des industriellen Zeitalters in ihren positiven Bestandteilen als auch die Kosten des Fortschritts.[4] Der kulturelle Fortschritt führt also schon immer eine gegen die in diesem Prozeß befangenen Menschen gerichtete Gewalttätig-

---

3   Die zur Zeit des Ersten Weltkrieges progagandistisch aufgemachte Alternative zwischen einer ›oberflächlichen‹, französischen Zivilisation und einer ›tiefen‹, deutschen Kultur lehnt er ab, ohne deshalb aber beide Begriffe miteinander gleichzusetzen. Grundlegend zur Genesis beider Begriffe in Deutschland und Frankreich ist noch immer: Norbert Elias: Über den Prozeß der Zivilisation, Frankfurt/M. 1976, Bd. I, S. 1-64.

4   Hermann Schweppenhäuser zeichnet diesen dialektischen Kulturbegriff nach, vgl. ders.: Zum Widerspruch im Begriff der Kultur, in: Tractanda, Frankfurt/M. 1972, S. 92-101.

keit mit sich. Während im traditionellen Begriff der Kultur die humanisierenden Potentiale der Menschheitsentwicklung enthalten sind, das anwachsende Zerstörungspotential aber ausgegrenzt ist, rückt Adorno sie zueinander. Doch diese Analyse des Kulturprozesses führte er schon vor Auschwitz, in den dreißiger Jahren aus. Die Marxsche Warenanalyse bot hierfür ein entwickeltes Instrumentarium. Der gleichmachenden und regressiven Kraft des Tauschwertes etwa spürte er 1938 in *Über den Fetischcharakter in der Musik und die Regression des Hörens* nach. Die deformierenden Kräfte des Kapitalismus thematisierte er immer wieder mit dem von Lukács entlehnten Begriff der Verdinglichung. Was also, ist die Frage, geschieht in Auschwitz darüber hinaus mit den dialektisch gefaßten Begriffen der Kultur, der Zivilisation, der Aufklärung?

Anläßlich der Ermordung der europäischen Juden radikalisiert Adorno seine Zivilisationskritik. Auschwitz akzentuiert er als das Antizivilisatorische und belegt es – wie insgesamt das Hitler-Regime – mit dem Wort Barbarei. Schon 1944 notiert er: »Der Gedanke, daß nach diesem Krieg das Leben ›normal‹ weitergehen oder gar die Kultur ›wiederaufgebaut‹ werden könnte [...] ist idiotisch. Millionen Juden sind ermordet worden, und das soll ein Zwischenspiel sein und nicht die Katastrophe selbst. Worauf wartet diese Kultur eigentlich noch?«[5] Die von Adorno immer wieder gebrauchte Periodisierung ›nach Auschwitz‹ zieht aus einem geschichtlichen Ereignis Konsequenzen für die Begriffsbildung. Weil Auschwitz wirklich war, ändert sich die Konstellation, in der Kultur und Barbarei stehen.

Das Wort Barbarei signalisiert, daß das Geschehene nicht mehr in die Dialektik des Kulturprozesses integriert werden kann. Heute mutet seine Verwendung im Zusammenhang mit Auschwitz anachronistisch an. Als Instrument der Analyse des Nationalsozialismus ist es inzwischen untauglich geworden, hat doch die Diskussion um die Modernität des Nationalsozialismus deutlich gemacht, daß nicht der Rückfall in vorkapitalistische Zeiten diesen Herrschaftstypus charakterisiert, sondern im Gegenteil die konsequente und skrupellose Anwendung moderner Errungenschaften – von der Motorisierung der Armee über die Nutzung der Massenmedien bis zur Anwendung neuester eugenischer Überzeugungen. Adornos Wertung des Nationalsozialismus als Barbarei ist also im wissenschaftlichen Kontext nicht problemlos.[6]

Ein Blick auf die Semantik verstärkt diesen Eindruck. Bei den Griechen waren die Barbaren schlicht die Fremden, jene, die unverständlich sprachen. Die Benennung gewann einen pejorativen Beiklang, das Eigene war das Bessere, der Barbar durfte beherrscht werden. Diese Akzentuierung setzte sich, immer wieder auf andere Gruppen projiziert, bei den Römern und im Christentum

---

5 Theodor W. Adorno: Minima Moralia, Frankfurt/M. 1982, S. 65.
6 Selbst wo er von einer »neuen Art der Barbarei« (Max Horkheimer/Theodor W. Adorno: Dialektik der Aufklärung, in: Max Horkheimer: Gesammelte Schriften, Bd. 5, hg. v. Gunzelin Schmid Noerr, Frankfurt/M. 1987, S. 11-290, S. 16) spricht, ändert sich an der Grundausrichtung dieses Begriffs nichts.

fort. Wenn Adorno das Wort Barbarei verwendet, schwingt der Überlegenheitsgestus mit, vollends in der Wendung ›Rückfall in die Barbarei‹. Er ruft hier den Humanitätsgedanken auf und knüpft ihn an ein Fortschrittsmodell. Er nimmt nun gegen die Barbarei jene Kultur in Anspruch, deren gewaltsame Bestandteile er zuvor oft genug kritisiert hatte.

Mit dem Wort Barbarei, mit der immer wieder benutzten Wendung ›nach Auschwitz‹ sowie überhaupt mit der radikalisierten Kulturkritik stellt sich die Frage nach Kontinuität und Bruch, die Frage, ob Auschwitz einen Zivilisationsbruch darstelle.[7] Adorno bewertet die Ermordung der Juden als ein nicht hintergehbares geschichtliches Ereignis in dem Sinne, daß die Theorie nicht hinter die Reflexion auf es zurückfallen dürfe. Gegenüber jedem auf einer linearen Fortschrittskonzeption beruhenden Denken bekräftigt er immer wieder den diskontinuierlichen Charakter des Geschehenen. Doch auf der anderen Seite hat Adorno den traditionellen Zivilisationsbegriff nie geteilt, sondern schon immer einen dialektischen favorisiert. Zu fragen wäre also, ob Auschwitz noch die Dialektik des Zivilisationsprozesses im Zivilisationsbruch transzendiert. Diese Frage bleibt bei Adorno unbeantwortet, er wendet aber all seine Energie auf, um plausibel zu machen, daß sie gestellt werden muß, und um sie selbst immer wieder zu stellen.

Das Wort Barbarei signalisiert Unvereinbarkeit mit der Kultur, denn es stellt, im gängigen Verständnis, den Antipoden zur Sphäre der Kultur dar. Doch Adorno relativiert es, er fächert seinen Gebrauch auf und bindet es in eine dialektische Konstruktion ein, indem er es wechselnden Objekten zuschreibt. Nachdem 1947 die *Dialektik der Aufklärung* erstmals erschienen war, schreibt er 1949 jenen berühmten Satz zu Auschwitz auf, der 1951 publiziert wird:»nach Auschwitz ein Gedicht zu schreiben, ist barbarisch«[8]. Nicht mehr auf die Nazis, nicht mehr auf Auschwitz soll dieses Wort nun zutreffen, sondern auf eine kulturelle Praxis im Nachkriegsdeutschland. Den Satz erhellt eine Parallelstelle, die ebenfalls aus dem Jahre 1949 datiert. Adorno drückt zunächst sein Erstaunen darüber aus, daß zu dieser Zeit in Deutschland eine Hochschätzung des Geistigen zu verzeichnen sei:»Der Intellektuelle, der nach

---

7 Diner sagt, mit der Ermordung der Juden werde »ein universeller Zivilisationsbruch offenkundig. Er liegt darin begründet, daß eine *grundlose Vernichtung* von *Menschen* möglich und wirklich geworden ist« (Diner, Aporie der Vernunft, S. 31). Er fährt fort:»Das, was geschehen *war*, die Massenvernichtung, hat das partikulare jüdische Schicksal zu einem universellen historischen Ereignis gewendet, dem nunmehr auch im Bereich der Theorie Eigenständigkeit zukommt. Zu Recht haben Horkheimer und Adorno von einem ›Wendepunkt der Geschichte‹ gesprochen« (S. 33). Vgl. zu seiner Position auch: Diner, Zwischen Aporie und Apologie, besonders 72 f.
8 Theodor W. Adorno: Kulturkritik und Gesellschaft, in: ders.: Gesammelte Schriften, Bd. 10, Frankfurt/M. 1977, S. 11-30, S. 30. – Zur Debatte um diesen Satz vgl. Petra Kiedaich (Hg.): Lyrik nach Auschwitz. Adorno und die Dichter, Stuttgart 1995; vgl. weiter: Peter Stein:»Darum mag falsch gewesen sein, nach Auschwitz ließe kein Gedicht mehr sich schreiben.« (Adorno). Widerruf eines Verdikts? Ein Zitat und seine Verkürzung, in: Weimarer Beiträge, 42. Jg., Heft 4/1996, S. 485- 508.

langen Jahren der Emigration Deutschland wiedersieht, ist zunächst von dem geistigen Klima überrascht. Draußen hat sich die Vorstellung gebildet, das barbarische Hitler-Regime hätte Barbarei hinterlassen. [...] Davon kann aber keine Rede sein. Die Beziehung zu geistigen Dingen, im allerweitesten Sinne verstanden, ist intensiv. Mir will sie größer erscheinen als in den Jahren vor der nationalsozialistischen Machtergreifung«[9]. Er verweist auf den Nachholbedarf seitens der Bevölkerung, was die geistigen Dinge anbelangt, sowie auf den »Zwang zur Reprivatisierung«[10], unter dem sie stünde. Doch dann benennt er jenen Mechanismus, dem die Kulturbeflissenheit zuzuarbeiten droht; sie tauge dazu, »den Rückfall in die Barbarei zu vertuschen«[11].

Der Titel von Adornos Beitrag, *Die auferstandene Kultur*, macht abermals deutlich, daß er eine Zäsur zugrundelegt. Den deutschen Faschismus hält er für kulturfremd, eben barbarisch. Die Kulturbegeisterung der Nachkriegszeit aber falle nicht mit jener Kultur zusammen, die nach der Barbarei an der Zeit wäre, sondern greife auf das Kulturgut der Zwischenkriegszeit zurück, das nun, nach dem Rückfall in die Barbarei, umgewertet worden sei: »Den traditionellen ästhetischen Formen, der traditionellen Sprache, dem überlieferten Material der Musik, ja selbst der philosophischen Begriffswelt aus der Zeit zwischen den beiden Kriegen, wohnt keine rechte Kraft mehr inne. Sie alle werden Lügen gestraft von der Katastrophe jener Gesellschaft, aus der sie hervorgingen«[12]. Der nachkriegsdeutsche Kulturenthusiasmus vergesse, daß die Kultur in Trümmern liegt.[13] Adornos Vorwurf lautet, daß der Bruch, der mit dem Nationalsozialismus stattgefunden habe, nicht berücksichtigt werde. Die Beschwörung des Geistigen verdecke vielmehr das dem Geist Inkommensurable. In der Sucht nach Geist und Bildung verschwinde der Skandal dieses Geistes, daß nämlich Auschwitz trotz aller abendländischen Kultur geschehen konnte.

Neben der Schelte des kulturbeflissenen Publikums zielt Adorno auf eine bestimmte, damals weit verbreitete Art von Kunst: »Die jüngste Prosa, der alles sich nachsagen läßt, nur nicht, daß sie jung sei, erinnert zuweilen an einen mit purpurrotem und goldgrünem Laub reich und sorgsam zugeschütteten Kommißstiefel«[14]. Im Horizont dieser Passage muß sein Diktum über Auschwitz zunächst gesehen werden. Das Nachkriegsbedürfnis, sich wieder in die abendländische Kulturtradition einzureihen, wird zum Instrument des Verschweigens. Die Provokation in Adornos Satz richtet sich gegen den Glauben, mit der in Anspruch genommenen Tradition das geschehene Antikultu-

---

9 Theodor W. Adorno: Die auferstandene Kultur, in: ders.: Gesammelte Schriften, Bd. 20.2, Frankfurt/M. 1986, S. 453-464, S. 453.
10 Adorno, Die auferstandene Kultur, S. 453.
11 Adorno, Die auferstandene Kultur, S. 460.
12 Adorno, Die auferstandene Kultur, S. 459.
13 Vgl. Adorno, Die auferstandene Kultur, S. 461.
14 Adorno, Die auferstandene Kultur, S. 459.

relle, Barbarische tilgen zu können. Eine Öffentlichkeit, die sich, nach ihrer Umorientierung von 1945, nun auf moralisch sicherem Gelände wähnt, trifft der Vorwurf, ihre Kulturproduktion sei noch immer barbarisch, ins Mark, nämlich in den Verdrängungsdiskurs. Darin liegt die provokative Kraft von Adornos Satz und der Grund für seine spätere Wirksamkeit.

Im Nationalsozialismus verschwand die Kultur – so Adornos Konstruktion – zugunsten der Barbarei. Über diese Zeit spricht er unversöhnlich und verwendet polarisierende Benennungen. Der Nachkriegsgesellschaft dagegen stelle sich die Aufgabe, das Geschehene zum Gegenstand einer bewußten Auseinandersetzung zu machen. Da sie aber schweige und verdränge, genüge sie dem Anspruch der nun fälligen Kultur nicht. Statt dessen klammere sie sich an Muster, die zwar in der Zwischenkriegszeit innovativ waren, die aber durch das Geschehene kraftlos geworden seien. Wer immer sich nach Auschwitz auf die Kultur berufe, müsse das Geschehene in den Kulturbegriff hineinnehmen. Da dieses nach 1945 nicht geschah, kann Adorno von der herrschenden Kultur nur im Modus des Negierens sprechen. Das überwunden geglaubte Barbarische überlebt im Schweigen des Nachkriegskollektivs.

1960, in *Kultur und Verwaltung*, macht er noch einmal die kritischen Gehalte des Kulturbegriffs stark, indem er ihn in Opposition zum negativ akzentuierten der Verwaltung bringt: »Kultur, als das über das System der Selbsterhaltung der Gattung Hinausweisende, enthält allem Bestehenden, allen Institutionen gegenüber unabdingbar ein kritisches Moment«[15]. Und: »Kultur ist der perennierende Einspruch des Besonderen gegen die Allgemeinheit, solange diese unversöhnt ist mit dem Besonderen«[16]. Indem sich aber die Kultur immer weiter von ihrer kritischen Idee entfernte, indem sie sich verwalten und in die Kulturindustrie eingliedern ließ, wurde sie beschädigt und schließlich hinfällig.

Adornos Versuch, die positiven Gehalte des Kulturbegriffs zu retten, führt ihn dazu, ihr Verschwinden zu konstatieren: »Begreift man Kultur nachdrücklich genug als Entbarbarisierung der Menschen, die sie dem rohen Zustand enthebt, ohne ihn durch gewalttätige Unterdrückung erst recht zu perpetuieren, dann ist Kultur überhaupt mißlungen«[17]. Dieses Mißlingen behauptet Adorno für die zeitgenössische Gesellschaft. Den Nationalsozialismus sieht er hierbei als eine Art Menetekel, als »Boten einer kommenden Entwicklung«[18], in der der kritische Geist gänzlich beseitigt sein werde. Die Gesellschaft schikke sich an, die von den Nazis geprägten Verfahren zu wiederholen: »Die Negation des Begriffs des Kulturellen selber bereitet sich vor. Seine Konstitu-

---

15 Theodor W. Adorno: Kultur und Verwaltung, in: ders: Gesammelte Schriften, Bd. 8, Frankfurt/M. 1972, S. 122-146, S. 131.
16 Adorno, Kultur und Verwaltung, S. 128.
17 Adorno, Kultur und Verwaltung, S. 140 f.
18 Adorno, Kultur und Verwaltung, S. 138.

entien: Begriffe wie Autonomie, Spontaneität, Kritik werden kassiert«[19]. Diagnostiziert Adorno in diesem Text die Zersetzung des Kulturellen durch die – letztlich ökonomisch bedingten – Bewegungsgesetze der Gesellschaft, so vermag doch die Reflexion all dieses noch zu erkennen und ihr denkend standzuhalten.

Wo er aber auf die Folgen von Auschwitz reflektiert, greift das Verschwinden der Kultur auch auf das eigene Denken, das selbst eine kulturelle Praxis ›nach Auschwitz‹ darstellt, über. Der berühmte Satz lautet ja vollständig: »nach Auschwitz ein Gedicht zu schreiben, ist barbarisch, und das frißt auch die Erkenntnis an, die ausspricht, warum es unmöglich ward, heute Gedichte zu schreiben«[20]. Das Urteil über die barbarische Gedichtproduktion ist nicht nur gesetzt, sondern auch relativiert, denn es entspringt einer zugegebenermaßen ›angefressenen‹ Erkenntnis. Die Urteile sowohl des Kulturkritikers als auch des dialektischen Theoretikers sind unsicher geworden. Als Teil der Kultur lösen sie sich selbst auf, wenn die Kultur zerfällt. Auschwitz aber *hat* die Kultur aufgelöst, es hat »das Mißlingen der Kultur unwiderleglich bewiesen«[21].

Ausdrücklich die Kunst und die Philosophie in die Kultur hineinnehmend, wiederum also auch seine eigene Tätigkeit, schreibt Adorno 1966: »Alle Kultur nach Auschwitz, samt der dringlichen Kritik daran, ist Müll«[22]. Damit kein Mißverständnis aufkommen kann, versperrt er dann mögliche Ausflüchte vor diesem Befund: »Wer für Erhaltung der radikal schuldigen und schäbigen Kultur plädiert, macht sich zum Helfershelfer, während, wer der Kultur sich verweigert, unmittelbar die Barbarei befördert, als welche die Kultur sich enthüllte. Nicht einmal Schweigen kommt aus dem Zirkel heraus; es rationalisiert einzig die eigene subjektive Unfähigkeit mit dem Stand der objektiven Wahrheit und entwürdigt dadurch diese abermals zur Lüge«[23]. Jegliches kritische Moment in der Vereinnahmung des Kulturbegriffs, das Adorno zuvor noch für legitim und sogar ›unabdingbar‹ hielt, wird nun, im Kontext der Besinnung auf Auschwitz, zur Kollaboration mit dem mordenden Prinzip. Die Idee der Kultur zerfällt in der geistigen Konfrontation mit der gesellschaftlichen Entwicklung. Diese selbst hat die Begriffe in die Aporie geführt, in der

---

19 Ebd. – Eine Veröffentlichung des Instituts für Sozialforschung aus den fünfziger Jahren, an der Adorno mitgewirkt haben dürfte, setzt keine Hoffnung mehr in die Kultur, sondern einzig noch in die expandierende Zivilisation: »Hat einmal die Zivilisation sich ausgebreitet und befreit, daß es keinen Hunger mehr auf der Erde gibt, dann wird sie das erfüllen, was alle Kultur bis heute vergebens nur versprach« (Kultur und Zivilisation, in: Institut für Sozialforschung (Hg.): Soziologische Exkurse, Frankfurt/M. 1956, S. 83-92, S. 88).
20 Adorno, Kulturkritik und Gesellschaft, S. 30.
21 Adorno, Theodor W.: Negative Dialektik, in: ders.: Gesammelte Schriften, Bd. 6, Frankfurt/M. 1973, S. 7-412, S. 359.
22 Ebd.
23 Adorno, Negative Dialektik, S. 360.

sie sich auflösen. Insbesondere der Begriff der Kultur wird dort, wo es Kultur nur noch als Abfallprodukt ihres einstigen Gehaltes gibt, zur Abdankung gedrängt. *Das* geschieht also mit den Begriffen der Kultur, der Zivilisation und der Aufklärung nach Auschwitz: ihre emanzipatorischen Gehalte verlieren ihren Realgrund.

III.

War die Erkenntnis 1949 ›angefressen‹, so ist sie 1966 entwertet. Auschwitz ist das Ereignis par excellence, welches sich dem Verstehen entzieht. Das Denken versagt vor seinen gegenrationalen Momenten, es muß sich aber der Aufgabe stellen, gerade diese zu bestimmen, um die Moderne zu verstehen. Dieses Verstehenwollen wird bei Adorno schon sehr früh zu einer Frage des Überlebens, für ihn persönlich als Abwehrreaktion auf die Bedrohung durch den herrschenden gesellschaftlichen Wahnsinn, für die westliche Kultur als Abwehr des Wahnsinns, den jene Faktoren, die Auschwitz ermöglichten, eventuell wieder hervorbringen könnten. Adorno schreibt 1945: »Was die Deutschen begangen haben, entzieht sich dem Verständnis, zumal dem psychologischen, wie denn in der Tat die Greuel mehr als planvoll-blinde und entfremdete Schreckmaßnahmen verübt zu sein scheinen denn als spontane Befriedigungen. Nach den Berichten der Zeugen ward lustlos gefoltert, lustlos gemordet und darum vielleicht gerade so über alles Maß hinaus. Dennoch sieht das Bewußtsein, das dem Unsagbaren standhalten möchte, immer wieder auf den Versuch zu begreifen sich zurückgeworfen, wenn es nicht subjektiv dem Wahnsinn verfallen will, der objektiv herrscht«[24]. Schon zu diesem Zeitpunkt markiert er mehrere Konsequenzen aus Auschwitz, die noch in der *Negativen Dialektik* wiederkehren: den defensiven Status allen Denkens angesichts des objektiven Wahnsinns und den Impuls zu denken, um zu überleben. Das Denken befindet sich in einer verzweifelten Situation. Es ist zugleich Bestimmung und Ausdruck dieser Situation.[25]

Schon in den frühen Äußerungen klingt an, daß aus Auschwitz auch erkenntnistheoretische Konsequenzen gezogen werden müssen. Wo Wahnsinn

---

24 Adorno, Minima Moralia, S. 131.
25 Klaus Laermann hat die These vertreten, daß Adorno angesichts von Auschwitz nicht nur ein Bilderverbot, sondern auch ein »Redeverbot« (ders.: Nach Auschwitz ein Gedicht zu schreiben, ist barbarisch, in: Manuel Köppen (Hg.), Kunst und Literatur nach Auschwitz, Berlin 1993, S. 11-15, S. 12) fordere und betont dann, daß in der alttestamentarisch-jüdischen Tradition das Bilderverbot im Gegenteil die Anstrengung der Sprache provozieren wolle, um das nicht Abbildbare zu begreifen. Die zitierte Passage belegt jedoch, daß Laermann in bezug auf Adornos Position zu kurz greift. Nie gibt dieser die sprachliche Anstrengung auf; er macht sie sogar zu einer Voraussetzung seiner Philosophie. Gerade Laermanns treffende Beobachtung über »Adornos Verfahren, die Wahrheit aus Übertreibungen zu gewinnen« (S. 12), muß im Horizont einer sprachlichen Anstrengung gesehen werden, die auf die Aporien der Begriffsarbeit reagiert.

herrscht, gerät der Begriff der Vernunft in eine prekäre Stellung. Die Tatsache, daß alle abendländische Vernunft Auschwitz nicht verhindern konnte, weist ihr selbst einen Platz auf der Müllhalde der Geschichte zu. Außerdem zerschellt die vernunftgeleitete Anstrengung, Auschwitz verstehen zu wollen, möglicherweise an der – wie Diner es nannte – Gegenrationalität[26] dieses Ereignisses. Wo die Wirklichkeit keinen vernünftigen Gehalt mehr anbietet, versagt die Anstrengung der Vernunft. Der Diskurs ›nach Auschwitz‹ ist gekennzeichnet von einer Verunsicherung des Denkens über sein Medium, die Begriffe, und den Mechanismus des Urteilens.

Aber nicht nur die Vernunft versagt, sondern die Sprache selbst ist in Mitleidenschaft gezogen. Die von Adorno angesprochene »Unsagbarkeit« von Auschwitz indiziert dies. Das Unverständliche ist zugleich ein Unbenennbares. Es fällt in den Bereich des Inkommensurablen, der erkenntnistheoretisch dem Adornoschen Nichtidentischen nahesteht. Mit der radikalen Befragung der Philosophie und der Verabschiedung der Kultur rehabilitiert Adorno nun interessanterweise eine bestimmte Art von Kunst, die er in der unmittelbaren Nachkriegszeit vergeblich suchte. Er erkennt den künstlerischen Umgang mit Auschwitz an, sofern er auf ästhetisch reflektierter Stufe stattfindet. Sein Gewährsmann für die Möglichkeit der Literatur nach Auschwitz ist Beckett.[27]

Die Parallelen der Stellung von Philosophie und Kunst nach Auschwitz liegen auf der Hand: beide befinden sich in einer historischen Defensive, die ihre Existenzberechtigung selbst betrifft, beide ringen ihre Erzeugnisse der Resignation und dem Schweigen ab, beide sprechen aus Notwehr. Nicht nur den Ausdruckscharakter[28] der Kunst gilt es zu lesen, sondern auch denjenigen von Adornos Philosophie; ihm selbst war diese Ausdruckshaftigkeit bewußt. Das Recht auf Ausdruck betrifft nämlich nicht nur die Kunst, sondern auch in der Begriffsarbeit kommt der Ausdruckscharakter zum Tragen. Diese führt bei Adorno auf Verfahren, die nicht in logisch-diskursiven Mustern aufgehen. Um

---

26 Diner, Aporie der Vernunft, S. 41.
27 »Becketts Mülleimer sind Embleme der nach Auschwitz wiederaufgebauten Kultur« (Theodor W. Adorno: Versuch, das Endspiel zu verstehen, in: ders.: Gesammelte Schriften, Bd. 11, Frankfurt/M. 1974, S. 281-321, S. 311). Doch Becketts Stücke transzendieren laut Adorno auch das Sinnlose, welches die Situation ›nach Auschwitz‹ kennzeichnet: »Ratio, vollends instrumentell geworden, bar der Selbstbesinnung und der auf das von ihr Entqualifizierte, muß nach dem Sinn fragen, den sie selbst tilgte. In dem Stand aber, der zu dieser Frage nötigt, bleibt keine Antwort als das Nichts, das sie als reine Form bereits ist. Die geschichtliche Unausweichlichkeit dieser Absurdität läßt sie ontologisch erscheinen: das ist der Verblendungszusammenhang der Geschichte selbst. Becketts Drama durchschlägt ihn. Der immanente Widerspruch des Absurden, der Unsinn, in dem Vernunft terminiert, öffnet emphatisch die Möglichkeit eines Wahren, das nicht einmal mehr gedacht werden kann« (S. 319).
28 Zugrundegelegt werden muß dabei Adornos objektiver Ausdrucksbegriff, wie er ihn in der *Ästhetischen Theorie* entwickelt (vgl. z. B. Theodor W. Adorno: Ästhetische Theorie, in: ders.: Gesammelte Schriften, Bd. 7, Frankfurt/M. 1970, S. 170).

Auschwitz in die Sprache und auf den Begriff zu bringen, müssen Sprache und Begriffsarbeit sich wandeln. Der erste Punkt fällt zuallererst in die Anstrengung der Literatur. Paul Celan und andere haben versucht, das Unnennbare im literarischen Werk zu bannen.

Adorno arbeitet im begrifflichen Medium. Dennoch entfaltet er eine Kritik am begrifflichen Philosophieren, deren Konsequenzen sich auch auf sein Schreiben auswirken. Bekanntlich zielt seine Dialektik auf die größtmögliche Übereinstimmung von Begriff und Sache.[29] Spätestens seit der Kantischen kritischen Philosophie muß aber ein unaufhebbarer Graben zwischen beiden angenommen werden. Immer entzieht sich die Sache den Begriffen notwendig, bleibt teilweise inkommensurabel. Dieser Bewegung wird begriffliches Denken nie ganz gerecht: »Der immanente Anspruch des Begriffs ist seine Ordnung schaffende Invarianz gegenüber dem Wechsel des unter ihm Befaßten. Diesen verleugnet die Form des Begriffs, auch darin ›falsch‹. In Dialektik erhebt Denken Einspruch gegen die Archaismen seiner Begrifflichkeit. [...] Identifizierendes Denken vergegenständlicht durch die logische Identität des Begriffs. Dialektik läuft [...] darauf hinaus, so zu denken, daß nicht länger die Form des Denkens seine Gegenstände zu unveränderlichen, sich selbst gleichbleibenden macht«[30].

Das Nichtidentische der Sachen, die in ihren Begriffen nicht aufgehen, muß das philosophische Denken demnach nicht nur mitbeachten, sondern es muß sich ihm immer wieder zuwenden. Jenes wird aber erst kenntlich, wenn seine eigenste, immer singuläre Sprache Gehör findet. Das »in keinen vorgedachen Zusammenhang Auflösliche« transzendiere »als Nichtidentisches von sich aus seine Verschlossenheit. Es kommuniziert mit dem, wovon der Begriff es trennte. [...] Durch die Sprache löst es sich aus dem Bann seiner Selbstheit«[31]. Diese Sprache sprechen aber die auf Allgemeinheit zielenden Begriffe nicht. Um das sich den Begriffen Entziehende dennoch ins Denken gelangen zu lassen, setzt Adorno, neben der konstellativen Form, auf das sprachliche Wesen der Philosophie. Nicht die Reinigung der Sprache durch ihre Formalisierung scheint ihm der Weg zu sein, um den Dingen ihre Beschaffenheit abzulauschen, sondern die bewußte Arbeit inmitten der historisch gewordenen Eigentümlichkeiten der Sprache.

Adorno entwickelt seine Philosophie, die gegen die Übermacht des Bestehenden anspricht, indem sie es auf den Begriff zu bringen sucht, programma-

---

29 Er läßt dabei allerdings den Begriff der Adäquation zugunsten desjenigen der Affinität hinter sich, indem er verlangt, die subjektiv determinierte Adäquation müsse auf sich selbst reflektieren und damit einer Wahrheit den Weg bereiten, in der sich auch das »durchsetzt, was, ohne isolierbar zu sein, aufs Subjekt nicht sich zurückführen läßt« (Theodor W. Adorno: Drei Studien zu Hegel, in: ders.: Gesammelte Schriften, Bd. 5, Frankfurt/M. 1970, S. 247-380, S. 284).
30 Adorno, Negative Dialektik, S. 156 f.
31 Adorno, Negative Dialektik, S. 165.

tisch in der Form des Essays, mit der er eingesteht, daß alles Bestimmen versuchsweise vorgeht und die Möglichkeit seines Scheiterns mitsetzt. Ohne hier die Stellung der Essays zwischen Philosophie und Kunst eingehend erörtern zu können,[32] möchte ich doch auf den hohen Stellenwert der Rhetorik für die essayistische Praxis verweisen. Der Zerfall einstiger philosophischer Ableitungsverfahren und der steigende Gebrauchswert der Rhetorik im Essay verweisen aufeinander. Insbesondere, wenn die Begriffe mit historischer Erfahrung aufgeladen sind, dringt die Rhetorik in die Begriffsbildung unweigerlich mit ein. Weil Adorno dieses bewußt ist, entwirft er mit der Form des Essays einen Modus, in dem er der Rhetorik Raum läßt.

Der Essay ist ein Versuch, sich einem Artefakt eingedenk der sprachlichen Dimension für das Denken und die Begriffsbildung zu nähern. Dieser Versuch kann scheitern, und zwar dann, wenn die sprachliche und gedankliche Anstrengung die noch unbekannten Teile der Sache nicht ›trifft‹.[33] Hier, am Übergang zum Unbekannten, mobilisiert Adorno die Rhetorik: »Dialektik, dem Wortsinn nach Sprache als Organon des Denkens, wäre der Versuch, das rhetorische Moment kritisch zu erretten: Sache und Ausdruck bis zur Indifferenz einander zu nähern«[34]. Er nimmt die Rhetorik für die Erkenntnis der Dinge in Anspruch und macht sie damit von einer Tradition los, in der sie häufig nur dazu benutzt wurde, einem Publikum den eigenen Standpunkt einzureden. Dieses hat weitreichende Konsequenzen, denn Rhetorik wird nun nicht mehr ausschließlich als eine Technik der Persuasion definiert, sondern in dem Dreieck Sprecher-Hörer-Sache gewinnt die Beziehung Sprecher-Sache gegenüber der Beziehung Sprecher-Hörer größeres Gewicht. Adornos dialektischer Begriff der Rhetorik nimmt neben der bewußten rhetorischen Technik auch jene Momente der Rhetorik heuristisch in Anspruch, die ›treffen‹, ohne daß ein abgesichertes Wissen darüber vorläge, warum. Die Sprachlichkeit der Rhetorik hat gegenüber der begriffsdefinitorischen Methode der herkömmlichen Philosophie den Vorteil, noch Unbegriffenes ins Denken hineinholen zu können: »Rhetorik vertritt in Philosophie, was anders als in der Sprache nicht gedacht werden kann. Sie behauptet sich in den Postulaten der Darstellung, durch welche Philosophie von der Kommunikation bereits erkannter und fixierter Inhalte sich unterscheidet«[35]. Deshalb ist für Adorno die »sprachliche Anstrengung«[36] der Philosophie unerläßlich, denn »nur als Sprache vermag Ähnliches das Ähnliche zu erkennen«[37]. Der Essay vereinnahmt die diskursiv nicht abgesicherten Dimensionen der Sprache systematisch für das Denken.

---

32 Vgl. zur Formbestimmung des Essays das gleichnamige Kapitel in: Sven Kramer: Rätselfragen und wolkige Stellen. Zu Benjamins Kafka-Essay, Lüneburg 1991, S. 11-28.
33 Ob sie trifft oder nicht, kann freilich nicht bewiesen werden.
34 Adorno, Negative Dialektik, S. 66.
35 Adorno, Negative Dialektik, S. 65.
36 Ebd.
37 Ebd.

Hinsichtlich der Rhetorik heißt es in dem programmatischen Text *Der Essay als Form*: »Die anstößigen Übergänge der Rhetorik aber, in denen Assoziation, Mehrdeutigkeit der Worte, Nachlassen der logischen Synthesis es dem Hörer leicht machten und den Geschwächten dem Willen des Redners unterjochten, werden im Essy mit dem Wahrheitsgehalt verschmolzen. Seine Übergänge desavouieren die bündige Ableitung zugunsten von Querverbindungen der Elemente, für welche die diskursive Logik keinen Raum hat. Er benutzt Äquivokationen nicht aus Schlamperei, nicht in Unkenntnis ihres szientifischen Verbots, sondern um heimzubringen, wozu die Äquivokationskritik, die bloße Trennung der Bedeutungen selbst gelangt: daß überall, wo ein Wort Verschiedenes deckt, das Verschiedene nicht ganz verschieden sei, sondern daß die Einheit des Worts an eine wie sehr auch verborgene in der Sache mahnt [...]. Auch darin streift der Essay die musikalische Logik, die stringente und doch begriffslose Kunst des Übergangs, um der redenden Sprache etwas zuzueignen, was sie unter der Herrschaft der diskursiven Logik einbüßte«[38]. Was Adorno hier entwickelt, trifft auch auf seine eigene Arbeitsweise zu. Die rhetorische Dimension ist immer gegenwärtig. Gerade den nichtdiskursiven Bereich der Sprache sucht er auf. Dieses ernstnehmend, müssen die oben erläuterten Äußerungen über Auschwitz, besonders die frühen, soll Adornos Rede von Auschwitz nicht verfehlt werden, unter dem Gesichtspunkt der in ihnen wirksamen Rhetorik nun noch einmal gelesen werden.

IV.

Der Essay integriert bewußt das rhetorische Moment, doch schon vor der theoretischen Grundlegung dieser Verfahrensweise in *Der Essay als Form*, geschrieben 1954-58, nimmt Adorno rhetorische Momente in seine Texte auf. Die rhetorische Dimension seines Schreibens ist immer eine gedoppelte. Einerseits plaziert er seine Texte im Diskurs der bürgerlichen Öffentlichkeit, er adressiert sie an ein Publikum. Andererseits versucht er mit der rhetorischen Dramatisierung von Auschwitz auf das wirklich geschehene Drama zu antworten, also einem kaum bestimmbaren Gegenstand auch formal gerecht zu werden. Der Gegenstand Auschwitz im Diskurs ›nach Auschwitz‹ ist allerdings in rein historischer Perspektive, verstanden als abgelegtes geschichtliches Ereignis, nicht zu haben. Vielmehr ist er schon immer verwoben mit dem Diskurs ›nach Auschwitz‹, der deshalb ebenfalls zum Gegenstand der Reflexion gemacht werden muß. Die Hinwendung zum Publikum, das heißt zum miteinander kommunizierenden Kollektiv, in Adornos Rede von Auschwitz kann also als ein Modus der zeitgemäßen Auseinandersetzung mit der Sache Auschwitz begriffen werden. Die beiden Zielrichtungen der Adornoschen Rhetorik fallen

---

38 Theodor W. Adorno: Der Essay als Form, in: ders.: Gesammelte Schriften, Bd. 11, Frankfurt/M. 1974, S. 9-33, S. 31.

nur scheinbar auseinander, denn das Nachleben des Ereignisses im Diskurs betrifft die Art seiner Überlieferung und damit zugleich es selbst, weil es nur als Überliefertes zugänglich ist. Seine Aktualität muß immer wieder bestimmt werden – das drängt zum erneuten Sprechen.

Am berühmten Satz Adornos über Auschwitz lassen sich einige Momente seiner doppelt ausgerichteten Rhetorik zeigen. So zielt die Rede von der Barbarei auf verschiedene Kontexte. Als ein Begriff, der polar zu dem der Kultur steht, gibt er den Bereich an, in dem die Reflexion auf Auschwitz nach Adornos Meinung stattfinden sollte. Die Verflüssigung des Begriffs, seine Übertragung auf Tätigkeiten, die als kulturelle gelten, verwehrt die Zuschreibung des Bösen an das Vergangene und betont das Nachleben des Barbarischen.

Ferner bedeutet die Verwendung dieses Wortes in Adornos Satz aber auch eine Provokation der Adressaten.[39] Dem Abwiegeln gegenüber Auschwitz im Nachkriegs-Täterkollektiv widersetzte sich Adorno seit dem Ende des Krieges nachdrücklich. Vergegenwärtigen wir uns den Kontext: Hitlers Regime war von den Alliierten niedergeschlagen worden, die ihre Entnazifizierungsprogramme umsetzten und die Nürnberger Prozesse initiierten. Die Wahrheit über die Konzentrationslager wurde den Deutschen öffentlich bekanntgemacht. Der Kalte Krieg begann, der Westintegration folgte das Wirtschaftswunder. In Adenauers Republik stand der Blick zurück nicht mehr auf der Tagesordnung. Dies änderte erst die folgende Generation in den sechziger Jahren, in einer Zeit wirtschaftlicher Stagnation. 1949 kehrte Horkheimer auf seinen alten Frankfurter Lehrstuhl zurück, und Adorno folgte ihm nach. Von nun an publizierten sie wieder für eine deutsche Leserschaft. Sie schrieben ins Nachkriegskollektiv hinein, das inzwischen die Bundesrepublik gegründet hatte und sich der Zukunft zuwandte. Der von den Mitscherlichs analysierte Verdrängungsprozeß setzte ein und provozierte in der Geschichte der Bundesrepublik das untergründige Fortwirken des Verdrängten sowie seine Wiederkehr in anderer Gestalt. Abweichend von der vorherrschenden Verhaltensweise des besiegten Täterkollektivs wendet sich Adorno, der als Exilierter ein Opfer des Rassenwahnes war, der Zukunft unter dem Vorzeichen der Vergangenheit zu. Indem er darauf beharrt, daß aus Auschwitz eine Konsequenz gezogen werden müsse, wird er zum Ruhestörer und abermals zum Ausgegrenzten.

Diese Positionierung im Nachkriegsdiskurs verstärkt er noch, indem er mit den Mitteln der Rhetorik provoziert. Warum das Gedichteschreiben barbarisch sein soll, leuchtet nur unter bestimmten Voraussetzungen ein. Denn Dichten heißt ja, der überkommenen Auffassung gemäß, die höchste kulturelle Bewußtseins- und Ausdrucksstufe einzunehmen. In der Romantik, etwa bei Novalis, war der Dichter ein Visionär des Kommenden, den Übrigen vor-

---

39 Darauf hat Laermann hingewiesen: »Adornos Satz wollte provozieren« (Laermann, Nach Auschwitz ein Gedicht zu schreiben, ist barbarisch, S. 11).

aus. Adornos Diktum vom Gedichteschreiben nach Auschwitz bezeichnet hingegen die Gefahr, daß die Kunst im Nachkriegsdeutschland einem Verdrängungsmechanismus zuarbeiten könnte. Wer das beim Namen nennt, provoziert jene, die weiter schweigen wollen, er greift ihr Schweigen an. Die Provokation ist somit auch ein Appell, das Schweigen zu brechen und mit dem Sprechen über das Unausdenkliche zu beginnen.

Im Gegensatz zur weit verbreiteten Vorstellung, Adorno habe absichtlich esoterisch geschrieben, machen Sätze wie der untersuchte klar, daß er für die öffentliche Auseinandersetzung schrieb, worin der Versuch zu entziffern wäre, die Öffentlichkeit in ihre meinungsbildende Funktion wiedereinzusetzen. Natürlich verläßt er dabei ein gewisses Niveau der Reflexion nicht, das die Gegenstände und der Problemstand selbst setzen. Seine Interventionen sind nicht die eines Agitators, sondern sie provozieren das Denken, indem sie Widerspruch herausfordern. Adornos Interventionen sind dem Begriff der diskurrierenden Öffentlichkeit verpflichtet, er hält an ihm fest, obwohl in ihr längst die Gesetze des Marktes regieren, die ihr Funktionieren immer wieder in Frage stellen.

Neben der auf die Darstellung des Ereignisses Auschwitz und der auf das Publikum zielenden Tendenz muß noch eine dritte genannt werden, wenn es um die Wahl von polarisierenden Wörtern wie Barbarei geht. Der Abscheu, den sie mit sich führen, zeigt eine Erregung an, einen Affekt, eine Leidenschaft. In dem Maße, in dem das wissenschaftlich unhaltbare Wort Barbarei über die Wissenschaftlichkeit hinausschießt, transportiert Adornos Rede eine Dringlichkeit, die bewußt in eine Situation hineingeschrieben ist. Insofern ist sie Provokation und Appell. Doch sie speist sich auch aus einem Sprachstrom, der jenseits des Bewußtseins liegt. Daß Adorno affektgeladene Wörter wählt, zeigt an, daß er selbst in das unfaßbare Nachleben von Auschwitz eingebunden ist. Das rein diskursive Sprechen würde die Dringlichkeit tilgen. Es ist die rhetorische Dimension, die sie in Adornos Rede über Auschwitz hineinholt. Sie darf nicht nur psychologisch, als eine biographische Wunde, die Adorno, dem Juden und Exilierten, zugefügt wurde, angesehen und dadurch entschärft werden. Vielmehr geht es um einen kollektiven Prozeß, in den die einstigen Opfer und die einstigen Täter eingebunden sind. Das zeigt auch die vehemente Reaktion auf Adornos Satz an. Erst der Blick auf diesen Diskurszusammenhang ›nach Auschwitz‹ nimmt dem scheinbar übertriebenen Wortgebrauch Adornos das Odium des Pathologischen und akzentuiert seine politische und kulturtheoretische Brisanz.

Katastrophe, Barbarei, Wahnsinn – diese polarisierenden Begriffe verwendet er, um die Tragweite des Geschehenen zu charakterisieren. Er denkt die Katastrophe mit der Zivilisation zusammen, die Barbarei entspringt inmitten der Kultur; wo objektiv der Wahnsinn herrscht, hat die Vernunft abgedankt. Doch wer Adorno als Negativisten bezeichnet, verfährt wie jener König, der den Überbringer einer schlechten Nachricht hinrichtet. Das, wofür Auschwitz als Name steht, brachte den Negativismus in die Welt, nicht die notwendige Auseinandersetzung mit dem Ereignis. Diese ist vielmehr von der Bemühung getrieben, noch unter schwierigsten Voraussetzungen das Wissen der Menschen um die Verhältnisse, in denen sie leben, voranzubringen. Grundlos beschwört sie die Vernunft in einer wahnsinnigen Welt. Der Ursprung dieser Beschwörung aber bleibt im Dunkeln. Nicht die Klarheit der Bestimmungen weckt den rhetorischen Impuls, sondern es ist die Konsequenz aus der Bewußtheit über die Macht- und Auswegslosigkeit angesichts des Geschehens. Der Impuls schlägt sich nieder als Beredsamkeit, als ein Sprechen, das auf das Monströse antwortet, wissend, daß nicht nur die Begriffe vor ihm versagen, sondern letztlich auch die Sprache.

In der *Negativen Dialektik* von 1966 spricht Adorno von der Freisetzung einer Bilderwelt, die sich dort ereigne, wo die philosophisch-begriffliche Arbeit in die Aporie gerate. Er denkt diesen Prozeß als einen notwendigen, überindividuellen. Wo geschichtliche Erfahrung die Freiheit des Denkens abschneidet und es in eine extreme Defensivposition hineinzwingt, dort ist ein Nihilismus wirksam, der sich auf eine objektive Stellung der Subjekte zur Welt bezieht. Hier stellt sich eine rätselhafte produktive Tätigkeit ein, die philosophisch nicht mehr abgeleitet werden kann. Wiederum ist es der Mord in den Lagern, der die Philosophie an ihre Grenze führt: »Beckett hat auf die Situation des Konzentrationslagers, die er nicht nennt, als läge über ihr Bilderverbot, so reagiert, wie es allein ansteht. Was ist, sei wie das Konzentrationslager. Einmal spricht er von lebenslanger Todesstrafe. Als einzige Hoffnung dämmert, daß nichts mehr sei. Auch die verwirft er. Aus dem Spalt der Inkonsequenz, der damit sich bildet, tritt die Bilderwelt des Nichts als Etwas hervor, die seine Dichtung festhält. Im Erbe von Handlung darin, dem scheinbar stoischen Weitermachen, wird aber lautlos geschrien, daß es anders sein soll«[40].

In der absurden Wahl zwischen lebenslanger Todesstrafe und dem Nichts vergeht die Hoffnung. Wo die Logik Kapriolen schlägt, wo das konsequente Denken sich gegen sich selbst wendet, tritt bei Adorno ein ästhetisches Verfahren in Kraft. Die Bilderwelt des Nichts, die nach der radikalen Negation des Seienden übrig bleibt, beschwöre nicht das Nichts, sondern sein Gegenteil, das humane Leben herauf, in dem vielleicht einst jene Freiheit des Denkens möglich sein wird, die nur aus einem Zustand ohne Unterdrückung hervorgehen könnte. Becketts Nihilismus beklagt keine Erscheinung des Denkens, sondern konstatiert die Beschaffenheit des geschichtlichen Seienden als eines vollendet Hoffnungslosen. Im Weiterschreiben wird das Beschriebene als zu Veränderndes lesbar. Die Geste des Schreibens, in der der rhetorische Impuls wirksam ist, kann als paradoxe, weil unmögliche, Zuflucht der Hoffnung interpretiert werden. Die zitierte Passage macht deutlich, daß die Sprache über die Begriffe

---

40 Adorno, Negative Dialektik, 373 f.

hinausgreift. Sie artikuliert neben dem Begriffenen auch Unbegriffenes, das durch das Aussprechen oder Niederscheiben objektiviert wird. Es rückt aus der Unmittelbarkeit des naturwüchsigen Lebensvollzuges heraus und wird lesbar. Adorno liest es wie ein Symptom. Und er schafft mit Hilfe des Essays die experimentellen Voraussetzungen dafür, daß die Symptome sich zeigen können. Beides zusammen, das Intendierte und das Ereignishafte, bildet die rhetorische Dimension seines Schreibens. Zusammen mit der subjektiv-intentionalen Bedeutung der Rhetorik muß also auch ihre objektive Veranlassung berücksichtigt werden. Da Auschwitz zahllose Fragen aufwirft, die die deutsche Nachkriegsgesellschaft unmittelbar betreffen, drängen sich im Diskurs ›nach Auschwitz‹ zwangsläufig die nichtintentionalen Mechanismen in den Vordergrund.[41]

Die schon in den frühen Äußerungen zu Auschwitz enthaltene rhetorische Dimension, besonders aber ihren symptomhaften, nichtintentionalen Gehalt, hebt Adorno in seinem späten, relativierenden Rekurs auf den eigenen Satz hervor. 1962 expliziert er seine inzwischen prominent gewordene Formulierung,[42] 1966 schließlich verändert er den Akzent: »Das perennierende Leiden hat soviel Recht auf Ausdruck wie der Gemarterte zu brüllen; darum mag falsch gewesen sein, nach Auschwitz ließe kein Gedicht mehr sich schreiben«[43].

Deutlich wird hier zunächst, daß Adorno dem Begriff des Ausdrucks immer eine objektive Dimension verleiht. Kritiker seines ideologiekritischen Verfahrens übersehen dies mitunter. Ihr Mißverständnis führt sie zu dem Einwand, der Ausdrucksbegriff löse das Auszudrückende, das vorgefertigt im Geist bereitliege, vom Ausdruck ab, der dann nur noch intentional gesteuerte Einkleidung sei. Wie die zitierte Passage zeigt, liegt aber der Begriff des

---

41 Jean-François Lyotard macht sie im *Widerstreit* zum Fluchtpunkt seiner Auseinandersetzung mit Auschwitz, etwa mit den Kategorien des Schweigens und des Gefühls.

42 »Der Satz, nach Auschwitz noch Lyrik zu schreiben, sei barbarisch, möchte ich nicht mildern; negativ ist darin der Impuls ausgesprochen, der die engagierte Dichtung beseelt. Die Frage einer Person aus ›Morts sans sépulture‹: ›Hat es einen Sinn zu leben, wenn es Menschen gibt, die schlagen, bis die Knochen im Leib zerbrechen?‹ ist auch die, ob Kunst überhaupt noch sein dürfe; ob nicht geistige Regression im Begriff engagierter Literatur anbefohlen wird von der Regression der Gesellschaft selbst. Aber wahr bleibt auch Enzensbergers Entgegnung, die Dichtung müsse eben diesem Verdikt standhalten, so sein, daß sie nicht durch ihre bloße Existenz nach Auschwitz dem Zynismus sich überantworte. Ihre eigene Situation ist paradox, nicht erst, wie man zu ihr sich verhält. Das Übermaß an realem Leiden duldet kein Vergessen; Pascals theologisches Wort ›On ne doit plus dormir‹ ist zu säkularisieren. Aber jenes Leiden, nach Hegels Wort das Bewußtsein von Nöten, erheischt auch die Fortdauer von Kunst, die es verbietet; kaum wo anders findet das Leiden noch seine eigene Stimme, den Trost, der es nicht sogleich verriete. Die bedeutendsten Künstler der Epoche sind dem gefolgt« (Theodor W. Adorno: Engagement, in: ders.: Gesammelte Schriften, Bd. 11, Frankfurt/M. 1974, S. 409-430, S. 422 f.).

43 Adorno, Negative Dialektik, S. 355.

Schmerzes im Gefolterten nicht bereit, sondern Schrei und Schmerz bilden unmittelbar eine Einheit. Ähnliches geschieht im ästhetischen Ausdruck. Neben dem reflexiven Moment umfaßt er auch diesen kreatürlichen, naturwüchsigen Aspekt; Intentionalität und Symptomatik gehen hier ineinander. So auch im Falle der Rhetorik. Beide Begriffe sind dialektisch zu fassen.

Eine weitere rhetorische Funktion von Adornos Satz ist die schon angesprochene Bekräftigung einer Zäsur, die Auschwitz darstelle. Sie drückt sich in der Datierung ›nach Auschwitz‹ aus. Die schillernde Metapher des Bruches, die ebenfalls einen Einschnitt markiert und insofern verwandt ist mit Adornos zäsursetzender Rede von Auschwitz, verwendet er meines Wissens hierfür nicht. Da die Konsequenzen des Ereignisses noch nicht abzusehen sind, trägt die rhetorische Strategie der Bekräftigung einer Zäsur hypothetischen Charakter. Sie wirkt als Appell und als Überredungsstrategie, das Ereignis als ein außerordentliches einzuschätzen, und als Kommunikation der Dringlichkeit, daß Konsequenzen aus ihm zu ziehen seien.

Im Aufsatz *Kulturkritik und Gesellschaft*, wo sich der vieldiskutierte Satz findet, verbinden sich die begriffliche Intention und die Rhetorik schließlich auch in der Verwendung des Namens Auschwitz. Spricht Adorno zunächst von der Verzweiflung und dem unmäßigen Leiden,[44] vom Unsagbaren[45] und vom »Grauen«[46], so gibt er dem Grauen in der Schlußpassage einen Namen. Zweifellos erreicht der Aufsatz in dieser Passage seine bewußt komponierte, rhetorische Klimax: »Als neutralisierte und zugerichtete aber wird heute die gesamte traditionelle Kultur nichtig [...]. Je totaler die Gesellschaft, um so verdinglichter auch der Geist und um so paradoxer sein Beginnen, der Verdinglichung aus eigenem sich zu entwinden. Noch das äußerste Bewußtsein vom Verhängnis droht zum Geschwätz zu entarten. Kulturkritik findet sich der letzten Stufe der Dialektik von Kultur und Barbarei gegenüber: nach Auschwitz ein Gedicht zu schreiben, ist barbarisch, und das frißt auch die Erkenntnis an, die ausspricht, warum es unmöglich ward, heute Gedichte zu schreiben. Der absoluten Verdinglichung, die den Fortschritt des Geistes als eines ihrer Elemente voraussetzte und die ihn heute gänzlich aufzusaugen sich anschickt, ist der kritische Geist nicht gewachsen, solange er bei sich bleibt in selbstgenügsamer Kontemplation«[47].

Im Namen Auschwitz fokussiert Adorno seine Zivilisationskritik. Claussen schreibt: »1947 begann Adorno, der weltgeschichtlichen Katastrophe, die im Universum der Konzentrations- und Vernichtungslager kulminierte, den Namen *Auschwitz* zu geben«[48]. Adorno bedient sich dabei einer rhetorischen Figur, in der ein Teil für das Ganze steht, dem *pars pro toto* (Synekdoche).

---

44 Vgl. Adorno, Kulturkritik und Gesellschaft, S. 11.
45 Vgl. ebd.
46 Adorno, Kulturkritik und Gesellschaft, S. 22.
47 Adorno, Kulturkritik und Gesellschaft, S. 30.
48 Claussen, Nach Auschwitz, S. 55.

Streng wörtlich genommen trifft der Name das Bezeichnete nur ungenügend. Zwar sind in Auschwitz die meisten Juden ermordet worden, doch gab es auch andere Todeslager. Aber im übertragenen Sinne, der Idee nach, umfaßt der Name Auschwitz alle Stätten des nationalsozialistischen Massenmordes. Im Nachkriegsdiskurs wird sein verallgemeinernder Gebrauch langsam zum Topos, der genau diesen Zusammenhang unterstellt.

Bemerkenswert ist indessen, daß Adorno an die zentrale Stelle seiner Erörterung überhaupt einen Namen setzt, denn in der *Negativen Dialektik* führt er aus, daß die Namen nur eine Vorstufe der Erkenntnis bildeten. Zwar erkennt er den in ihnen waltenden Zusammenhalt von Sache und Bezeichnung an und gibt zu, daß die Begriffsarbeit ihn zunächst wieder kappen muß, doch verlangt er trotzdem, daß die Namen in begriffliche Erkenntnis überführt werden müßten. Freilich sollen die Begriffe dann in einem Verfahren konstellativen Denkens bewegt werden, so daß die gelungene Konstellation der Begriffe das Treffende des Namens wieder einholt.[49] In der Konstellation kehrt die Utopie des Namens, befreit von ihren mystischen Momenten, heim.[50]

Rolf Tiedemann weist darauf hin, daß der Name bei Adorno nicht als Schlüssel, sondern als Siegel funktioniert.[51] In diesem Sinne muß auch der Gebrauch des Namens Auschwitz zunächst verstanden werden. Er verschließt etwas, er bedeutet, daß etwas noch zu erkennen, etwas Unausgedachtes noch zu denken sei.[52] Im Gegensatz zu den Ortsnamen bei Proust aber, auf die Adorno rekurriert, um eine besondere Glückserfahrung zu bezeichnen, liegt im Namen Auschwitz ein Schrecken verborgen, der mit der Infragestellung allen Glücks verbunden sein könnte. Er verdeckt einen Abgrund, in dem der Nihilismus lauert, der nicht nur die Existenzberechtigung der Philosophie befragt, sondern die existentielle Frage stellt, »ob nach Auschwitz noch sich le-

---

49 Vgl. Adorno, Negative Dialektik, S. 62.
50 Hermann Schweppenhäuser bestimmt den ›rechten Namen‹ bei Adorno und Horkheimer als den »Ausdruck des Begrenzten im Licht seines über sich Hinausweisens« (Hermann Schweppenhäuser: Sprachbegriff und sprachliche Darstellung bei Horkheimer und Adorno, in: Alfred Schmidt/Norbert Altwicker (Hg.): Max Horkheimer heute, Frankfurt/M. 1986, S. 328-348, S. 343), also mit einer negativen Akzentuierung, die ihn vom mystischen Namensgebrauch abgrenzt. Zusätzlich sei er durch die in ihm waltende Reflexion von jeder Wesensschau zu trennen: »Sind denkende Anstrengung, Abarbeiten an der Sache und für die Sprache empfängliche differenzierende Prädikation ineinander, so, daß jedes Moment des Artikulationsprozesses mit den übrigen und durch sie präsent ist, darf der Kontext Erkenntnis, die Erkenntnis Ausdruck des Erkannten heißen: der ›rechte Name‹ der Dinge. Er wäre ein Stück entwickelter Wahrheit, der aus rechten Namen zu fügenden, also nur negativ, in der unabgelenkten Intention darauf und nicht schlechthin gegebenen Wahrheit« (S. 342).
51 Vgl. Rolf Tiedemann: Begriff Bild Name, in: Michael Löbig/Gerhard Schweppenhäuser (Hg.): Hamburger Adorno-Symposion, Lüneburg 1984, S. 67-78, S. 77.
52 Völlig irreführend wäre deshalb jede Vermengung von Adornos mit Benjamins Namensbegriff.

ben lasse«⁵³. Mit dem Gebrauch des Namens Auschwitz signalisiert Adorno diese Unausdenklichkeit und bedeutet, daß – gleichsam aus Notwehr – weitergedacht werden müsse.

Adornos philosophische Anstrengung geht also auf die Überschreitung der Namen: »Ungeschmälerte Erkenntnis will, wovor zu resignieren man ihr eingedrillt hat und was die Namen abblenden, die zu nahe daran sind«⁵⁴. Wenn Adorno den Namen Auschwitz verwendet, bedeutet dieses, daß er selbst noch ›zu nahe daran‹ ist an dem Ereignis, als daß der Name schon in die Konstellation der Begriffe überführt werden könnte. Etwas Singuläres, das sich sträubt, auf den Begriff gebracht zu werden, eignet ihm. Soll die Sprache der Philosophie sich einerseits der Utopie des Namens mit Hilfe der Konstellation durch dessen Negation nähern,⁵⁵ so praktiziert Adorno andererseits mit dem Namen Auschwitz ein entgegengesetztes Verfahren: er lädt ihn mit Bezügen auf. Die Konstellation der Begriffe, etwa die untersuchte von Kultur und Barbarei, reicht offensichtlich nicht hin, um das Ereignis angemessen in die Sprache zu bringen. Die Erkenntnis von Auschwitz steht noch aus. Mit dem Gebrauch des Namens Auschwitz signalisiert Adorno seine Eingebundenheit in den geschichtlichen Prozeß, der die Grundlagen der Erkenntnis, etwa den Begriff der Vernunft, selbst zerstört. Über diesen Prozeß erhebt sich Adorno nicht, indem er etwa die Wahrheit über Auschwitz auszusprechen können glaubt, sondern er bedeutet, daß er selbst verstrickt sei. Damit verfährt er wie ein Rhetoriker, der sich nicht um Letztbegründungen kümmert, sondern vom situativen Kontext und vom stummen Vorwissen ausgeht, die ihn und die Hörer verbinden. Auch im Gebrauch des Namens Auschwitz zeigt sich also der appellative und tentative, kurz: der essayistische Charakter von Adornos Sprechen über das Geschehene.

V.

Die rhetorische Dimension von Adornos Rede über Auschwitz umfaßt somit die Strategien der Begriffspolarisierung, der Provokation, des Appells, der Dramatisierung eines hypothetischen Einschnittes und der Verwendung des Namens. Deutlich bestätigt sich hier die Feststellung Hermann Schweppenhäusers, daß die Texte Horkheimers und Adornos »die Rede in der Schrift simulieren«⁵⁶: »Kraft der Sache wird *appelliert*: Anklage in der die *Klage des Unterdrückten* laut werden soll«⁵⁷. Der rhetorische Impuls schlägt sich bei Adorno immer wieder in dem Verlangen nieder, das eigene Medium, die

---

53 Adorno, Negative Dialektik, S. 355.
54 Adorno, Negative Dialektik, S. 61.
55 Vgl. Adorno, Negative Dialektik, S. 62.
56 Schweppenhäuser, Sprachbegriff und sprachliche Darstellung…, S. 343.
57 Ebd.

Schrift, zu überschreiten. »Wahr«, schreibt er, werde der Essay »in seinem Fortgang, der ihn über sich hinaustreibt«[58], und, wie bereits gehört: »Der absoluten Verdinglichung [...] ist der kritische Geist nicht gewachsen, solange er bei sich bleibt in selbstgenügsamer Kontemplation.«[59] Nicht nur jene restaurative Lyrik, die Adorno mit seinem Satz zuallererst angreift, verfällt der Kritik, sondern jegliches geistige Erzeugnis bleibt defizitär, sofern es nicht in Aktion, das heißt Praxis mündet. Adornos Satz stellt aus moralphilosophischer Sicht die Kunst- und Kulturproduktion überhaupt in Frage und verweist damit negativ auf andere Verhaltensweisen.

Horkheimer hatte 1933 das Mitleid und die Politik als die beiden angemessenen zeitgenössischen Arten moralischen Verhaltens bezeichnet.[60] Muß also das Dichten und Denken im Angesicht von Auschwitz in Politik übergehen? Nun heißt es aber in der *Negativen Dialektik*: »Philosophie [...] erhält sich am Leben, weil der Augenblick ihrer Verwirklichung versäumt ward«[61], und: »Praxis wird aufgeschoben und kann nicht warten, daran krankt auch Theorie«[62]. Doch dann bestimmt Adorno die praktische Funktion der Theorie angesichts der defensiven historischen Situation neu: »Das Verzweifelte, daß die Praxis, auf die es ankäme, verstellt ist, gewährt paradox die Atempause zum Denken, die nicht zu nutzen praktischer Frevel wäre. Dem Denken kommt heute ironisch zugute, daß man seinen eigenen Begriff nicht verabsolutieren darf: es bleibt, als Verhalten, ein Stück Praxis, sei diese sich selbst noch so sehr verborgen«[63]. Ist das Denken aber Praxis, so ist es der Essay, insbesondere wegen seiner rhetorischen Funktion, erst recht. Über die Erkenntnis der Dinge hinaus drängt er mit Hilfe seiner doppelten Stoßrichtung in die öffentliche Debatte hinein. Indem er sich aus der Rhetorik nicht nur die Argumentationstheorie, sondern zum Beispiel auch Ethos und Pathos zu eigen macht, trägt er zur Eröffnung eines Dialogs bei, der sich einem sachlichen Problem verdankt, das aber auch verborgene psychische Momente trifft. Das Thema Auschwitz verlangt nach dieser doppelten Ausrichtung. Immer wieder drängt sich der Versuch auf, das Gewesene zu bestimmen, immer wieder sieht die begriffliche Arbeit sich befangen im kollektiven psychischen Nachbeben dieses Ereignisses. Adornos Rede von Auschwitz zielt auf beide Bereiche.

Der rhetorischen Dimension kommt auch moralphilosophisch eine Schlüsselstellung zu. Adornos Moralphilosophie verfährt negativ.[64] Sie deduziert nicht aus universalisierbaren Grundsätzen, sondern sie gesteht jedem neuar-

---

58 Adorno, Der Essay als Form, S. 21.
59 Adorno, Kulturkritik und Gesellschaft, S. 30.
60 Vgl. Max Horkheimer: Materialismus und Moral, in: Zeitschrift für Sozialforschung, Jg. 2 (1933), Heft 2, Nachdruck München 1970, S. 162-197.
61 Adorno, Negative Dialektik, S. 15.
62 Adorno, Negative Dialektik, S. 242.
63 Adorno, Negative Dialektik, S. 243.
64 Dies hat Gerhard Schweppenhäuser gezeigt, vgl. ders.: Ethik nach Auschwitz. Adornos negative Moralphilosophie, Hamburg 1993.

»Wahr sind die Sätze als Impuls...«

tigen geschichtlichen Ereignis zu, daß durch die Reflexion auf es die vertrauten Koordinaten umgestoßen werden könnten. Den Anlaß und das Movens moralischen Verhaltens verortet Adorno in einem Impuls, den er ausdrücklich als geistigen *und* leiblichen faßt. Als das Hinzutretende bezeichnet er das nicht ableitbare Moment des Willens. »Das Hinzutretende ist Impuls«[65]; »der Impuls, intramental und somatisch in eins, treibt über die Bewußtseinssphäre hinaus, der er doch auch angehört«[66]. Mit diesem leiblich-geistigen Moment reiche »Freiheit in die Erfahrung hinein«[67].

Moralphilosophie und moralisches Verhalten sind für Adorno immer auch an die Leiblichkeit ihrer Akteure gebunden. An einer Stelle bestimmt er den Impuls, der dem moralischen Verhalten immanent sei, näher als »die nackte physische Angst und das Gefühl der Solidarität mit den, nach Brechts Worten, quälbaren Körpern«[68], an anderer Stelle spricht er von der unverzichtbaren Funktion der motorischen Reaktionen: »zuckte nicht mehr die Hand, so wäre kein Wille«[69].

Diesem überschießenden Moment räumt er einen festen Platz in seiner Theorie des Schreibens ein – vielleicht darf man sie deshalb Poetik nennen. Spontaneität, Impuls und motorische Reaktionsform, die bei Adorno immer in dialektischer Vermittlung zur Rationalität stehen, bilden eine treibende Kraft, die die Zustände, wie sie sind, nicht hinnehmen will. Sie drängen auf Überschreitung des Bestehenden. Insofern ist in ihren Manifestationen jene Dringlichkeit gebunden, die an Adornos Satz über Auschwitz begegnete. In der Denk- und Schreibarbeit Adornos finden sie sich vor allem dort, wo er über die logisch-diskursiven Muster hinausgeht und die ganze Breite rhetorischer Möglichkeiten in den Text holt: »Moralische Fragen stellen sich bündig [...] in Sätzen wie: Es soll nicht gefoltert werden; es sollen keine Konzentrationslager sein [...]. Wahr sind die Sätze als Impuls, wenn gemeldet wird, irgendwo sei gefoltert worden. Sie dürfen sich nicht rationalisieren; als abstraktes Prinzip gerieten sie sogleich in die schlechte Unendlichkeit ihrer Ableitung und Gültigkeit. [...] Der Impuls, [...] der dem moralischen Verhalten immanent ist, würde durchs Bestreben rücksichtsloser Rationalisierung verleugnet; das Dringlichste würde abermals kontemplativ, Spott auf die eigene Dringlichkeit«[70]. Der Impuls und die Dringlichkeit schlagen sich in Sätzen – in Rede und Schrift – nieder. Diese sind situativ eingebunden und weisen Generalisierungen und Ableitungen von sich. Ihre Wahrheit bezieht sich auf die in ihnen wirksamen Artikulationen der Physis und der Erfahrung. Beide verweisen auf die individuellen und kollektiven Dimensionen des Unbewußten, sowohl was die Eigenmäch-

---

65 Adorno, Negative Dialektik, S. 227.
66 Adorno, Negative Dialektik, S. 228.
67 Ebd.
68 Adorno, Negative Dialektik, S. 281.
69 Adorno, Negative Dialektik, S. 229.
70 Adorno, Negative Dialektik, S. 281.

tigkeit des Körpers in bezug auf den Geist anbelangt als auch was die in den einzelnen sedimentierte individuelle und kollektive Geschichte betrifft. Indem Adorno diesen Faktoren in seinem Schreiben Raum läßt, tendiert es zur Rhetorik. Die nicht abgeleitete Affektivität zeigt in der Beredsamkeit an, daß sich dort Ungeklärtes verbirgt. Andererseits löst sie im Empfänger, sofern sie ›trifft‹ und das Verborgene über das Individuum hinaus auch das Kollektiv angeht, einen Affekt aus. Beide Funktionen verleihen ihr ein appellatives Moment. Es ist ein Bestandteil des moralischen Verhaltens. In einer Zeit, wo emphatische Praxis nicht mehr möglich ist, vertritt es sie im Denken.

Das Gemeinsame von Theorie und Praxis »lebt einzig in den Extremen, in der spontanen Regung, die, ungeduldig mit dem Argument, nicht dulden will, daß das Grauen weitergehe, und in dem von keinem Anbefohlenen terrorisierten theoretischen Bewußtsein, das durchschaut, warum es gleichwohl unabsehbar weitergeht. Dieser Widerspruch allein ist, angesichts der realen Ohnmacht aller Einzelnen, der Schauplatz von Moral heute«[71]. Mit der Erörterung von Theorie und Praxis beschreibt Adorno auch die Stellung seiner eigenen Textproduktion. Theoretische Durchdringung und spontane Regung verbinden sich, so daß das Denken im Medium essayistischen Schreibens bei ihm sowohl zur Standortsuche als auch zum Ausdruck von Moral heute wird.

Auschwitz aber bleibt der äußerste Einwand gegen jede Stillstellung des Denkens im Verstehen. Es ist der Anlaß zur immer wieder erneuerten Reflexion auf das Unverständliche einer Katastrophe, die aus der Mitte der abendländischen Kultur hervorging. Sofern die Reaktion auf den Schock, daß unsere sogenannte zivilisierte Welt Auschwitz produziert hat, nicht in die Resignation und zum Verstummen führt, wo also nicht die Konsequenz gezogen wird, daß es sich nach Auschwitz nicht mehr leben lasse; insofern auch die Begriffe nicht mehr hinreichen, um die Wahrheit über Auschwitz positiv zu formulieren, setzt dort, wo die Zwangslage des Denkens und der Existenz drückt, die Sprache ein, um mitzuteilen, daß das Eingedenken dringend geboten sei und um die kaum zu bestimmenden Konsequenzen aus Auschwitz ins Wort zu bringen.

---

71 Adorno, Negative Dialektik, S. 281 f.

Auschwitz im Widerstreit
Über einige Verfahrenskonvergenzen in Adornos
und Lyotards Reflexionen auf die Todeslager

I.

Der Vergleich von Adornos und Lyotards Gedanken über Auschwitz bringt zunächst ein systematisches Problem mit sich. Mit der neueren französischen Philosophie und den hierzulande vertretenen Positionen, besonders den hermeneutisch oder dialektisch ausgerichteten, treffen Paradigmen aufeinander, die unvereinbar zu sein scheinen. Die in der Bundesrepublik der achtziger Jahre besonders hitzig geführten Debatten um den Poststrukturalismus verstärkten diesen Eindruck. In der Tat divergieren die philosophischen Prämissen beider Autoren beträchtlich. Man könnte die unvereinbaren Geltungsansprüche von Lyotards und Adornos Philosophie auf dem Weg des konsensualen Diskurses klären wollen, etwa nach dem Muster des Habermas'schen theoretischen Diskurses, und würde dann auf Letztbegründungsfragen stoßen. Die Debatte um den Poststrukturalismus ist diesen Weg häufig gegangen, sofern sie nicht feuilletonistischen Charakters blieb.

Viel frappierender ist aber für Lyotard und Adorno der Blick auf die Verfahrensweisen. Hier gibt es, bei allen bestehenden Unterschieden, auch Berührungspunkte. Gerade Adornos und Lyotards Reflexionen auf Auschwitz deuten auf eine ähnlich ausgerichtete Wahrnehmung bestimmter, mit den Todeslagern verbundener Probleme hin. Außerdem entwickeln beide konvergierende Strategien hinsichtlich der Darstellung der anhand von Auschwitz aufgeworfenen Fragen. Ohne die unterschiedlichen Ausgangspositionen zu verwischen, sollen nun einige der angesprochenen Berührungspunkte aufgesucht werden.

Adornos Reflexionen setzen naturgemäß früher ein als diejenigen Lyotards. Der 1903 Geborene und 1969 Gestorbene begann schon vor der Befreiung der Lager durch die Alliierten, sich das Geschehene zu vergegenwärtigen. Das bundesrepublikanische Schweigen über die Ermordung der Juden hat er weder in der unmittelbaren Nachkriegszeit noch in Adenauers Republik mitgemacht. Immer wieder, in den vierziger, fünfziger und sechziger Jahren, wurde Adorno das, wofür er den Namen Auschwitz verwendet, zu einem zentralen Punkt der Auseinandersetzung. Damit stand er lange Zeit isoliert da, wurde der Nationalsozialismus doch erst seit den sechziger Jahren, die Ermordung der Juden aber erst seit den siebziger Jahren, noch nach der Studentenbewegung also, und nach Adornos Tod, ernsthaft zum Gegenstand der deutschen Historiographie.

Für den 1924 geborenen Lyotard wird der Algerienkonflikt, in dem die französische Kolonialmacht mit aller Grausamkeit, unter Verwendung der Folter, gegen die Aufständischen vorging, zu einem wichtigen Datum seiner politischen Sozialisation. Selbst als Lehrer in Algerien tätig gewesen, bringt er seine Erfahrungen in den sich um Castoriadis sammelnden Pariser Intellektuellenzirkel *Sozialismus oder Barbarei* ein.[1] Der Ablösungsprozeß von dieser Gruppe, der er von 1954 bis 1966 angehörte, stellt zugleich eine Auseinandersetzung mit den Zielen und der Strategie der sozialistischen Linken dar. Sein Denken nimmt hierbei eine Wendung, die ihn zu Beginn der achtziger Jahre in eine Richtung leitet, die er selbst mit dem Schlagwort postmodern charakterisiert.

Schon 1976, in seiner sogenannten mittleren Phase, die vom Erscheinen der *Ökonomie des Wunsches* 1974 dominiert wird, bezieht er sich, in dem Text *Adorno come diavolo*,[2] auf Adorno, allerdings eher polemisch und mit zahlreichen Mißverständnissen über dessen Philosophie. In den achtziger Jahren aber entwickelt er sein Verständnis von Auschwitz u. a. in Auseinandersetzung mit Adornos Reflexionen.[3] In seinem philosophischen Hauptwerk, dem *Widerstreit*, bezieht er sich extensiv auf die *Negative Dialektik*. Eine ernsthafte Auseinandersetzung mit dieser Adornolektüre Lyotards steht bislang noch aus. Deshalb verstehen sich die folgenden Überlegungen als ein Anstoß, nicht als Abschluß.

II.

Lyotard beginnt den *Widerstreit* mit skandalösen Überlegungen. Ernsthaft erörtert er die Frage, ob die Existenz der Gaskammern in Auschwitz und anderen Todeslagern bewiesen werden könne. Faurisson zitierend, lesen wir Einlassungen wie die folgende: »Ich habe – allerdings vergeblich – einen einzigen ehemaligen Deportierten gesucht, der mir beweisen konnte, tatsächlich und mit eigenen Augen eine Gaskammer gesehen zu haben«[4]. Lyotard fährt fort: »›Tatsächlich und mit eigenen Augen eine Gaskammer gesehen‹ zu haben wäre die Bedingung für die Autorität, ihre Existenz zu behaupten und den Un-

---
1 Vgl. hierzu: Jean-François Lyotard: Streifzüge, Wien 1989, vgl. weiter: Walter Reese-Schäfer: Lyotard zur Einführung, Hamburg 1989 (2. Aufl.), S. 12-14.
2 Jean-François Lyotard: Adorno come diavolo, in: ders.: Intensitäten, Berlin 1978 (franz. zuerst 1973), S. 35-58.
3 Die in dem Büchlein: Jean-François Lyotard: Streitgespräche, oder: Sprechen nach »Auschwitz«, hg. von Andreas Riberszky, Bremen o. J. [1982], niedergelegten Gedanken Lyotards gehen, zum Teil in identischen Wendungen, in den *Widerstreit* ein.
4 Jean-François Lyotard: Der Widerstreit, München 1989 (2. Aufl.; franz. zuerst 1983), S. 17.

gläubigen zu belehren«[5]. Ein weiterer, das von Lyotard aufgemachte Problem verschärfender Faktor tritt hinzu: »Zudem muß man beweisen, daß sie in dem Augenblick todbringend war, als man sie sah. Der einzig annehmbare Beweis für ihre tödliche Wirkung besteht darin, daß man tot ist. Als Toter aber kann man nicht bezeugen, daß man in einer Gaskammer umgekommen ist«[6]. Verallgemeinernd formuliert Lyotard nun: »Der Kläger führt darüber Klage, daß man ihn hinsichtlich der Existenz von Gaskammern getäuscht hat [...]. Sein Argument lautet: Um einen Raum als Gaskammer identifizieren zu können, akzeptiere ich nur ein Opfer dieser Gaskammer als Zeugen; nun kann es dort – meinem Kontrahenten zufolge – nur tote Opfer geben, sonst wäre diese Gaskammer nicht das, was er behauptet; es gibt also keine Gaskammer«[7]. Dies ist das Argument der Revisionisten, derjenigen, die die Existenz der Todeslager bezweifeln. Daß Lyotard ihnen Gehör verschafft, ist ein Skandal. Allerdings ist es ein von Lyotard kalkulierter Skandal, den der nichtrevisionistische Leser empfindet, denn das Beipiel hat Methode. Weit davon entfernt, die Dinge zurechtzurücken, indem Faurissons Urteil der Unwahrheit überführt würde, identifiziert Lyotard einen logischen Antagonismus: »Die Schlußfolgerung des Klägers [...] müßte lauten: Da es den Zeugen nur als Opfer gibt, das Opfer nur als Toten, so kann keine Räumlichkeit als Gaskammer identifiziert werden. Der Kläger dürfte nicht behaupten, daß sie nicht existiert, sondern daß die Gegenpartei den Beweis ihrer Existenz nicht erbringen kann«[8]. Er fügt hinzu: »dies dürfte das Gericht in hinreichende Verlegenheit stürzen«[9].

Lyotard geht es um die Unvereinbarkeit beider Positionen und um die logische Nichtentscheidbarkeit in bezug auf eine Aussage darüber, welcher Position Recht zu geben wäre. Er analysiert Sätze und Diskurse, intendiert aber nicht die Erkenntnis einer historischen Wahrheit oder, in der Terminologie des Strukturalismus ausgedrückt, des Referenten.

Hierin liegt ein fundamentaler Unterschied im Geltungsanspruch von Adornos und von Lyotards Reflexionen. Der Fluchtpunkt von Adornos materialistischer Philosophie ist die Erkenntnis des Realgeschehens. Das Bewußtsein, das dem Unsagbaren standhalten möchte, sehe »immer wieder auf den Versuch zu begreifen sich zurückgeworfen, wenn es nicht subjektiv dem Wahnsinn verfallen will, der objektiv herrscht«[10]. Adorno ist sich darüber bewußt, daß es erkenntnistheoretische und geschichtsphilosophische Probleme bei der Darstellung vergangener Ereignisse mit den sprachlichen Mitteln gibt. Daß er in bezug auf Auschwitz vom Unsagbaren spricht, zeigt dies an. Doch hält er immer daran fest, daß das Dargestellte in einer notwendigen Verbin-

---

5 Ebd.
6 Lyotard, Der Widerstreit, S. 17 f.
7 Lyotard, Der Widerstreit, S. 18.
8 Lyotard, Der Widerstreit, S. 20.
9 Ebd.
10 Adorno, Minima Moralia, S. 131.

dung zu den Ereignissen stehen müsse und dergestalt begriffen werden könne.

Lyotards Gegenstand ist nicht das historische Ereignis Auschwitz, sondern der Diskurs »Auschwitz« bzw. »nach Auschwitz«. Der Gegenstand des *Widerstreits* sind also Sätze[11] und deren Verkettungen, die sich in Diskursen oder, mit Wittgenstein formuliert, den Lyotard im *postmodernen Wissen* zur Fundierung seiner Methode heranzieht, in Sprachspielen niederschlagen.[12] Das von der Geschichtswissenschaft Erarbeitete interessiert ihn nicht als ein Beleg für das vergangene Realgeschehen der Lager, sondern als Satzgeschehnis im Hier und Jetzt, das bestimmten Verkettungen folgt. Die Verbindung von Sätzen mit einem von ihnen bezeichneten Realgeschehen erscheint ihm hochproblematisch. Konsequenterweise untersucht er nicht die Faktizität der Lagerwirklichkeit, sondern das Reden über sie.

Den Diskurs »nach Auschwitz« analysiert Lyotard im Horizont seiner These von der Heterogenität der Diskursarten, die besagt, daß die einzelnen Diskursarten, Satzregelsysteme bzw. Sprachspiele nicht ineinander übersetzbar sind.[13] »Mangels eines gemeinsamen Idioms vereitelt diese Heterogenität einen Konsensus«[14]. Vielmehr gibt es zahlreiche Regelsysteme zur Verkettung der Diskursarten miteinander. Sie unterstehen strategischen Zielen, zum Beispiel dem »Wissen, Lehren, Rechthaben, Verführen, Rechtfertigen, Bewerten, Erschüttern, Kontrollieren«[15]. Mit dem Theorem von der Heterogenität der Diskursarten ist Lyotards Begriff des Widerstreits zuinnerst verbunden.

Widerstreit bedeutet, »daß eine universale Urteilsregel in bezug auf ungleichartige Diskursarten im allgemeinen fehlt«[16]. Er stellt sich dort ein, wo zwei Parteien in einem Konflikt miteinander liegen, der nicht in einen Rechtsstreit überführt werden kann, da »eine auf beide Argumentationen anwendbare Urteilsregel fehlt«[17]. Während ein Schaden entsteht, wenn intersubjektiv gültige Diskursregeln verletzt werden, geschieht ein Unrecht, wenn »die Regeln der Diskursart, nach denen man urteilt, von denen der beurteilten Diskursart[en] abweichen«[18]. In bezug auf die Funktion der Philosophie bedeutet

---

11 Vgl. Lyotard, Der Widerstreit, S. 13 und S. 9 f.
12 Jean-François Lyotard: Das postmoderne Wissen, Graz - Wien 1986 (franz. zuerst 1979), S. 36-41. – In der Formulierung eines Prinzips, »welches unsere ganze Methode bestimmt«, nimmt Lyotard den für den *Widerstreit* entscheidenden Gedanken vorweg, daß das Sprechen – zumal im politischen Bereich – niemals unschuldig ist, sondern »Sprechen Kämpfen im Sinne des Spielens ist und daß Sprechakte einer allgemeinen Agonistik angehören« (S. 40). Im zweiten Prinzip postuliert er dann, daß »der beobachtbare soziale Zusammenhang aus sprachlichen ›Spielzügen‹ besteht« (S. 41): diese Spielzüge untersucht er im *Widerstreit* in bezug auf ›Auschwitz‹.
13 Vgl. Lyotard, Der Widerstreit, S. 10.
14 Lyotard, Der Widerstreit, S. 104.
15 Lyotard, Der Widerstreit, S. 10.
16 Lyotard, Der Widerstreit, S. 9.
17 Ebd.
18 Ebd.

dieses, daß ihr keine hervorgehobene Rolle gegenüber anderen Diskursarten zugestanden wird, sondern allenfalls ein eigentümlicher Modus. Jedenfalls kann sie keinen Meta- oder Meisterdiskurs führen, wenn jene Diskursregel fehlt, die alle anderen umschließt. Sie findet sich nicht – urteilend – *über*, sondern – streitend – *in* den Konflikten wieder.

Entsprechend ist auch jene Instanz in Lyotards Buch situiert, die er selbst A. nennt und die als »Autor« angesprochen werden kann, die aber ebensogut zum »Adressaten« taugt, denn das Theorem von der Heterogenität der Diskursarten sprengt den Subjektgedanken auf, so daß den philosophischen Text keine Moderatoreninstanz mit Meisterdenkerfunktion mehr dominiert.

Lyotard setzt mit der Einführung des A. die postulierte »Spaltung des Selbst«[19] textuell um. Der A. »versagt es sich [...], die fraglichen Fälle von Widerstreit nach Maßgabe seiner eigenen Regeln zu schlichten«[20]. Er ist in den Widerstreit eingebunden, die Position des Außerhalb – eines Dritten – kann mangels des zugehörigen Diskurses nicht bezogen werden. In bezug auf den strittigen Fall mit der Gaskammer löst der A. das Problem, indem er Partei ergreift und die seines Erachtens nicht zu verifizierende Existenz der Gaskammern annimmt.[21] Die Parteinahme ist eine Strategie, die beide Diskursarten miteinander verkettet. Welche weiteren diskursiven Strategien sich dem im Widerstreit Befindlichen eröffnen, ist ein Hauptthema des Buches. Lyotards Schreiben ist der Versuch, diese Möglichkeiten zu finden und zu praktizieren.

Den Diskurs »Auschwitz«, mit dem seine Reflexionen beginnen und zu dem sie immer wieder zurückkehren, untersucht er im Horizont des Widerstreits. Zur Konstruktion des Widerstreits, der sich an »Auschwitz« heftet, verwendet er mitunter zweifelhafte Prämissen zum Status der historischen Dokumente über die Todeslager, zum Beispiel wenn der A. unwidersprochen die folgende Meinung vertritt: »Von der Geschichtswissenschaft könnte nur das Ausmaß des Verbrechens ermittelt werden. Aber die zur Validierung nötigen Dokumente wurden selbst weitgehend vernichtet. Das zumindest kann ermittelt werden. Daraus folgt, daß man den zahlenmäßigen Beweis für das Massaker nicht erbringen kann und daß ein Historiker, der für das Revisionsverfahren eintritt, noch lange den Vorwurf wird erheben können, daß das Verbrechen in seinem ganzen Ausmaß nicht ermittelt ist«[22]. Hier vernachlässigt Lyotard aber die von nichtrevisionistischen Historikern angebrachten Fakten. Er interessiert sich kaum für die Sichtung, Erörterung und Bewertung von Archivmaterial, das die Existenz der Gaskammern beweisen könnte. Eine hier nicht weiter entwickelte, geschichtswissenschaftliche Kritik an seinem Vorgehen könnte fragen, ob er die Sachlage unzulässigerweise polarisiert, obwohl

---

19 Vgl. Lyotard, Der Widerstreit, S. 182.
20 Lyotard, Der Widerstreit, S. 13.
21 Vgl. Lyotard, Der Widerstreit, S. 104.
22 Lyotard, Der Widerstreit, S. 105.

aufgrund der Akten durchaus Anknüpfungspunkte für einen Konsens der Historiographen gegeben wären, mit dem die Revisionisten schlicht und einfach widerlegt werden könnten.

Lyotard trifft, wo er die Situation der Überlebenden der Lager analysiert, auf einen Widerstreit: »Widerstreit [...] möchte ich den Fall nennen, in dem der Kläger seiner Beweismittel beraubt ist und dadurch zum Opfer wird«[23]. Der mit »Auschwitz« verbundene Widerstreit sei noch anhängig, obwohl die Alliierten den Krieg gewannen, die Todeslager abschafften und die Sichtweise der Opfer formell rehabilitierten, denn all dieses beruhe auf einem militärischen Sieg, nicht aber auf einem Konsens über das geschehene Unrecht. Er sei anhängig, obwohl die Sichtweise der Opfer mit der Staatsgründung Israels zum herrschenden Diskurs in einem souveränen Staat geworden sei. Dieser Staat habe, so Lyotard, das geschehene Unrecht in einen Schaden verwandelt, den er nun im Modus eines Rechtsstreits einklage.[24] Lyotard aber beharrt darauf: »die Wirklichkeit des Unrechts, das vor dieser Staatsgründung in Auschwitz erlitten wurde, blieb und bleibt zu ermitteln, und sie kann nicht ermittelt werden, weil das Unrecht eben nicht durch einen Konsensus erwiesen werden kann«[25]. Die Aktualität von »Auschwitz« stellt sich als die Abwesenheit der Möglichkeit zu einer Konsensbildung, als die Anwesenheit eines Widerstreites dar.

Diese These betrifft auch die philosophische Auseinandersetzung mit dem Thema, denn die Abwesenheit eines Konsensmechanismus bedeutet, daß die Begriffe, die das spekulative Medium der Philosophie bilden, an die Grenze ihrer Leistungsfähigkeit geführt werden. Sie können im Falle des Widerstreits das Geschehene nicht allgemeingültig erfassen; die vom spekulativen Diskurs vorausgesetzte Einheit der Vernunft läßt sich nicht realisieren. Daraus folgt, daß der Widerstreit, der sich an die Ermordung der Juden knüpft, »im Rahmen der Regeln der Erkenntnis nicht darstellbar«[26] ist.

Die Grenzen der Begriffsarbeit diskutiert Lyotard im Rahmen seiner Kritik des spekulativen Diskurses. Warum diesem der Widerstreit entgeht, versucht er an Hegels Dialektik zu zeigen. Er identifiziert drei Regeln des spekulativen Diskurses,[27] von denen die Resultatsregel für ihn die wichtigste ist, weil sie »den metaphysischen Diskurs regiert«[28]. Sie stellt am Ende jeder Bestimmung ein Resultat her, in dem jede dilemmatische Struktur in einem einzigen Term zusammengefaßt wird. Das deutsche Wort »aufheben« ist paradigmatisch für

---

23 Lyotard, Der Widerstreit, S. 27.
24 Vgl. Lyotard, Der Widerstreit, S. 104.
25 Lyotard, Der Widerstreit, S. 105.
26 Lyotard, Der Widerstreit, S. 107.
27 Es sind die Mehrdeutigkeits-, die Regel der immanenten Ableitung oder Widerspruchsregel und die Regel des Ausdrucks oder des Resultats (vgl. Lyotard, Der Widerstreit, S. 163 f.).
28 Lyotard, Der Widerstreit, S. 167.

dieses Verfahren. Der spekulative Diskurs zeichnet sich ferner dadurch aus, daß man ihn nicht verlassen kann, denn er entwickelt sich auch zwischen sich und einem anderen, »der sich ihm gegenüber fremd glaubt«[29]. Er »verschlingt«, was mit ihm in Berührung kommt und benutzt es, um neue Resultate zu produzieren. Dieser metaphysische, »einfriedende« Diskurs glaube, die Regeln aus sich selbst schöpfen zu können, obwohl sie ihm vorauslägen. Der philosophische Diskurs aber, den der A. für sich in Anspruch nimmt, wenn er vom Modus seines Buches spricht,[30] hebt sich vom spekulativen ab: »Der Einsatz des philosophischen Diskurses ist eine Regel [...], die ausfindig gemacht werden muß, ohne daß man diesen Diskurs dieser Regel vor ihrer Auffindung anpassen könnte. Satz für Satz wird die Verkettung nicht von einer Regel, sondern von der Suche nach einer Regel gesteuert«[31].

Der A. nimmt ein Verfahren in Anspruch, das verkettet, ohne die zugrundeliegenden Regeln schon zu kennen.[32] Dabei bleibt die Frage zunächst offen, ob sie am Ende der Untersuchung, wie im spekulativen Diskurs, als Resultat formuliert werden kann: »Die Regel des philosophischen Diskurses schreibt die Entdeckung seiner Regel vor: sein Einsatz ist sein Apriori. Es geht um die Formulierung dieser Regel, sie kann nur am Ende formuliert werden«. Er fügt hinzu: »wenn es ein Ende gibt‹[33]. Gibt es ein Ende? Dann gibt es auch ein Resultat. Wo kein Ende in Sicht ist, befinden wir uns im Widerstreit.

Trotz aller Kritik am metaphysischen Diskurs verwirft Lyotard ihn aber nicht einfach, er negiert ihn nicht abstrakt, sondern er gesteht dem philosophischen Diskurs ein Moment des spekulativen zu, dasjenige der Entfaltung einer Kontinuität in der Zeit nämlich, das mit der Entdeckung und Formulierung einer Regel notwendig verbunden ist.

III.

Die Rezeption Adornos findet im Horizont der Auseinandersetzung mit dem spekulativen Diskurs statt. Lyotard liest Adorno als einen Nachfolger Hegels, der diesen jedoch produktiv überschreite. Den dritten Teil der *Negativen Dia-*

---
29 Lyotard, Der Widerstreit, S. 164.
30 Vgl. Lyotard, Der Widerstreit, S. 13.
31 Lyotard, Der Widerstreit, S. 168.
32 Hierher gehört die, allerdings recht dunkle, Passage:»Die Regel des philosophischen Diskurses besteht darin, daß der Einsatz des Diskurses die Erzeugung der Regel ist (oder: daß man Sätze ›setzt‹, um zu wissen, wie man das, was man ›setzt‹, ›setzen‹ kann). Sätze zu ›setzen‹ ›beginnt‹ man immer, ohne daß man weiß, ob das, was man ›setzt‹, gerechtfertigt ist. Denn sobald die Regel zum Einsatz des Diskurses wird, ist sie nicht seine Regel, und der Diskurs stellt nach eigenem Gutdünken Verkettungen her, er versucht sich. Und wenn sie als die Regel der Diskursart, an der man sich versuchte, ›identifiziert‹ ist, bleibt deren Einsatz nicht mehr diese Regel, die Diskursart ist nicht länger Versuch oder Kritik« (Lyotard, Der Widerstreit, S. 167).
33 Lyotard, Der Widerstreit, S. 110.

lektik, der mit »Modelle« überschrieben ist, deutet er als Einspruch Adornos gegen das Spekulative. »Auschwitz« sei für ihn ein Modell, das die negative Dialektik »ins reale Bereich« hineintreibe, es rüttele »die Gestalten des Begriffs, die aus der *Resultats*-Regel hervorgehen, durcheinander und befreit die Namen«[34]. Darin liegt für Lyotard das Produktive an Adornos Verfahren, das den spekulativen Diskurs aufbricht und dem Inkommensurablen Raum läßt.

Bei Adorno findet er einen Beleg für seine These von der Heterogenität der Diskurse, indem er Auschwitz als einen Diskurs interpretiert, der bei Adorno dem spekulativen unvermittelt gegenübersteht: »Das Modell ›Auschwitz‹ vermöchte eine ›Erfahrung‹ von Sprache zu bezeichnen, die dem spekulativen Diskurs Halt gebietet. [...] Hier liegt ein Name vor, ›in‹ dem das spekulative Denken nicht stattfände. [...] Dies wäre ein Name ohne spekulativen ›Namen‹, nicht in einem Begriff aufhebbar«[35]. Damit gelangt die Resultatsregel an ihre Grenze; hier gibt es kein Resultat. Der spekulative Diskurs begegnet einem anderen, den er nicht »verschlingt«: »Das Modell ist der Name einer Art Meta-Erfahrung, in der die Dialektik auf ein nicht negierbares Negatives träfe und in der Unmöglichkeit verharrte, es in einem ›Resultat‹ zu verdoppeln«[36]. Die affirmative Dialektik begegnet ihrem Ende.[37]

Der spekulative Diskurs integriert aber *jede* Entgegensetzung, also auch die eben angesprochene. Lyotard zeigt, wie in der *Phänomenologie des Geistes* der Begriff der Erfahrung das Leben des Geistes meine, das den Tod ertrage und ihn in sich erhalte. Durch das Standhalten im Bereich des Negativen bewerkstellige die Erfahrung bei Hegel das Resultat, nämlich die Aufhebung ins Positive. Das Hegelsche Negative gleiche einem zauberischen Tod, der die Umkehr ins Leben an sich trägt. Demgegenüber müßte mit Auschwitz ein Tod ohne Umkehr erfahren werden,[38] womit aber jede Erfahrung überfordert wäre: Das radikale Ende »könnte folglich nicht Erfahrung geheißen werden, da es ja ohne Resultat wäre. Daß es jedoch keinen spekulativen Namen besitzt, verschlägt nicht, daß man darüber sprechen muß. Die mit ›Auschwitz‹ gestellte Frage ist die der Diskursart, die ›Auschwitz‹ weiter verkettet. Wenn diese Diskursart nicht spekulativ ist, welche andere kann sie sein? Wie rechtfertigt sie sich [...]?«[39] Würde sie einfach in Opposition, als Entgegensetzung des spekulativen Diskurses gedacht, setzte man nur das spekulative Verfahren fort. Damit formuliert Lyotard eine Frage an Adorno, die auch sein eigenes Verfahren betrifft. Immer wieder arbeitet er sich im *Widerstreit* an dem Problem ab, wie der spekulative Diskurs transzendiert werden kann, ohne ihm hinterrücks wieder zu verfallen. Von Adorno nimmt er hierbei Anregungen auf, etwa jene,

---

34 Lyotard, Der Widerstreit, S. 155.
35 Ebd.
36 Ebd.
37 Vgl. Lyotard, Der Widerstreit, S. 157.
38 Vgl. Lyotard, Der Widerstreit, S. 159.
39 Lyotard, Der Widerstreit, S. 156.

Auschwitz im Widerstreit

die mit dem Thema des Namens verbunden ist, in den der spekulative Diskurs eventuell nicht eindringen könnte.

Hypothetisch von der Zerschlagung des spekulativen Diskurses über Auschwitz ausgehend, entfaltet Lyotard im Anschluß an Adorno auch die prekäre Situation der Möglichkeit von Erfahrung. Zum Fluchtpunkt seiner Gedanken wird die Idee von der Unmöglichkeit eines »Wir« in den Lagern. Die Mörder und die zu Mordenden unterliegen der radikalen Heterogenität der Diskurse: »Die Universen der Sätze: *Daß er stirbt, verfüge ich* und: *Daß ich sterbe, verfügt er* besitzen keinerlei gemeinsame Anwendungsmöglichkeit«[40]. An Adornos Wort entlang, »seit Auschwitz heißt den Tod fürchten, schlimmeres fürchten als den Tod«[41], entwickelt Lyotard die These, daß in Auschwitz jeder Tod, dem ein Sinn abzupressen wäre, ein schöner Tod, den man stürbe, indem der eigene Name überdauerte, abgewiesen werde. »Das Opfer steht ihm« – dem Deportierten – »nicht zu, also auch nicht der Zugang zu einem unsterblichen Kollektivnamen. [...] Es muß [...] dieser Tod getötet werden, und eben das ist schlimmer als der Tod«[42]. In Auschwitz geschah die »Ent-Kettung der äußersten Verpflichtung, des Todes, von seiner Rechtfertigung«[43]. Der gemeinsame Diskurs, der vernünftigerweise die Sätze des Mörders mit denen des Opfers im gleichen Universum situieren könnte, ist abgeschafft: »ein Wir [ist] unmöglich geworden«[44].

Das intrikate Funktionieren des spekulativen Diskurses wird ersichtlich, sobald man sich vergegenwärtigt, daß Lyotard soeben eine Bestimmung des Diskurses »Auschwitz« gegeben hat. Er ist sich dessen bewußt, denn seine Erörterung der aufgewiesenen Spaltungsstruktur beginnt er mit den Worten: »Wenn ›nach Auschwitz‹ das ›Resultat‹ fehlt, so mangels Bestimmung. ›Auschwitz‹ hätte keinen spekulativen Namen, weil es der Eigenname einer Meta-Erfahrung oder gar einer Zerstörung von Erfahrung wäre. Welche Bestimmung fehlte ›Auschwitz‹, damit daraus eine Erfahrung mit einem ›Resultat‹ erwächst? Wäre es die der Unmöglichkeit eines *Wir*?«[45] Ist also Lyotards Reflexion über das Verbot des schönen Todes in Auschwitz eine Bestimmung, die erfahrungstauglich wäre? Er führt vor, wie der spekulative Diskurs angesichts dieser Frage die Instanz eines Dritten einführen würde und dadurch die Spaltung überwände, indem das schreibende Ich und das lesende Du sich zusammenschlössen zur reflektierten Bewegung der Unmöglichkeit des Wir und »die Dispersion, die sich erkennt und die sich in der Affirmation des Nichts von der Vernichtung erholt«[46], hervorbrächten. Lyotard möchte nicht in diese

---

40 Lyotard, Der Widerstreit, S. 174.
41 Lyotard, Der Widerstreit, S. 154, 156.
42 Lyotard, Der Widerstreit, S. 173.
43 Lyotard, Der Widerstreit, S. 174.
44 Lyotard, Der Widerstreit, S. 175.
45 Lyotard, Der Widerstreit, S. 168.
46 Lyotard, Der Widerstreit, S. 176.

spekulative Falle tappen, doch ob sein Schreiben sich ihr entziehen kann, bleibt unbeantwortet, denn der Autor kennt, gemäß der von ihm beachteten Regel, die Regeln seines Diskurses nicht, die er vielmehr erst, Worte setzend und Sätze verknüpfend, aufspüren möchte.

IV.

Der spekulative Diskurs reicht nicht hin, um den Widerstreit darzustellen, was nach Lyotard nicht bedeutet, daß die Sprache insgesamt vor seiner Darstellung versagt.[47] Sie vermag ihn vielmehr zu bezeugen. Gerade in die Heterogenität der Diskursarten, die kein Resultat hervorbringt, schreibt sich der Widerstreit ein. Eine der Möglichkeiten der Sprache, die für Lyotard in diesem Zusammenhang großes Gewicht erlangt, ist das Schweigen.

Claude Lanzmann hat das Schweigen der Opfer in seinem Film *Shoah* mehrfach dokumentiert, indem er Überlebende der Todeslager vor der Kamera interviewte. Dieses Schweigen wird Lyotard – wenngleich er nicht ausdrücklich auf Lanzmanns Film Bezug nimmt – zum Zeichen für einen anhängigen Widerstreit.

Er beschreibt es mit den Mitteln der Satzanalyse, indem er es als eine Art definiert, Sätze zu setzen.[48] Das Schweigen sei eine Art negativer Satz, ein Satz, der einen anderen ersetzt.[49] Er unterscheidet mehrere Arten des Schweigens, die sich auf die von ihm postulierten Instanzen des Satz-Universums beziehen.[50] Wichtig ist nun, daß Lyotard das Schweigen als eine Vorstufe zu einem noch nicht existierenden Idiom begreift und ihm damit eine utopische Qualität zuspricht. Die Frage nach der zukünftigen Sprache, die noch unartikuliert, als ein Bedürfnis, im Schweigen liegt, tritt damit in den Horizont des Denkens ein. Diese in die Zukunft gerichtete Perspektive leitet sich bei Lyotard wesentlich aus einem in der Gegenwart nachwirkenden Vergangenen her. Nur weil er dieses als Unabgegoltenes interpretiert, öffnet sich die Per-

---

47 Im Zuge seiner Rekonstruktion des Erhabenen bei Kant, Adorno und Lyotard stellt Hans-Joachim Lenger die Frage, ob eine ästhetische Konsequenz aus Auschwitz jene Sprachlosigkeit sei, »die selbst noch das Erhabene verausgabt« (Lenger, Ohne Bilder, S. 215): »Kann also die Kategorie des Erhabenen, die Adorno wie auch Lyotard in die Frage des Ästhetischen ›nach Auschwitz‹ einbrechen lassen, nur noch als *Chiffre* für etwas gelesen werden, das sich der Kategorie wie einer Matrix bedient, aber nur, um an etwas erinnern zu können, das einer Erinnerung auch im ›Erhabenen‹ nicht zugänglich ist und nie zugänglich war?« (S. 214). In diesem Verfahren zeichnet sich eine Verflüssigung tradierter Begriffe ab, die Adorno in bezug auf Auschwitz etwa mit dem Begriff der Kultur unternimmt: er wendet sie im dialektischen Verfahren um und um, bis sie an ihre Grenzen stoßen. Das begriffslose Niemandsland, das dahinter liegt, wird in der Negation benennbar, ohne bestimmt worden zu sein.
48 Lyotard, Der Widerstreit, S. 9 f.
49 Lyotard, Der Widerstreit, S. 34.
50 Ebd.

spektive in Richtung auf ein zukünftiges Idiom. Die Entdeckung eines neuen Sprachspiels wäre jenes Ereignis, das auf die im *Widerstreit* immer wieder hypothetisch gestellte Frage »Geschieht es?« antwortet. Die Vorbereitung dieses Ereignisses, das mit dem neuen Idiom auch ein erneuertes Denken brächte, durch die Analyse der bestehenden Diskurse und durch die Aufmerksamkeit auf die Sprachverwendung, betreibt Lyotard unablässig. Das Vertrauen, daß es sich einstellen könnte, nährt den utopischen Motor seiner Philosophie.[51]

Mit den Vermutungen über die im Schweigen liegenden Potentialitäten, die eine Satzanalyse, die am positiv artikulierten Satz ansetzen muß, nur hypothetisch erfassen kann, überscheitet Lyotard die Diskursanalyse. Deren rekursives Verfahren verläßt er an jenem systematischen Punkt, wo er postulierende Wendungen benutzt wie jene, »daß das Schweigen darauf hinweist, daß Sätze schmerzvoll und unabgegolten auf ihr Ereignis warten«[52]. Solche Aussagen kann eine positivistisch orientierte Satzanalyse nicht treffen, sondern nur ein A., der selbst im Widerstreit situiert ist und Partei ergreift, weil er sich verpflichtet fühlt. Sowohl die ethische Verpflichtung, die Lyotard von Lévinas her entwickelt, als auch insbesondere die aus Kants *Kritik der Urteilskraft* genommene Kategorie des Gefühls werden zu zentralen Bezugspunkten seines Denkens, die hier allerdings nicht weiter verfolgt werden sollen.[53]

Für den Vergleich mit Adornos Schreiben über Auschwitz bleibt festzuhalten, daß Lyotard die Satzanalyse überschreitet, obwohl er den *Widerstreit* programmatisch mit der Analyse von Sätzen und Diskursen eröffnet. Erstens geschieht dies, indem er seinen A. in den Widerstreit versetzt. Die Lesart des Schweigens als eines Geschichtszeichens für Unabgegoltenes ist nur aufgrund eines emphatischen, utopisch ausgerichteten Verfahrens möglich. Einbezogen wird dabei, zweitens, auch die Subjektivität des Interpreten, denn die eben genannte Lesart verbindet sich immer mit historischen Orten und Kollektiven. Dieses gilt heute insbesondere für das Verhältnis von Deutschen und Juden, das Diner als eines der negativen Symbiose beschrieben hat.[54] Auf eine Kategorie wie die des Gefühls kann sinnvoll gar nicht ohne den Träger der Affekte,

---

51 In seiner Heideggerlektüre versucht Lyotard dessen »Schweigen zu verstehen: zur ›Shoah‹ und zu dem, was Adorno in dem Namen ›Auschwitz‹ zusammengefaßt hat« (Jean-François Lyotard: Vortrag in Freiburg und Wien: Heidegger und »die Juden«, Wien 1990, S. 9). Dieses Schweigen deutet Lyotard nicht psychologisch, sondern von den Grundkoordinaten der Heideggerschen Philosophie her, die er deren »Stellung« (S. 28) nennt. Heidegger denke die Seinsvergessenheit, alles Seiende aber, das auch Auschwitz gehöre, werte er ab (vgl. S. 30). Ein anderes Schweigen zeigt sich somit bei Heidegger: kein utopisch aufgeladenes, sondern eines, das aus dem Vergessen entspringt, das in das abendländische Denken mit dem eingeschrieben ist, was Lyotard »die Juden« nennt (vgl. S. 16 f.).
52 Lyotard, Der Widerstreit, S. 107.
53 Die Kategorie des Gefühls in der *Kritik der Urteilskraft* betrachtet er näher in: Jean-François Lyotard: Die Analytik des Erhabenen, München 1994.
54 Vgl. Dan Diner: Negative Symbiose. Deutsche und Juden nach Auschwitz, in: ders. (Hg.): Ist der Nationalsozialismus Geschichte?, Frankfurt/M. 1987, S. 185-197.

ohne das Individuum also, rekurriert werden. Sätze können durch Gefühle motiviert sein oder Gefühle auslösen, doch sie sind keine Gefühle.

Neben dem Individuum stellt sich in Lyotards Verfahren aber, drittens, auch jene außersprachliche Realität wieder ein, die dem Hier und Jetzt der Sätze vorausliegt. Im als Zeichen gelesenen Schweigen, im Gefühl, daß etwas noch aussteht, setzen sich Impulse fort, die von einem historischen Ereignis ausgingen. Wir nehmen sie zwar nur wie die von einem ins Wasser geworfenen Stein verursachten Wellenbewegungen wahr, doch sie bürgen dafür, daß tatsächlich etwas stattgefunden hat, das in seiner ganzen Tragweite noch zu ermitteln bleibt. Diese Tragweite ist dadurch gegeben, *daß* die ausgelösten Emotionen stark sind und nicht versiegen. Wie in Freuds Verständnis vom psychischen Apparat deuten diese Symptome auf etwas Verschüttetes, das nur in seinen zensierten, verschobenen, verdichteten und zerstückelten Effekten greifbar ist.

Wo die Analyse der Sätze dem philosophischen Verfahren nicht mehr genügt, geht Lyotard also weiter voran. Er entmachtet den allwissenden Meisterdenker und führt den A. ein. Wie in der erzählenden Literatur schafft er eine Distanz zwischen Jean-François Lyotard und der Moderatoreninstanz des Textes. Die vom A. geäußerten Sätze stehen in Konstellation zu den sie umgebenden Diskursen, er wird zu einer Versuchsperson, die ihren Text als eine gebrochene Form von Essay bezeichnet.[55] Dieses bezieht sich vor allem auf die Methode, Sätze zu setzen, ohne deren Verkettungsregeln zu kennen. Der Essay ist auf der Spur eines neuen Idioms, ohne zu wissen, ob er es schon spricht.

V.

Damit ist ein Anknüpfungspunkt zu Adornos Vorgehensweise formuliert. Zwar schreibt Adorno auch aufklärerisch orientierte Texte, die breitenwirksam vor einer möglichen Wiederkehr von Auschwitz warnen sollen, wie die Vorträge *Was bedeutet: Aufarbeitung der Vergangenheit*[56] und *Erziehung nach Auschwitz*[57], doch in den philosophischen Reflexionen auf Auschwitz, wo nicht das pädagogische Moment im Vordergrund steht, verlangen seine Überlegungen nach weniger eingängigen Formen. In den *Minima Moralia* sind es Aphorismen, in seiner Auseinandersetzung mit Beckett ist es der Essay und in der *Negativen Dialektik* nennt er sie kritische Modelle. Diese kleinen Formen sind dem Thema nicht äußerlich. Jede Abhandlung, die den Schein erweckt, sie könne das Geschehene abschließend erfassen, würde Adornos Vorgehen zu-

---

55 Vgl. Lyotard, Der Widerstreit, S. 13.
56 Theodor W. Adorno: Was bedeutet: Aufarbeitung der Vergangenheit, in: ders.: Gesammelte Schriften, Bd. 10, Frankfurt/M. 1977, S. 555-572.
57 Theodor W. Adorno: Erziehung nach Auschwitz, in: ders.: Gesammelte Schriften, Bd. 10, Frankfurt/M. 1977, S. 674-690.

widerlaufen. Lyotards Kritik an der Verwendung der Resultatsregel im spekulativen Diskurs trifft deshalb Adornos Reflexionen auf Auschwitz nicht. Diese wären vielmehr in den Zusammenhang mit seiner Theorie des Essays zu rücken.

Der eingangs schon erwähnte, grundverschiedene Ausgangspunkt der Überlegungen von Adorno und Lyotard bleibt dabei bestehen. Adorno setzt voraus, was für Lyotard zum Problem wird, nämlich daß es die Lager gegeben hat, daß dort ein verwaltungsmäßig vorbereiteter und mit industriellen Methoden ausgeführter Massenmord stattgefunden hat. Dieser historische Fakt steht für ihn niemals in Frage. Auch die Aussage, daß es die Gaskammern gegeben habe, wertet er selbstverständlich als historisch wahr. Daß sich der Wahrheitsgehalt von Sätzen mit Recht auf etwas Geschehenes beziehen kann, ist ihm die Voraussetzung für jede Erkenntnis. Es ist nicht die Infragestellung dieser faktisch-historiographischen Seite von Auschwitz, die ihn als Philosophen umtreibt, sondern es ist der Zustand der westlichen Zivilisation einerseits, den diese mit Auschwitz erreicht, und es sind andererseits die geistigen Konsequenzen, die aus dem Geschehen zu ziehen wären. Die Beurteilung dieser Fragen erfordert keine detaillierte Vergegenwärtigung der Lagermaschinerie. Zu vermuten ist allerdings, daß er sie schon seit der Emigration aus Berichten von Zeitzeugen recht genau kannte.[58]

Die faktische Richtigkeit eines Satzes über Auschwitz löst für Adorno nicht das Problem, wie das Geschehene angemessen dargestellt werden kann. Wie die Darstellung jedes historischen Ereignisses muß auch diejenige von Auschwitz das Problem lösen, mit welchen Mitteln das Vergangene vergegenwärtigt werden kann. Wenn – mit Benjamin – das dialektische Bild dasjenige ist, »worin das Gewesene mit dem Jetzt blitzhaft zu einer Konstellation zusammen-

---

[58] Der Forschungsschwerpunkt des Instituts lag in diesen Jahren auf der Erforschung des Vorurteils, insbesondere auf dem des antisemitischen, so daß die zugänglichen Informationen über die Lager auf diesem Wege schnell an Adorno gelangt sein dürften. Rolf Wiggershaus schreibt:»Am 22. Juni 1941 hatte die deutsche Wehrmacht die Sowjetunion überfallen. In den besetzten Gebieten hatte sofort der Massenmord begonnen. Nachrichten darüber enthielten z. B. die vom American Jewish Committee herausgegebenen *Contemporary Jewish Records* in ihrem ausführlichen ›Chronicles‹-Teil. Aber auch aus großen Zeitungen konnte man sich in den USA über die grauenhaften Vorgänge in Europa informieren. ›Complete elimination of Jews from European life now appears to be fixed German policy‹, hieß es am 28. Oktober in der *New York Times*. In Güterwaggons würden die Juden ostwärts transportiert. Amtliche Stellen wurden außerdem durch Botschafter und Diplomaten über Deportationen und weitere Anzeichen dafür informiert, daß mit der von Hitler am 30. Januar 1939 prophezeiten Vernichtung der jüdischen Rasse in Europa Ernst gemacht wurde« (Rolf Wiggershaus: Die Frankfurter Schule, München - Wien 1986, S. 347). Bruno Bettelheim, Mitarbeiter am Projekt der *Authoritarian Personality*, veröffentlichte 1943 seine Erfahrungen aus Dachau und Buchenwald. Zwar war die Zeit der Vergasungen während seiner Haft noch nicht angebrochen, doch über den entmenschlichenden und todbringenden Charakter der Verfolgung ließ er keinen Zweifel aufkommen; vgl. Bruno Bettelheim: Aufstand gegen die Masse, Frankfurt/M. 1989.

tritt«[59], so stellen sich einerseits immer wieder neue Bilder ein und verändern andererseits die existierenden Bilder immer wieder ihre Wertigkeit: »jedes Jetzt ist das Jetzt einer bestimmten Erkennbarkeit«[60]. Jede Generation erkennt sich im historischen Gegenstand anders wieder und akzentuiert deshalb verschiedene seiner Seiten. Die Modifikation des Bildes vom Ereignis in der Überlieferung betrifft die Darstellung in ihrem Innersten.

Anders als Benjamin, der genuin künstlerische Verfahren – wie die metaphorische Arbeit – in seinen Essays verwendet,[61] vertraut Adorno auf die philosophischen Begriffe, wohl wissend, daß auch sie kaum hinreichen, um die Sache darzustellen. Erst in Konstellation gewähren sie beizeiten deren Erkenntnis.[62] Wie bei Lyotard gewinnt auch bei Adorno das Verfahren des Setzens von Wörtern in diesem Zusammenhang an Gewicht: Die Sprache »bietet kein bloßes Zeichensystem für Erkenntnisfunktionen. Wo sie wesentlich als Sprache auftritt, Darstellung wird, definiert sie nicht ihre Begriffe. Ihre Objektivität verschafft sie ihnen durch das Verhältnis, in das sie die Begriffe, zentriert um eine Sache, setzt«[63]. Das konstellative Verfahren bewegt sich im Medium der Begriffe, transzendiert die Begriffsarbeit aber auch. Adornos essayistisches Schreiben verfeinert diese, über die traditionelle Begriffsarbeit hinausgehenden Momente. Im Schreiben über Auschwitz verstärken sie sich zusätzlich, denn Auschwitz wirft, über die herkömmlichen erkenntnistheoretischen Fragen hinaus, eigene Probleme auf. Im folgenden sollen einige Charakteristika von Adornos diesbezüglicher Verfahrensweise angegeben werden.

Gleichsam an den Rändern der Begriffe findet er das, was begriffslos in der Sprache gebunden liegt. Er entbindet es, indem er die Begriffe verflüssigt und immer wieder in neue Konstellationen bringt, so daß sie schließlich unter der Last ihrer kontradiktorischen Bestimmungen zerfallen. Angesichts von Auschwitz ist es der Begriff der Kultur, den dieses Schicksal trifft. Einerseits hält Adorno an ihm fest, um überhaupt ein gewaltloses Zusammenleben der Menschen denken zu können, andererseits ist er in Auschwitz derartig beschädigt worden, daß alle Kultur nur noch als Müll angesehen werden kann. Diese Polarisierung des Begriffs der Kultur durch den zum Scheitern verurteilten Versuch, ihn zu bestimmen, führt vor, daß sowohl die Kultur als auch ihr Begriff am Rande der Abdankung stehen.

Wo die Begriffsarbeit an ihre Grenze gelangt, überschreitet Adorno sie programmatisch mit Hilfe der Rhetorik. Die Verwendung des Wortes Barbarei zum Beispiel erfüllt weniger eine begriffliche als vielmehr eine rhetorische Funktion. Wenn er das Naziregime stereotyp barbarisch nennt, so intendiert er

---

59 Benjamin, Das Passagen-Werk, S. 576.
60 Benjamin, Das Passagen-Werk, S. 578.
61 Diese Verfahren habe ich am Beispiel des Benjaminschen Essays über Franz Kafka untersucht; vgl. Kramer, Rätselfragen und wolkige Stellen.
62 Vgl. Adorno, Negative Dialektik, S. 164 f.
63 Adorno, Negative Dialektik, S. 164.

damit keine historiographisch differenzierte Analyse, sondern schreibt seiner Rede über den Nationalsozialismus leidenschaftlich seine eigene und die seiner Meinung nach normativ gebotene unversöhnliche Opposition gegen den Faschismus ein.[64]

Texte, in denen solche Impulse sichtbar werden, involvieren die Adressaten. Der berühmte Satz,»nach Auschwitz ein Gedicht zu schreiben, ist barbarisch«[65], provoziert absichtlich das Nachkriegs-Täterkollektiv. Die rhetorische Funktion von Adornos Rede über Auschwitz ist nicht nur dem erkenntnistheoretischen Darstellungsproblem geschuldet, sondern auch dem Anliegen, in den zeitgenössischen Diskurs zu intervenieren. Mit dem Mittel der Provokation appelliert er an die Nachkriegsöffentlichkeit, sich der Erinnerung an Auschwitz nicht zu entziehen. Die Periodisierung »nach Auschwitz« sowie die Wendung vom »Rückfall in die Barbarei« setzen eine Zäsur, die immer wieder darauf verweist, daß die Konsequenzen daraus, daß Auschwitz geschah, noch zu ziehen sind, daß die Bestimmung von Auschwitz noch immer aufgegeben ist.

Auch Adornos Verfahrensweise ist also in einem Streit situiert, obgleich es kein Widerstreit ist. Die Darstellung von Auschwitz gibt einerseits eine Antwort auf das erkenntnistheoretische Darstellungsproblem, sie entscheidet aber andererseits mit über die umstrittene Frage, was dieses historische Ereignis für uns sei und was es für uns sein sollte, die auch im moralphilosophischen Horizont begriffen werden muß. Wo Adorno das Darstellungsproblem mit den Mitteln der parteilichen Rede angeht, wo er – in anderem Zusammenhang – das Bilderverbot für Auschwitz geltend macht, ist ein moralischer Impuls wirksam, der sich dagegen wehrt, daß das Geschehen in der Überlieferung verkleinert werde oder daß den sinnlosen Tötungen nachträglich Sinn abgepreßt wird. Das Offenhalten des Unbegreiflichen, Monströsen zeigt sich in einer Sprache, die die stärksten Vokabeln – wie Wahnsinn, Katastrophe, Barbarei – zur Kennzeichnung des nicht Benennbaren benutzt. Das rhetorische Moment von Adornos Text betont die Notwendigkeit, die Auseinandersetzung mit dem Geschehen nicht abzuschließen.

Neben den hier erwähnten Strategien der Begriffsverflüssigung und -polarisierung, der Provokation, des Appells, der Dramatisierung eines hypothetischen Einschnittes muß für Adornos Auseinandersetzung mit Auschwitz auch auf die Verwendung des Namens hingewiesen werden,[66] die ja bei Lyotard einen wichtigen Status gewinnt. Die Vereinnahmung der Rhetorik sichert Adorno insbesondere bei Gelegenheit seiner theoretischen Fundierung des es-

---

64 Auch seinem neuen kategorischen Imperativ ist diese Parteilichkeit einbeschrieben: »Hitler hat den Menschen im Stande ihrer Unfreiheit einen neuen kategorischen Imperativ aufgezwungen: ihr Denken und Handeln so einzurichten, daß Auschwitz nicht sich wiederhole, nichts Ähnliches geschehe« (Adorno, Negative Dialektik, S. 358).
65 Adorno, Kulturkritik und Gesellschaft, S. 30.
66 Vgl. zu diesen Strategien der Darstellung den vorherigen Essay.

sayistischen Schreibens ab. Sie steht im Zusammenhang mit seinem Theorem vom sprachlichen Wesen der Philosophie. Was die Sprache den Begriffen voraus hat, ist ein mitartikuliertes Mehr, das den Begriffen entgeht. Sie zeigt etwas an, das der Erkenntnis noch unzugänglich ist. Die Sprache der Philosophie ist gleichzeitig ein Konstrukt der Ratio wie auch ein Symptom für das, was dem Erkennen noch aufgegeben ist. Beide, Lyotard und Adorno, geben dem, was sich an der Intentionalität vorbei einschreibt, Raum in ihrem Verfahren. Ihre Texte sind Versuche, es zu artikulieren und es zu begreifen ineins.

Doch Versuche können scheitern, und es ist Auschwitz, das neben der Intention auf noch nicht Dargestelltes bei beiden auch den Gedanken und das Gefühl aktualisiert, daß alle Darstellung dieses Ereignisses und alle Reflexion auf es versagen könnten. Wenn Lyotard in den Schlußpassagen seines Buches den Widerstreit als Hoffnungsträger anspricht, der als einziger die Kapazität habe, sich dem ökonomischen Diskurs entgegenzusetzen,[67] so versagt angesichts von Auschwitz auch diese Hoffnung. Wo nämlich nicht einmal mehr der Widerstreit gegeben ist, reicht auch die Sprache nicht mehr hin, um ihn zu bezeugen: »Zwischen der SS und dem Juden gibt es noch nicht einmal Widerstreit, denn es gibt nicht einmal ein gemeinsames Idiom [...], in dem ein Schaden zumindest formuliert werden könnte, und sei es an Stelle eines Unrechts«[68].

Das aus dieser vollkommenen Unvereinbarkeit der Diskurse resultierende Schweigen sieht Lyotard hier nicht mehr als eine Einfallstelle für das Gefühl und für mögliche zukünftige Sätze an, sondern die Hoffnung auf bislang unbekannte Satzverkettungen läuft dort ins Leere, wo die Spaltung unhintergehbar festgeschrieben wurde. Auch das Gefühl verlöre seine utopische Richtung, mit Adorno zu sprechen, auf Versöhnung als auf das Miteinander des Verschiedenen. Auschwitz mobilisiert, mehr als jedes andere historische Ereignis, den Nihilismus. Dies gilt auch für Adorno. Die Frage, »ob nach Auschwitz noch sich leben lasse«[69], ist für ihn völlig offen. Das Engagement beider Essayisten ist einem Zweifel abgerungen, der ihre Textproduktion im Innersten bewegt. Es kann als eine Geste der Notwehr entziffert werden.

VI.

Zusammenfassend läßt sich sagen, daß sich in der Schreibpraxis beider Autoren in der Reflexion auf Auschwitz Konvergenzen zeigen, die die divergierenden Voraussetzungen in den Hintergrund treten lassen. Beide umkreisen an

---

67 »Das einzige unüberwindliche Hindernis, auf das die Hegemonie des ökonomischen Diskurses stößt, liegt in der Heterogenität der Satz-Regelsysteme und Diskursarten [...]. Das Hindernis besteht [...] im Widerstreit« (Lyotard, Der Widerstreit, S. 299).
68 Lyotard, Der Widerstreit, S. 181.
69 Adorno, Negative Dialektik, S. 355.

zentralem systematischen Ort das Darstellungsproblem und gelangen dabei auf gemeinsame Unterprobleme. Dies betrifft das Setzen von Wörtern und dessen Regelhaftigkeit bzw. Angemessenheit, das in der Sprache unbewußt gebundene Wissen, das Schreiben inmitten von Widersprüchen und das essayistische Schreiben, um nur einige der gemeinsamen Themen zu nennen.

Lyotards Verfahren der Satzanalyse gelangt an einen Punkt, an dem das historische Ereignis selbst sich eingeschrieben hat. Aufmerksamkeit fordert er auch in bezug auf die eigene Eingebundenheit in den Diskurs – nicht nur auf der rationalen, sondern auch auf der irrationalen Seite. Denn gerade dort, wo sich ein Ungenügen am bestehenden Diskurs zeigt, wäre dieses zu lesen als ein Symptom des nachwirkenden Ereignisses, als Textur, an der das Ereignis mitgewoben hat. Das Schweigen und das Gefühl deuten darauf hin. Sie markieren Instanzen, die der Beliebigkeit eines postmodernen Anything Goes enthoben sind. Vielmehr liegt hier ein Übergangspunkt zur Ethik der Verkettung, zu Lyotards zentraler normativer Frage also, wie »Auschwitz« verkettet werden sollte. Die Frage nach »Auschwitz« wird damit zu einer Frage des zukünftigen Selbstverständnisses und des zukünftigen (sprachlichen) Handelns.

Adorno läßt, im Gegensatz zu Lyotard, die Frage danach, was Auschwitz war, nicht fallen. Doch auch für ihn verbindet sie sich zuinnerst mit dem Darstellungsaspekt. Lyotards Verkettungsproblem ist Adornos Suche nach sprachlicher Darstellbarkeit verwandt. Auch er koppelt das eigene Selbstverständnis an ihre Lösung. Denn die Art und Weise, wie Auschwitz sich in unserem Denken und Sprechen zeigt, sagt etwas über unsere Stellung zur eigenen Epoche aus. Im Konflikt, der mit dem Diskurs »Auschwitz« ausgetragen wird, steht nicht zuletzt auf dem Spiel, wie wir zu jenen Monstrositäten stehen, die aus der Mitte der abendländischen Kultur hervorgegangen sind. In welcher Weise müssen wir sie als die eigenen begreifen und welche Konsequenzen müssen wir daraus für unser Selbstbild ziehen?

Dieses Verfahren unterscheidet sich von dem von den Repräsentanten der Deutschen eingeübte politisch korrekte Gedenken, das auch eine mögliche Art der Verkettung darstellt. Nehmen wir Adornos neuen kategorischen Imperativ, daß Auschwitz sich nicht wiederholen dürfe, einmal aus, so weigern sich beide, Konsequenzen aus Auschwitz definitorisch festzuschreiben. Im Gegenteil: Sie werden mit Auschwitz nicht fertig. Was dieses Ereignis für die geistigen Koordinaten unseres Selbstverständnisses bedeutet – Koordinaten wie Fortschritt und Humanität – ist noch nicht zuendegedacht. Und so gelangt auch die Suchbewegung ihrer Texte nicht zur Ruhe.

Lyotard weist den Leser in der letzten Ziffer des *Widerstreits* zurück zur ersten. Nicht das Resultat zählt, sondern die sich unablässig weiter in das Unausdenkliche vertiefende Bewegung des Denkens. Sie wechselt immer wieder in jenes Schweigens über, in dem die Worte enden, weil sie den Abgrund des Geschehenen verdecken. Das andere Schweigen, das des Vergessens, geißeln beide, wo sie nur können, denn für sie ist die Versenkung in die Frage nach Auschwitz – mit Adorno zu sprechen – ein Schauplatz von Moral heute.[70]

---

[70] Diese Wendung findet sich in: Adorno, Negative Dialektik, S. 282.

Zusammenstoß in Princeton
Peter Weiss, die Verfolgungserfahrung und die Gruppe 47

I.

In Berlin, 1962, als Peter Weiss erstmals an einem Treffen der Gruppe 47 teilnahm, durfte er zufrieden sein. Seine Lesung aus dem *Gespräch der drei Gehenden* hatte positive Resonanz hervorgerufen und bei der Preisvergabe blieb er nur um Haaresbreite hinter Johannes Bobrowski zurück. Galt er zuvor, nachdem 1960 sein experimentell-realistischer Roman *Der Schatten des Körpers des Kutschers* bei Suhrkamp erschienen war, noch als Geheimtip, so erreichte sein Name in den Feuilletons nun einen gewissen Bekanntheitsgrad. 1963, beim Treffen in Saulgau, konnte er seinen Marktwert bestätigen. Er las aus dem *Marat/Sade* – »Zum Song von der Vendée schlug ich den Takt auf einer kleinen Trommel«[1] – und erntete vorwiegend Zustimmung. Zumindest im Rückblick waren sich viele Meinungsführer einig: Hans Werner Richter attestierte seinem Auftritt »etwas Sensationelles«[2] und Marcel Reich-Ranicki nannte ihn noch Jahre später »unvergeßlich«[3]. Die Uraufführung des Stücks am 29.4.1964 begründete den Weltruhm seines Autors. Weiss war nun einer der ›Stars‹ der Gruppe, die sich, nicht ganz zu Unrecht, damit schmücken durfte, zu seiner Publizität beigetragen zu haben.

Ein furioser Aufstieg. Eine Erfolgsgeschichte. Warum aber las der gefeierte Autor weder 1964 in Sigtuna noch 1965 in Berlin noch 1966 in Princeton wieder vor? Und warum blieb er dem letzten Treffen 1967 in der Pulvermühle fern? Fragen, die die oben erzählte Erfolgsgeschichte irritieren und deren mögliche Antworten auf eine verwirrende Vielfalt einander überkreuzender Prozesse verweisen, die lange unter Verschluß blieben. Dies geschah auf seiten der Gruppe, die sich nach außen abdichtete, aber auch auf der Seite von Weiss, der in der Öffentlichkeit seine anregende Verbindung mit den Kollegen aus der Gruppe 47 herausstrich.[4] Helmut Müssener hat die Beziehungen des Autors zu einzelnen Mitgliedern skizziert.[5] Letztlich blieben sie episodisch,

---
1 Peter Weiss: Notizbücher 1971-1980, Frankfurt/M. 1981, S. 731.
2 Hans Werner Richter: Im Etablissement der Schmetterlinge, München - Wien 1986, S. 264.
3 Marcel Reich-Ranicki: Peter Weiss. Poet und Ermittler 1916-1982, in: Rainer Gerlach (Hg.): Peter Weiss. Materialien, Frankfurt/M. 1984, S. 7-11, S. 8.
4 Vgl. Rainer Gerlach/Matthias Richter (Hg.): Peter Weiss im Gespräch, Frankfurt/M. 1986, S. 33.
5 Vgl. Helmut Müssener: »Du bist draußen gewesen.« Die unmögliche Heimkehr des exilierten Schriftstellers Peter Weiss, in: Justus Fetscher (Hg.): Die Gruppe 47 in der Ge-

nur mit Hans Magnus Enzensberger führte er einen intensiven kritischen Dialog.[6] In Princeton brach dann ein Gegensatz auf. Er wurde an einer politischen Frage ausgetragen.

Im Frühjahr 1966 standen die USA in einem unerklärten Krieg mit Vietnam. Am 24.2.1965 hatte Präsident Johnson die Operation *Rolling Thunder* – die kontinuierliche Bombardierung des Landes befohlen. Im Frühsommer desselben Jahres kämpften erste US-Bodentruppen gegen den Vietkong. Diese Eskalation des schon länger schwelenden Konflikts setzte in den USA eine vielgestaltige Antikriegsbewegung in Gang, der das *Teach-In* zur adäquaten Artikulationsform wurde. Die Bewegung weitete sich aus; seit 1966 reichte sie bis in die Reihen der Liberalen hinein. Eine unübersichtliche Anzahl lokaler Akteure trug den Protest: »In the first half of 1966 opposition to the war began to show a breadth and vitality that far surpassed its limited organization base«[7]. Die Aktionsformen reichten vom Wegwerfen der Wehrpässe bis zum Suizid durch Selbstverbrennung. Seit dem Frühjahr 1966 zirkulierten Bilder von zivilen Napalmopfern, gegen die Johnson-Administration wurde der Vorwurf des Genozids laut. Die Analogie zum Holocaust gehörte zum diskursiven Repertoire vieler Protestierender.[8]

Teile der Bewegung verstanden sich internationalistisch, überhaupt war der außerparlamentarische Anti-Vietnamkriegsprotest seit 1965 ein internationales Phänomen. Im Herbst 1965 wurden bei internationalen Protesttagen 100.000 Menschen in 80 Städten mobilisiert.[9] Im Berliner SDS gab es seit Anfang 1965 einen Arbeitskreis Südvietnam, der zur Vorbereitung des Vietnam-Semesters im Winter 1965/66 an der Freien Universität beitrug: »Durch eine gezielte Eskalation der Kampagne gegen die amerikanische Kriegführung [...] sollte die Anti-Kriegs-Bewegung in den USA massiv unterstützt werden. So das interne Konzept des Berliner SDS«[10]. Demonstrationen fanden statt und

---

schichte der Bundesrepublik, Würzburg 1991, S. 135-151.
6 Auf einen Text im *Kursbuch 2* (Hans Magnus Enzensberger: Europäische Peripherie, in: Kursbuch 2, hg. v. H. M. Enzensberger, Frankfurt/M. 1965, S. 154-173) aus dem August 1965 reagierte Weiss noch im selben Monat mit einer Replik, die dann, versehen mit einer Antwort Enzensbergers (datiert auf März 1966) im Juli 1966, also nach Princeton, publiziert wurde (Peter Weiss und Hans Magnus Enzensberger: Eine Kontroverse, in: Kursbuch 6, hg. v. H. M. Enzensberger, Frankfurt/M. 1966, S. 165-176). Weiss fordert von den Intellektuellen eine Entscheidung zugunsten der Unterdrückten ein, Enzensberger verweigert solch eine Festlegung und nennt Weiss einen Idealisten, der eine »Moralische Aufrüstung von links« (S. 176) betreibe.
7 Charles DeBenedetti: An American Ordeal. The Antiwar Movement of the Vietnam Era, Syracuse/NY 1990, S. 142.
8 Vgl. DeBenedetti, An American Ordeal, S. 154.
9 Vgl. DeBenedetti, An American Ordeal, S. 125. – Am 26./27.2.1966 konstituierte sich das »Westeuropäische Studentenkomitee für den Frieden in Vietnam«. Im Mai 1966 bestand es aus 26 Studentenorganisationen (vgl. Gerhard Bauß: Die Studentenbewegung der sechziger Jahre, Köln 1977, S. 177).
10 Tilman Fichter/Siegward Lönnendonker: Kleine Geschichte des SDS, Berlin/West 1977,

seit dem Herbst 1965 diskutierten linke Studentenverbände über einen zu veranstaltenden Vietnam-Kongreß, den schließlich der SDS am 22.5.1966 in Frankfurt austrug.

In dieser Situation kam im April, vom 22. bis zum 24., die Gruppe 47 nach Princeton. In der Abgeschiedenheit New Jerseys las und bewertete man die neueste deutschsprachige Literatur. Die Gruppenregeln, unverändert seit jeher, wurden eingehalten. Hinter den verschlossenen Türen durfte nur über Literatur, und zwar über die soeben gehörte, diskutiert werden. Alles andere sollte außenvor bleiben.

Abweichend von der sonst häufig geübten Praxis wurde diesmal am Rande des Treffens keine politische Resolution für die Medien verfaßt, was bedeutete: »keine kollektive Anti-Vietnamkrieg-Erklärung«[11]. Dennoch prägte dieser Krieg die Tagung mit – neben einer vielbeachteten Rundumattacke des vierundzwanzigjährigen Debütanten Peter Handke gegen die Hauptströmung der herrschenden literarischen Ästhetik. Schon im Vorfeld waren politische Meinungsverschiedenheiten innerhalb der Gruppe sichtbar geworden, als zahlreiche Autoren, unter ihnen Weiss, nicht jedoch Hans Werner Richter und Günter Grass, eine aus der Berliner Tagung 1965 hervorgegangene Protestresolution unterschrieben.[12] Daß der Krieg des Gastlandes nicht in Vergessenheit geriet, dafür zeichneten einige der ›Jungen‹ verantwortlich. Während tagsüber die amerikanische Fahne das Podium zierte, unterstrichen Lettau, Enzensberger und Weiss mit dem Besuch einer Vietnam-Veranstaltung am Rande des Treffens, daß sie das oppositionelle Amerika unterstützten. Weiss gab außerdem der *New York Times* ein Interview, in dem er geltend machte, die Gruppe 47 wende sich gegen den Krieg in Vietnam. Als Richter daraufhin »in gelinde Erregung« geriet, dementierte Weiss: »er habe nur im eigenen Namen gesprochen«[13].

Da die Gruppe 47 längst zur öffentlichen Institution geworden war, wurden ihre Erklärungen von den Medien beachtet. Schriftsteller, die sich politisch äußerten, wie Böll, Grass oder Weiss waren sich darüber im klaren, daß sie symbolisches Kapital in die öffentlichen Debatten einbrachten. Wolfgang Hildesheimer machte diesen Aspekt für einige der Absagen verantwortlich: »Sowohl Walser als auch Böll und vielleicht auch Eich wären zu einer Tagung

---

S. 90.
11 Erich Kuby: Ach ja, da liest ja einer, in: Der Spiegel v. 6.5.1966, zit. n. Horst Ziermann (Hg.): Gruppe 47, Frankfurt/M. 1966, S. 19-28, S. 27.
12 Sie erschien 1965 im Dezemberheft der *konkret*. Dort wird auf den drohenden Völkermord in Vietnam hingewiesen und ausdrücklich die Solidarität mit den amerikanischen Protestierenden an den Universitäten bekundet (vgl. Erklärung über den Krieg in Vietnam, in: Reinhard Lettau (Hg.): Die Gruppe 47, Neuwied und Berlin 1967, S. 459-462). – Den Stellenwert Vietnams für die politisch-literarische Debatte rekonstruiert Klaus Briegleb: 1968. Literatur in der antiautoritären Bewegung, Frankfurt/M. 1993, S. 196 ff.
13 Kuby, Ach ja, da liest ja einer, S. 27.

gekommen, die in – sagen wir – Eberbach stattgefunden hätte«[14]. Er bot als einen hypothetischen Absagegrund den Unwillen an, »genau zum Zeitpunkt der beginnenden Eskalation im Vietnam-Krieg nach Amerika zu reisen, den Besuch der Gefahr einer Missdeutung auszusetzen und unter den Umständen Geld von der Ford Foundation anzunehmen, also von der amerikanischen Industrie, die sich – gelinde gesagt – ja auch nicht gerade von diesem Krieg distanziert«[15].

So trat die Gruppe 47 in den USA mit zwei Gesichtern auf. Einerseits, so Raddatz und andere lobend, seien »die deutschen Autoren [...] ›Repräsentanz‹ geworden.« Die Tagung werde »eine eminente, quasi subkutane Wirkung haben, die sich literarisch wie politisch bemerkbar machen wird«[16]. Schwab-Felisch nahm das Wort von der nationalen Repräsentanz auf, bescheinigte der Gruppe, sie habe diese Funktion immer abzuwehren versucht, sie aber schließlich erfüllen müssen, denn eine so groß angelegte Reise habe automatisch einen Mechanismus in Gang gesetzt, der die Gruppe in diese Rolle drängte.[17] Diese nationale Botschafterfunktion wurde von den Vietnamkriegs-Gegnern gestört. Sie folgten einer anderen Verpflichtung, indem sie jener Schriftsteller-Diplomatie, der eine Logik des Nationalen zugrundeliegt, den internationalen Protest gegen das Kriegs-Establishment entgegensetzten. Die Gruppenbildung, das kollektive ›Wir‹, zu dem sich die gesamte Gruppe 47 hätten bekennen können, war schon aus diesem Grunde nicht herzustellen.

Dieses ›Wir‹ gehörte aber zur diskursiven Voraussetzung der Gruppenbildung.[18] In der Opposition der Kriegsheimkehrer zum Hitlerregime war es national ausgerichtet. Seit die ›Jungen‹ wie Reinhard Lettau und Hans Magnus Enzensberger ihre politischen Sympathien für die internationale Protestbewegung äußerten, war dieses Fundament der Gruppe 47 bedroht. Weiss, obgleich fast fünfzig Jahre alt, gehörte zu ihnen. Doch die Motive für seine Loyalität mit den Protestierenden gehen weit über einen ›Generationenkonflikt‹ hinaus. Sie betreffen das Gruppen-›Wir‹ noch in anderer Weise. Aufschluß hierüber geben nicht die in den tagesaktuellen Medien publizierten Kongreßberichte,

---

14 Wolfgang Hildesheimer: Amerys koketter Ruf nach einer Mafia, in: Die Zeit v. 15.7.1966. Hildesheimer nannte diese Autoren im Wissen um ihre Positionen, die er zuvor telephonisch erfahren hatte, vgl. seinen Brief an Hans Werner Richter vom 15.12.1965, in: Hans Werner Richter: Briefe, hg. v. Sabine Cofalla, München – Wien 1997, S. 586-589.
15 Hildesheimer, Amerys koketter Ruf...
16 Fritz J. Raddatz: Die Bilanz von Princeton, in: Frankfurter Hefte, Juli 1966, zit. n. Horst Ziermann (Hg.): Gruppe 47, Frankfurt/M. 1966, S. 37-43, S. 43.
17 Vgl. Hans Schwab-Felisch: Princeton und die Folgen, in: Vorwärts v. 18.5.1966, zit. n. Reinhard Lettau (Hg.): Die Gruppe 47, Neuwied und Berlin 1967, S. 405-411.
18 Vgl. Brieglebs Bewertung des Fronterlebnisses, in: Klaus Briegleb: »Neuanfang« in der westdeutschen Nachkriegsliteratur – Die »Gruppe 47« in den Jahren 1947-1951, in: Sigrid Weigel/Birgit Erdle (Hg.): Fünfzig Jahre danach, Zürich 1996, S. 119-163, S. 133. Zur identitätsstiftenden Kraft dieses Erlebnisses vgl. auch Helmut Peitsch: Die Gruppe 47 und die Exilliteratur – ein Mißverständnis?, in: Justus Fetscher (Hg.): Die Gruppe 47 in der Geschichte der Bundesrepublik, Würzburg 1991, S. 108-134, S. 109 ff.

denn diese Auseinandersetzung wurde intern betrieben. Während im offiziellen Teil nichts als die handwerkliche Kritik geduldet wurde,[19] kam im inoffiziellen auch anderes zur Sprache. Hier, beim Essen oder an der Bar, sprach man über politische Fragen. Die inoffizielle Sphäre hatte für den Gruppenprozeß eine große Bedeutung. In ihrer Natur liegt es allerdings, daß sie sich dem öffentlichen Blick entzieht. Wer jedoch in den *Notizbüchern* von Weiss nachliest, wird fündig. Diese ursprünglich nicht für die Publikation geschriebenen Passagen sollen im folgenden die Scharnierposition in einer Lektüre einnehmen, die die Wiederkehr einiger Motive aus den Konflikten mit der Gruppe 47 in der literarischen Arbeit dieses Autors nachweisen möchte oder – umgekehrt – die die durch die literarische Arbeit geschärfte Disposition des Autors als einen Grund für die Auseinandersetzungen mit Teilen der Gruppe 47 kennzeichnet.

Unter dem 24.4.1966 finden sich die Eintragungen: »Viet-Nam Sit-In in Princeton (Während des Gruppe 47-Treffens) / Neben mir nimmt nur Lettau teil / Richter u Grass raten scharf ab.«[20] Und: »Der Zusammenstoß im Hotelzimmer. Ich hätte mich in amerikanische Angelegenheiten nicht einzumischen. Mißbrauche die Gastfreundschaft. Und überhaupt: was ich denn für ein Recht hätte, auf diese Weise politisch Stellung zu nehmen. Hätte auch über deutsche Fragen schon viel zuviel gesagt. Wo ich denn während des Kriegs gewesen wäre–«[21].

Vieles schwingt hier mit. Für Weiss wurde der letzte Satz zu einer Schlüsselaussage, die seine Stellung innerhalb der Gruppe betraf. Im Juli 1978 rekonstruierte er dieselbe Situation mit den Worten: »Auch Kritik an Deutschland, sagte ich, hielte ich nicht zurück, weil ich in Schweden ansässig sei. Und dann kam es: du kannst dich über Deutschland nie äußern, du bist draußen gewesen, in der Sicherheit der Emigration, wir waren drinnen, wir haben am Krieg teilgenommen –«[22].

Die Szene dokumentiert eine Ausgrenzung, die weit über das tagespolitische Terrain hinausreicht. Seine Gegner – diejenigen im Hotel bleiben übrigens ungenannt – knüpfen die Zurechtweisung unter anderem an seinen Status als Emigrant. Weil er über die Kriegserfahrung nicht verfüge, tolerieren sie seine Rede, wo sie auf die deutschen Verhältnisse bezogen ist oder der Repräsentation Deutschlands im Ausland schade, nicht im nationalen Diskurs. Dieses Ausgrenzungsschema gegen die Exilierten datiert aus der Gründungszeit

---

19 »Kritik von innen an den Modalitäten der Gruppenexistenz wurde lange Zeit überhaupt nicht geübt, und wenn [...] wurde über sie während des offiziellen Teils der Tagungen nicht diskutiert. [...] Richter hat die wenigen Versuche im Keim erstickt.« (Heinz Ludwig Arnold: Die Gruppe 47, 1. Aufl., München 1980, S. 144; 1987 erschien eine 2., veränderte Aufl.).
20 Peter Weiss: Notizbücher 1960-1971, Frankfurt/M. 1982, S. 491.
21 Weiss, Notizbücher 1960-1971, S. 491 f.
22 Weiss, Notizbücher 1971-1980, S. 734.

der Gruppe. Alfred Andersch forderte 1947 von den Emigranten eine »Verwandlung des streitenden Ressentiments, der leidenden Enttäuschung in eine Art von Objektivierung der Nation gegenüber«[23]. Das Verhältnis der Gruppe 47 zur Emigration blieb schwierig bis zuletzt. Helmut Peitsch zeigt, daß es sich veränderte, er operiert mit »abgrenzbare[n] Phasen«[24]. Zunächst galt: »Die gegen das Exil gerichtete Entlarvungspsychologie ersparte es der Jungen Generation, das eigene Verhalten im Nationalsozialismus historisch aufklärender Kritik zu unterziehen«[25]. Später sei an die Stelle der Abwehr die Identifikation getreten.[26] Richter formulierte, in Princeton solle die Versöhnung mit der Exilliteratur gefeiert werden,[27] ging doch die Einladung von emigrierten, nicht zurückgekehrten Germanisten in den USA aus. Doch gerade er schleppte die alten Vorwürfe weiter mit sich herum, wie aus seinen Briefen hervorgeht.[28] Bei aller von Peitsch gezeigten Wandlung im Verhältnis zu den Exilierten legt die von Weiss aufgezeichnete Ausgrenzung eine Kontinuität dieser Ansichten in Teilen der Gruppe nahe. Im Anschluß an die Hotelszene findet sich, durch einen Absatz getrennt, die Eintragung: »20 Jahre waren an ihnen abgelaufen wie Regenwasser«[29]. Sehr präzise wählt Weiss die Jahreszahl, denn die beschriebene Frontstellung stammt noch aus der Zeit des *Ruf*, der Urzelle der Gruppe 47.

Wie auch immer die Ausgrenzungsgeste ›gemeint‹ war, auf Weiss wirkte sie als Bestätigung eines Gefühls, das er immer wieder sowohl in der Gruppe 47 als auch in Deutschland überhaupt verspürte »und was oft im Ungewissen blieb: dieser einmal vollzogne, definitiv gewordne Bruch –«[30]. Die mit ihm verbundene Ausgrenzung ist als Erfahrung des Autors und seiner autobiographischen Figuren im Werk der sechziger Jahre vielfach belegt. Wie Weiss selbst zwischen *Abschied von den Eltern* und *Rekonvaleszenz*-Krise zahlreiche Wand-

---

23 Alfred Andersch: Deutsche Literatur in der Entscheidung, in: Das Alfred Andersch Lesebuch, hg. v. Gerd Haffmans, Zürich 1979, S. 111-134, S. 123.
24 Peitsch, Die Gruppe 47 und die Exilliteratur, S. 108.
25 Peitsch, Die Gruppe 47 und die Exilliteratur, S. 112.
26 Vgl. Peitsch, Die Gruppe 47 und die Exilliteratur, S. 108. – Peitsch sieht die Integration Hans Mayers in die Gruppe (1959) als einen Wendepunkt an: »Über den ›Umweg‹ der DDR [Mayer, Reich-Ranicki, Raddatz] wurde das Erbe der dort kritisch-realistisch genannten antifaschistischen Exilautoren in die Gruppe 47 heimgeholt, die Orientierung auf die westlichen Nachbarländer machte es möglich, eine neue Gruppe von Exilschriftstellern in die Gruppe 47 zu integrieren [Fried, Weiss]« (S. 120).
27 Vgl. Peitsch, Die Gruppe 47 und die Exilliteratur, S. 127.
28 Vgl. Peitsch, der diesbezüglich aus einem Brief Richters an Raddatz vom 3.8.1966 zitiert und von dessen an die Emigrierten gerichteten Vorwurf spricht, »mitschuldig und feige gewesen zu sein« (Peitsch, Die Gruppe 47 und die Exilliteratur, S. 129).
29 Weiss, Notizbücher 1960-1971, S. 492.
30 Weiss, Notizbücher 1971-1980, S. 734. – Noch 1978, in quälenden Überlegungen zu einer auszuarbeitenden Rede anläßlich der Verleihung des Thomas Dehler-Preises, suchte er seine Position zwischen Zugehörigkeit und Unzugehörigkeit. Vgl. Müssener, »Du bist draußen gewesen«.

lungen durchmachte, deren publizitätsträchtigste sein Bekenntnis zum Sozialismus war, so veränderte sich auch die Bearbeitung der Ausgrenzungserfahrung. Sie durchkreuzte verschiedene thematische Bereiche und verlagerte ihren Schwerpunkt zwischen publizierten und nicht veröffentlichten Werken. Was der Princetoner Vorwurf in Weiss aktualisierte, soll nun eine Lektüre erschließen, die den Spuren jener Erfahrung folgt.

II.

1916 geboren, emigrierte Weiss 1935 nach London, 1936/37 in die Tschechoslowakei, reiste 1938 in die Schweiz und gelangte im Januar 1939 nach Schweden, wo er bis zu seinem Tod 1982 lebte. Wie er zwischen den Ländern nicht zur Ruhe kam – eine Unruhe, die er sein ganzes Leben lang verspürte – so wechselte er die Kunstformen. Seit 1934, dem Todesjahr seiner Schwester Margit Beatrice, malte er, besuchte Kunstschulen und hatte seit 1936 Ausstellungen. Von 1952 bis 1960 drehte er Kurzfilme. Er sprach Schwedisch, und seine ersten Bücher, verfaßt seit 1944, erschienen in Schweden. Die deutsche Sprache kam ihm langsam abhanden, so daß er sie sich, als er 1952 am *Schatten des Körpers des Kutschers* arbeitete, mühsam wiederaneignen mußte.

In *Abschied von den Eltern* und *Fluchtpunk*, erschienen 1961 und 1962, erkundete er die eigene Kindheits- und Emigrationsbiographie.[31] Sofort drängten sich Themen wie Einsamkeit, Verlorenheit, Exil auf. Das Politische ist als Reflexionsraum in *Abschied von den Eltern* kaum ausgebildet. Doch schon hier formuliert der Erzähler die kindliche Erfahrung des Ausgegrenztwerdens, die sich mit der Verfolgung verbindet: »nach der Schule versuchte ich, Friederle zu entkommen, doch mit seinem Rudel von Verbündeten stöberte er mich überall auf. [...] wie gut sie erkannt hatten, daß ich ein Flüchtling war, und daß ich in ihrer Gewalt war«[32].

Der Name Friederle kehrt in den *Notizbüchern* häufig wieder. Er bezeichnet die früheste Verfolgungserfahrung. Sie findet im nazistischen Deutschland statt, doch ihre Ursache kann die kindliche Wahrnehmung nicht entschlüsseln. Ob die Gewalt zwischen dem ansässigen Friederle und dem Zugezogenen, dem Sohn des Hauseigentümers und dem des Mieters entsteht oder ob sie dem Sohn des Juden gilt, bleibt in der Schwebe: sie ist einfach da. Sie ist vor allen Erklärungen da, weshalb sie in der Erinnerung von ihnen abgelöst existieren kann. Später, nach einer Rundfunkrede, in der die Minderwertigkeit der Juden verkündet wird, versieht der Erzähler die erlittene Ausgrenzung

---

31 Der Erzähler ist weitgehend autobiographisch angelegt, trotzdem dürfen seine Erfahrungen nicht umstandslos auf den Autor übertragen werden. Erst der Nachvollzug der Entwicklung des Schreibens von Weiss in den sechziger Jahren kann die Spur der Ausgrenzungs- und Verfolgungserfahrungen rekonstruieren.
32 Peter Weiss: Abschied von den Eltern, Frankfurt/M. 1961, S. 33.

mit einem Grund, so daß sich beides zu einer kohärenten Selbstdeutung zusammenschließt: »als Gottfried dann erklärte, daß mein Vater Jude sei, so war mir dies wie eine Bestätigung für etwas, das ich seit langem geahnt hatte. Verleugnete Erfahrungen lebten in mir auf, ich begann, meine Vergangenheit zu verstehen, ich dachte an die Rudel der Verfolger, die mich auf den Straßen verhöhnt und gesteinigt hatten, in instinktiver Überlieferung der Verfolgung anders Gearteter«[33].

Zu jenem Zeitpunkt, als die Zugehörigkeit zur Gruppe der Kinder die naturwüchsige Orientierung darstellt, muß der Junge Erfahrungen abwehren, die ein Selbstbild als Unzugehöriger fördern. Erst der von außen vollzogene Bruch ermöglicht die Neubewertung der Erfahrungen. Vorher, als die Ausgrenzung zwar spürbar, aber noch nicht offiziell proklamiert war, suchte und fand der Junge Momente der Identifikation auch auf der anderen Seite: »Ich war mit dabei, als man einen Schwachen zum Ofen schleppte und ihn zwang, das heiße Eisen zu küssen [...], ich war von kurzem Glück erfüllt, daß ich zu den Starken gehören durfte, obgleich ich wußte, daß ich zu den Schwachen gehörte«[34].

Die Passivität des Verstoßenseins kennzeichnet auch sein Lebensgefühl im Exil: »Die Emigration war für mich nur die Bestätigung einer Unzugehörigkeit, die ich von frühster Kindheit an erfahren hatte. [...] Daß der Kampf, der draußen geführt wurde, auch meine eigene Existenz anging, berührte mich nicht. Ich hatte nie Stellung genommen zu den umwälzenden Konflikten der Welt«[35]. Auch Weiss bezog 1961, als *Abschied von den Eltern* erschien, zu politischen Fragen noch keine Stellung. Doch im Verlaufe der sechziger Jahre gewann die Thematisierung des Politischen von Text zu Text mehr Gewicht.

Fluchtpunkt schildert die Exiljahre von 1940 bis 1947. Wiederum steht nicht das politische Geschehen im Zentrum der Handlung, sondern diesmal die ästhetische Selbstfindung des Erzählers. Diese fordert die Unzugehörigkeit als Lebensform, die am Ende der Autobiographie, in Paris – und ganz in den Pariser Existentialismus der Nachkriegszeit gehörend[36] – ins Credo der Freiheit mündet: »Dies war der Augenblick der Sprengung, [...] in dem ich hinausgeschleudert worden war in die absolute Freiheit, der Augenblick, in dem ich losgerissen worden war von jeder Verankerung, jeder Zugehörigkeit, losgelöst von allen Nationen, Rassen und menschlichen Bindungen«[37]. Die ästhetische Befreiung kennt keine nationalen Beschränkungen, zusammen mit der sozia-

---

33 Weiss, Abschied von den Eltern, S. 73.
34 Weiss, Abschied von den Eltern, S. 53.
35 Weiss, Abschied von den Eltern, S. 143.
36 Dies hat überzeugend Hofmann gezeigt, vgl. Michael Hofmann: Entwürfe gegen die Ichauflösung. Spuren des kritischen Existentialismus Sartres im literarischen Werk von Peter Weiss, in: Irene Heidelberger-Leonard (Hg.): Peter Weiss. Neue Fragen an alte Texte, Opladen 1994, S. 140-155.
37 Peter Weiss: Fluchtpunkt, Frankfurt/M. 1983, S. 194.

len und politischen Unzugehörigkeit äußert sie sich im Erzähler deshalb als Bekenntnis zum Kosmopolitismus, in dem der einzelne, »an kein Land gebunden«, mit ähnlich gesinnten Individuen »an einem Austausch von Gedanken«[38] teilnimmt.[39]

Doch die Forderung, auch politisch Stellung zu beziehen, wurde in *Fluchtpunkt* lauter: »Du kannst alle Kunst auslegen wie du willst, sagte Max. [...] Aber jetzt wird nur nach einem gefragt, auf welcher Seite stehst du«[40]. Der Erzähler läßt sich auf keine Alternative ein, ist »mit keiner Nation, keiner Rasse solidarisch«[41] und übernimmt damit seine von früh an bis ins Exil immer wieder erfahrene Unzugehörigkeit[42] in die Selbstdefinition. Von diesem Selbstentwurf als Unzugehörigem heben sich zwei gleichwertige Möglichkeiten ab, die beide nicht realisiert, als Identifikationsmuster bei Weiss aber ebenso wie bei seinem Erzähler wirksam wurden: zum Mörder oder Gemordeten geworden zu sein.

Die Disposition zum Täter trägt auch der Erzähler von *Fluchtpunkt* in sich. Nach der Schilderung einer antisemitischen Ausschreitung folgert er: »Deutlich sah ich [...], daß ich auf der Seite der Verfolger und Henker stehen konnte. Ich hatte das Zeug in mir, an einer Exekution teilzunehmen«[43]. Der »Großvater im Kaftan«[44] habe ihn davor bewahrt, nicht die bewußte Entscheidung. Ähnlich äußerte sich Weiss in Interviews. Dort sprach er von dem »Glück«[45], einen jüdischen Vater gehabt zu haben, weil er durch diese Herkunft »verschont«[46] worden sei, wie er noch im Oktober 1965 formulierte – verschont vom Dienst in der Wehrmacht, in der viele seiner Jugendfreunde dienten und fielen, verschont vom Mitmachen, von der Täterschaft.

Der hypothetischen Identifikation mit den Tätern steht ein komplizierter Identifikationsprozeß mit den Opfern zur Seite. Weiss reformuliert im *Fluchtpunkt* einige der im *Abschied von den Eltern* herausgearbeiteten Verfolgungssze-

---

38 Weiss, Fluchtpunkt, S. 197.
39 Den kosmopolitischen Hintergrund des frühen und mittleren Weiss blendet Jost Müller auf, vgl. ders.: Literatur und Politik bei Peter Weiss, Wiesbaden 1991, S. 63-96.
40 Weiss, Fluchtpunkt, S. 11 f.
41 Weiss, Fluchtpunkt, S. 15.
42 Vgl. die Aufzählung in: Weiss, Fluchtpunkt, S. 15 f. – Rolf D. Krause, der schon früh des Autors Leben und Werk der sechziger Jahre aufeinander bezog, weist auf das »elterliche Verschweigen der jüdischen Identität des Vaters« als Grund für die wechselnden Identitäten des Sohnes hin und fährt fort: »Durch Ausfall der jüdischen sozialen und kulturellen Tradition mußte im Vergleich zur Rolle des ›Verfolgten‹ die Rolle des ›Juden‹, in der doch objektiv der konkrete Grund für die Verfolgung liegt, subjektiv abstrakt und inhaltsleer sein« (Rolf D. Krause: Faschismus als Theorie und Erfahrung. »Die Ermittlung« und ihr Autor Peter Weiss, Frankfurt/M. - Bern 1982, S. 230).
43 Weiss, Fluchtpunkt, S. 13.
44 Weiss, Fluchtpunkt, S. 12.
45 Gerlach/Richter, Peter Weiss im Gespräch, S. 50.
46 Gerlach/Richter, Peter Weiss im Gespräch, S. 100 f.

narien.⁴⁷ Dabei integriert er soziologische und politische Elemente. Stärker noch als der vorangegangene weist dieser Erzähler jede Übernahme der jüdischen Herkunft in das identitätsstiftende Selbstbild ab. Er beharrt vielmehr auf seiner Unzugehörigkeit, darauf, daß er sich von der jüdischen Tradition »losgesagt«⁴⁸ habe. Nicht mehr als plausibles Schema zur Erklärung der Ausgrenzungserfahrungen nimmt er nun die Zuschreibung des Jüdischen wahr, sondern als eine ihn nicht betreffende Absurdität: »Die plötzliche Ernennung zum Ausländer und Halbjuden [...] beeindruckte mich nicht, da mir die Fragen der Nationalität und rassischen Zugehörigkeit gleichgültig waren«⁴⁹, heißt es. Und: »In der Verfolgung, die ich von Anfang an gewohnt war, sah ich mich nicht als Angehörigen einer Rasse, sondern nur als Andersgearteten, den jedes Rudel aufspüren und ankläffen mußte«⁵⁰.

Folgerichtig trifft er 1945 nicht in einem Selbstverständnis als Jude, der er in der Fremdzuschreibung zugleich war, auf die Bilder aus den Todeslagern. Wiederum macht Weiss die Zuschreibung kenntlich: »Auf der blenden hellen Bildfläche sah ich die Stätten, für die ich bestimmt gewesen war, die Gestalten, zu denen ich hätte gehören sollen«⁵¹. Erst die Bilder lösen, nachdem das Hitlerregime schon besiegt war, den Identifikationsschock im Erzähler aus, jedoch nicht nur in ihm, sondern auch in den anderen. Diese heterogene Gruppe der Betrachtenden bildet sein ›Wir‹: »Wir saßen in der Geborgenheit eines dunklen Saals und sahen, was bisher unvorstellbar gewesen war, wir sahen es in seinen Ausmaßen, die so ungeheuerlich waren, daß wir sie zu unsern Lebzeiten nie bewältigen würden«⁵².

Die überwältigende Erfahrung der Bilder von den Lagern, vor denen zunächst die Sprache versagt und in deren Angesicht zuvor gültige Werte als nichtig erscheinen, wird für die künstlerische Entwicklung des Erzählers folgenreich. Fragt er mit einer für seinen Standpunkt charakteristischen Doppelung, auf welche Seite er »als Lebender, als Überlebender«⁵³ gehöre, so deutet sich in der Kunst eine Antwort an, die den Bilderschock produktiv wendet. Hier, retrospektiv, beginnt die umdeutende Erinnerung an die untergegangenen Freunde, deren Namen Weiss aus der eigenen, als schuldhaft erfahrenen Vergangenheit entnimmt: »Ich sehe Peter Kien und Lucie Weisberger wieder, deutlicher, als sie sich mir in Prag zeigten, vor ihrem Weg in die Vernichtung, ich sehe sie, schon geprägt von ihrer Zukunft«⁵⁴. Das Nachwirken der Bilder von den Lagern motiviert die Befragung der eigenen Biographie, wird aber in

---

47 Vgl. Weiss, Fluchtpunkt, S. 12.
48 Ebd.
49 Weiss, Fluchtpunkt, S. 10.
50 Weiss, Fluchtpunkt, S. 12.
51 Weiss, Fluchtpunkt, S. 135.
52 Ebd.
53 Weiss, Fluchtpunkt, S. 136.
54 Weiss, Fluchtpunkt, S. 188.

Fluchtpunkt noch einmal vom Freiheitspathos der Schlußpassagen weggedrängt.

Mit der Marat-Figur – am *Marat/Sade* arbeitete er seit 1963 – integrierte Weiss dann einen jüdischen Außenseiter[55] in ein kollektives Projekt. Im Lichte der universalistisch angelegten Revolution wird Marats Herkunft zur Nebensache, erscheint die ausgrenzende Zuschreibung des Jüdischen als ein Relikt aus der überwundenen Epoche. Weiss entwickelte auch seinen eigenen politischen Standpunkt, bis zu den *10 Arbeitspunkten*, in diesem Sinne weiter. Doch entfloh er dabei nicht in utopische Welten, sondern parallel zu der Herausbildung des politischen Engagements im Zeichen des Universalismus versenkte er sich in konkrete Verfolgungssituationen.[56] In der Auseinandersetzung mit Auschwitz nahm er den in *Fluchtpunkt* liegengebliebenen Faden wieder auf, vergegenwärtigte sich jene unvorstellbaren, ungeheuerlichen Bilder, rekonstruierte jede Todesart.

1964 nahm er mehrmals am Frankfurter Auschwitz-Prozeß teil und besuchte am 13.12.1964 das Lager. *Meine Ortschaft* und *Die Ermittlung* erschienen 1965.[57] Der Prosatext markiert den Höhepunkt seiner Identifikation mit den jüdischen Opfern. Während der *Ermittlung* der Vorwurf gemacht wurde, sie tilge den antisemitischen Charakter von Auschwitz,[58] so übernimmt Weiss in *Meine Ortschaft* die nazistische Fremdzuschreibung als einen aktuell wirksamen Teil seiner persönlichen Existenz. Zwar spricht der Text in der Möglichkeitsform von der eigenen Vernichtung, doch aktualisiert der Autor, indem er sich in die Einzelheiten des Lagers versetzt, dieses als einen Gedankeninhalt der Jetztzeit. Die Imaginationen von Auschwitz sind für ihn sogar beständiger als die realen Orte seines Lebens, die »etwas Provisorisches« annehmen; Auschwitz »bleibt bestehen«[59]. Wie die Bilder in *Fluchtpunkt* als nie zu bewältigende gekennzeichnet werden, so findet sich auch hier der Gedanke an

---

55 Den Paria-Charakter Marats und den Paria-Diskurs im jüdischen Selbstverständnis hat Ingo Breuer dargestellt, vgl. ders.: Der Jude Marat. Identifikationsprobleme bei Peter Weiss, in: Irene Heidelberger-Leonard (Hg.): Peter Weiss. Neue Fragen an alte Texte, Opladen 1994, S. 64-76, S. 68 ff.

56 Karl Heinz Bohrer hat die durchgängige Präsenz des Foltermotivs im Werk von Weiss sowie dessen Veränderungen während der sechziger Jahre herausgearbeitet. Bei seiner Thesenbildung berücksichtigt er allerdings nicht das Dante-Projekt, wie es sich in den *Notizbüchern* darstellt. Die Verbindung der sado-masochistischen Motive zu den biographischen Erfahrungen der Verfolgung und des Exils stellt Bohrer nicht her. *Meine Ortschaft* übergeht er deshalb; vgl. Karl Heinz Bohrer: Die Tortur – Peter Weiss' Weg ins Engagement, in: Rainer Gerlach (Hg.): Peter Weiss. Materialien, Frankfurt/M. 1984, S. 182-207.

57 Uraufführung der »Ermittlung« zeitgleich an sechzehn Theatern am 19.10.1965.

58 Vgl. Young, Beschreiben des Holocaust, S. 110 ff. und die Entgegnung von: Jean-Michel Chaumont: Der Stellenwert der »Ermittlung« im Gedächtnis von Auschwitz, in: Irene Heidelberger-Leonard (Hg.): Peter Weiss. Neue Fragen an alte Texte, Opladen 1994, S. 77-93.

59 Peter Weiss: Meine Ortschaft, in: Rapporte, Frankfurt/M. 1968, S. 113-124, S. 114.

deren Unabänderlichkeit, deren immerwährende, traumatische Präsenz. Auch das Possessivpronomen aus dem Titel markiert sowohl den Entwurf einer nicht realisierten Vergangenheit als auch eine Gegenwart.

Am Ende des Textes wird das Geschehen abermals mit dem Jetzt des Sprechers verknüpft: »Der Lebende, der hierherkommt, aus einer andern Welt, besitzt nichts als seine Kenntnisse von Ziffern, von niedergeschriebenen Berichten, von Zeugenaussagen, sie sind Teil seines Lebens, er trägt daran, doch fassen kann er nur, was ihm selbst widerfährt«[60]. Auf die eigene Erfahrung kommt dann der Schlußsatz zurück: »Jetzt steht er nur in einer untergegangenen Welt. [...] Eine Weile herrscht die äußerste Stille. Dann weiß er, es ist noch nicht zuende«[61]. Wiederum liegt der Akzent, an dieser exponiertesten Stelle, auf einer Kontinuität, die für den, der in Auschwitz vergast werden sollte, seither andauert. Die Nachwirkungen der nazistischen Zuschreibung bewirken, daß sich der Autor in ein Verfolgungskontinuum versetzt sieht. Immer noch wird die eigene Existenz von der obsessiven Präsenz der Auschwitzbilder heimgesucht, und zwar in einer qualitativ anderen Gestalt als sie im Wissen von den Geschehnissen vorliegt. Als Traumawirklichkeit prägt die Verfolgung noch die aktuelle Lebenssituation des Entkommenen. Weiss läßt in einer Notiz aus dem Frühjahr 1964 keinen Zweifel daran, daß ihn dies von anderen Bevölkerungsgruppen unterscheidet: »Daß der Emigrant + Jude sich jetzt wieder – und immer noch – damit befaßt, während die andern, die das alles entfacht hatten, seelenruhig leben und gut schlafen –«[62].

Der Nachweis, daß die Verfolgungserfahrung für Weiss eine aktuelle Dimension hatte, führt zurück auf seine Stellung in der Gruppe 47. Auf den 1.9.1965, als die *10 Arbeitspunkte eines Autors in der geteilten Welt* erschienen, in denen Weiss für sich akzeptierte, daß die »Richtlinien des Sozialismus [...] die gültige Wahrheit«[63] enthielten, wird allgemein seine Politisierung datiert. Auch der Gruppe blieb sie nicht verborgen. Für einen von Richter zusammengestellten Sammelband, der die SPD im Wahlkampf 1965 unterstützen sollte, trug Weiss einen distanzierten Text bei, in dem er anmerkt, er könne die Argumente der Sozialdemokraten kaum von denen der Konservativen unterscheiden und zu einer Fundamentalkritik des schlafenden, sich immer noch nicht auf die eigene Nazitäterschaft besinnenden Westdeutschlands ausholte.[64]

---

60 Weiss, Meine Ortschaft, S. 124.
61 Ebd.
62 Weiss, Notizbücher 1960-1971, S. 228.
63 Peter Weiss: 10 Arbeitspunkte eines Autors in der geteilten Welt, in: ders.: Rapporte 2, Frankfurt/M. 1971, S. 14-23, S. 22.
64 Peter Weiss: Unter dem Hirseberg, in: Rapporte 2, Frankfurt/M. 1971, S. 7-13, S. 9. – Auch hier fällt eine ähnliche Formulierung wie oben, indem Weiss wiederum darauf beharrt, daß Entkommene – wie er – am Vergangenen tragen, nicht die ehemaligen Täter: »Dieser große schlafende Körper, als den ich Westdeutschland heute bei meinen Besuchen sehe, [...] zeigt nichts von den Veränderungen, die nach der Katastrophe, durch die dieses Land ging, zu erwarten gewesen wären. Es sind nur immer wieder diejenigen,

Im Vorfeld des Princetoner Treffens hatte er Richter brieflich klargemacht, auf welcher Seite seine Loyalitäten lagen. Auf »die politische Tragweite einer solchen Reise« verweisend, schlug er vor, »dass der Besuch ausgeführt wird mit besonderer Beziehung zu den Kräften an der Universität, die sich gegen die amerikanische Vietnam-Politik richten«[65]. Als er diese Orientierung praktisch werden ließ, folgte der ›Zusammenstoß‹ im Hotel. Einflußreiche Gruppenmitglieder machten das Politische damit zum Medium der Ausgrenzung, und zwar inoffiziell und ohne daß in der Gruppe eine Diskussion darüber zugelassen worden wäre. Immer wieder galt die Diskursregel: »Keine Debatte!«[66]. Dennoch kam den politischen Gesten einflußreicher Personen wie Richter und Grass gruppenintern eine Definitionsmacht zu, wie die Wirkung der Princetoner Hotelsätze auf Weiss belegt. Andererseits wäre es zu einfach, ausschließlich die politischen Differenzen für die Entfremdung zwischen Weiss und der Gruppe verantwortlich zu machen. An weiteren Notizen des Autors zeigt sich vielmehr, daß die Gruppe durch die Art ihres Bestehens, vor den politischen Richtungsstreits und über sie hinaus, auf Weiss wirkte: sie reaktivierte die Ausgrenzungs- und Verfolgungserfahrungen. Daran zeigt sich, was diese Institution des literarischen Lebens *nicht* integrieren konnte. Wie im Politischen das Wichtigste ungesagt blieb, so auch in diesem anderen Bereich. In ihn führt eine verdecktere Spur als die politische; sie läuft an den herausgearbeiteten Verfolgungserfahrungen entlang, die in ihr wirken.

Diese Spur spricht bei Weiss kaum einmal die in den sechziger Jahren von ihm entwickelte, am Ideal des Rationalen ausgerichtete Sprache, sondern jene andere, von manchen surreal genannte, die mit den Träumen, den Obsessionen und der Angst verbunden ist. Im Anschluß an die Hotelszene in Princeton findet sich die Eintragung: »sein fahles Ebenbild – alles Schemen / rannten wie Verlierer hinter dem Feind her / wattiertes Gekicher / Zähne in Fleisch / beißt bis verendet / deklinieren mit Kind / flattert mit Armen (Nacht 24-25/ 4)«[67]. Die traumprotokollartige Aufzeichnung ist bemerkenswert, da Weiss zu dieser Zeit seine Träume kaum mehr notierte. Duktus und Zeitangabe legen aber einen Traum als Ursprung der Zeilen nahe, der im Zusammenhang gesehen werden muß mit der vorangegangenen Szene.

Die Frage der Zugehörigkeit ist der Auslöser für die Aktivierung des veränderten Sprechens. Der abermalige Einbruch dieser Bilderwelten, ihre Präsenz, das Andauern des Traumas der Ausgrenzung, belegt als Erfahrung die subjektiv empfundene Kontinuität der Verfolgungssituation.

---

die damals eigentlich hätten vernichtet werden sollen, doch dieser Vernichtung mit knapper Not entgingen, die noch daran tragen, und sie sind es, die sich mit dieser Katastrophe auseinandersetzen« (S. 9 f.).
65 Peter Weiss an Hans Werner Richter, Brief vom 28.11.1965, in: Richter, Briefe, S. 579-580, S. 579.
66 Briegleb, »Neuanfang«..., S. 125.
67 Weiss, Notizbücher 1960-1971, S. 492.

III.

Die Auseinandersetzung mit der Verfolgung verlief bei Weiss in den sechziger Jahren sowohl als politische Analyse als auch individuell und erfahrungsgestützt. Schon im Umkreis der Sigtuna-Notiz, die wiederum nachts entstand, finden sich solche Phantasien: »9/10 / Überall wo ich bin, ist auch einer, der mich ermorden will // Ich vernichte mich ständig / baue mich immer wieder auf // Der Tod ist ein Schütze / Sigtuna, Nacht 9.-10./9 (Gruppe 47) / Einer lauert auf der Straße, legt das Gewehr an. Ich fliehe. Kaum in Sicherheit, weiß ich, er nimmt mich schon wieder aufs Korn – // Schuldgefühl, daß ich nicht im KZ gewesen – / bin jetzt nur auf mich selbst gestellt // jetzt müßte er aufgenommen werden / einmal wurde er ausgestoßen, jetzt muß gezeigt werden, daß man ihn aufnimmt – sonst nicht zu ertragen«[68].

In den Fragmenten der *Notizbücher* tritt durch die Mischung der Stimmen, deren Zuschreibung an eine Sprecherinstanz meist hypothetisch bleiben muß, durch die Unsicherheit, ob es sich um die ›wirkliche‹ Meinung von Weiss oder ›nur‹ um eine seiner Figuren handelt, eine Pluralisierung jenes Ichs ein, das unter dem Autornamen Peter Weiss firmiert und auf das deshalb alle Notizen bezogen sein wollen. Dieses Universum heterogener, überblendeter Sprecherinstanzen kann als eine dynamische Konstellation beschrieben werden. Damit setzt Weiss einen Artikulationsprozeß in Gang, in dem die Unsicherheit aller eingenommenen Positionen zur Diskursregel wird. Hier werden Verunsicherungen seismographisch aufgezeichnet, denen in den durchgebildeten Werken ein Platz in der Ordnung des Ganzen zugewiesen wird und die dadurch ihren Charakter verändern oder unberücksichtigt bleiben. Die *Notizbücher* der sechziger Jahre bilden damit den Gegenpol zu seinen politisch-engagierten Äußerungen aus dieser Zeit, in denen die Verantwortung der gesamten Person für eine artikulierte Meinung vorausgesetzt wird. Das fragmentierte, sich mit allen möglichen Stimmen identifizierende Ich der *Notizbücher* kann nicht zur Verantwortung gezogen oder zu einer Entscheidung gedrängt werden, da es nicht auf eine einzige Meinung festzulegen ist.

Die Sigtuna-Aufzeichnungen stehen im Umkreis des *Divina Commedia*-Projekts.[69] Seit 1964 plante Weiss eine Bearbeitung des Stoffes, scheiterte aber immer wieder, bis er den Plan um 1970 aufgab. Das Projekt verbindet *Die Ermittlung* mit der *Ästhetik des Widerstands*, in die es schließlich modifiziert einmündete. Die späten sechziger Jahre stehen somit viel enger in Kontakt mit den Werken vor und nach dieser Zeit als die Weiss-Forschung zugesteht.

---

68 Weiss, Notizbücher 1960-1971, S. 293.
69 Vgl. dazu: Krause, Faschismus...; vgl. Kurt Oesterle: Dante und das Mega-Ich, in: Literaturmagazin 27, Reinbek b. H. 1991, S. 45-72; vgl. Jens Birckmeyer: Bilder des Schreckens, Wiesbaden 1994; sowie jüngst die Beiträge von Michael Hofmann, Christine Ivanovic, Peter Kuon und Martin Rector in: Martin Rector/Jochen Vogt (Hg.): Peter Weiss Jahrbuch, Bd. 6, Opladen/Wiesbaden 1997.

Stücke wie der *Lusitanische Popanz* und der *Viet Nam Diskurs* gehen unmittelbar aus Vorarbeiten für das Danteprojekt hervor. Weiss erweiterte Themen wie Verfolgung und Unterdrückung, so daß sie nun sowohl den Nationalsozialismus fassen konnten als auch aktuelle Phänomene in Vietnam, Kuba, Angola, Südafrika. Die autobiographisch konzipierte Dante-Figur sollte die Verfolgungsszenarien bezeugen und – als Exilierter – selbst ein Verfolgter sein. Alle aktuellen Verfolgungsphänomene sind somit auf Dante hingeordnet, der sich ihnen nicht entziehen kann. Er muß durch sie hindurch, muß sie wahrnehmen, wenn er der Hölle entkommen will.

Das *Divina Commedia*-Prosafragment aus dem September 1969 führt die oben herausgearbeitete Ausgrenzungserfahrung mitsamt ihrer surrealen Artikulation in äußerster Verdichtung mit der Herabwertung der Arbeit durch andere und einer physischen Reaktion auf sie zusammen. Von einem »entscheidenden Tag an«[70] gerät das Ich, ein anderer Dante und ein anderer Weiss, in den Bannkreis der Hölle. Diesen Einstiegsaugenblick markiert eine Szene, in der das Ich nach seiner »Vorlesung«[71] kritisiert wird. Von einer Kolik gezeichnet,[72] kehrt der Erzähler zurück in den »Versammlungsraum«[73] eines städtischen Hauses, der auch »Verhandlungszimmer«[74] genannt wird, und tritt »zum Podium, wo ein Stuhl bereitstand«[75].

Nun beginnt eine Generalabrechnung, die Luchs, Löwe und Wölfin, die Allegorien aus Dantes *Divina Commedia*, vorbringen. Der Luchs kritisiert das Werk des Erzählers: »Was mir vor einer Stunde noch als die Zusammenfassung meiner ganzen bisherigen Arbeit erschienen war [...], schien mir jetzt entwertet, inhaltslos, [...] als der Luchs, die spitzen weissen Zähne bleckend, vor den belustigten Zuhörern das fadenscheinige Gespinst ausbreitete, das ich einmal als eigenes Werk ausgegeben hatte, und das nun nichts anderes enthielt, als Lügen, Fälschungen, ehrgeiziges Geschwätz und eitle Kopien«[76]. Die Einwände des Löwen zielen auf die Person: »nicht nur meine gesamte Arbeit sei Abfall und Müll, meine Existenz, hiess es, wenn von einer solchen überhaupt geredet werden könne, sei von derartiger Nichtigkeit, dass er nicht verstehe, warum man weitere Zeit darüber verlieren solle«[77]. Die Kritik der Lesung gerät zum Urteil über die gesamte Person, die ausgegrenzt, stigmatisiert und damit einer künftigen Verfolgung übergeben wird: »Was mich in

---

70 Peter Weiss: »Wäre ich schon in der Mitte meines Lebenswegs hier angelangt...«. Aus einem Prosafragment, in: Peter Weiss Jahrbuch 1, hg. v. Rainer Koch u. a., Opladen 1992, S. 9-20, S. 9.
71 Weiss, »Wäre ich schon...«, S. 10.
72 Immer wieder markieren Koliken entscheidende Einschnitte im Leben von Weiss, vgl. Weiss, Notizbücher 1960-1971, S. 783 f.
73 Weiss, »Wäre ich schon...«, S. 9.
74 Weiss, »Wäre ich schon...«, S. 10.
75 Ebd.
76 Ebd.
77 Weiss, »Wäre ich schon...«, S. 11.

diesem Augenblick überwältigte, das war die Einsicht, dass in einer bestimmten Gelegenheit, da andre kraft ihrer Mehrzahl es wollten, jeder Schritt, jede Bewegung meines Lebens gegen mich ausgelegt werden konnte, dass es unter diesem Gesichtspunkt nichts, nichts Entlastendes gab, und dass vor einem solchen Beweismaterial, sei es auch erfunden, alles was mir bisher Halt gegeben hatte, zerbersten musste, wie eine dünne künstliche Haut, und dass darunter nur ein schrecklicher ungeordneter Wulst lag von Erfahrungen und Regungen, die vor mir selbst zu verbergen mich ständig Anstrengung gekostet hatte, und denen ich jetzt, ohne Widerstand, ausgeliefert war«[78].

Dieses Ich kann den Fremdzuschreibungen nicht mehr widerstehen. Obwohl kein physischer Zwang ausgeübt wird, reagiert der Erzähler somatisch, fällt in eine Ohnmacht, in der »das, was keine Form hatte, Gewalt über mich«[79] ergreift und ihn im Zweiten Gesang zur Identifikation mit den Gestorbenen treibt, einer Identifikation, die jenseits der Vernunft stattfindet[80] – darin das Verhalten der Mutter im dritten Band der *Ästhetik des Widerstands* vorwegnehmend – und ebenfalls einem somatischen Impuls folgt. Der Erzähler sinkt herab zu den Toten eines Massengrabes, die er als Verwandte der von den Nationalsozialisten Ermordeten kennzeichnet. Seine eigene Verwundbarkeit, die ihn zu ihnen führte, leitet sich von ihrem Schicksal her: »War dies ein Trost, zu wissen, dass sie jetzt nichts mehr spürten, da ihre Qualen auf dem Weg hierhin so ungeheuer gewesen, dass sie nie mit ihnen verschwinden konnten, dass sie, wenn auch nicht mehr von ihnen, so doch von uns, die noch gegenwärtig waren, weitergetragen werden mussten«[81].

In dieses Ausgrenzungs- und Verfolgungstableau hat Weiss die verschiedensten Einflüsse gewoben. Neben der Danteschen Grundsituation der Katabasis gehören die parteiinternen Verfolgungen aus dem dreizehnten Bild des *Trotzki im Exil* dazu, an dem er bis zum Juni 1969 schrieb. Überblendet wird beides von Motiven aus der Gruppe 47. Wiederum dominiert das Thema der Verstoßung durch die eigene Partei. Die Abfolge von Lesung und Kritik spricht für sich, obwohl dem Erzähler – wie in den Moskauer Prozessen – die Möglichkeit einer Verteidigungsrede eingeräumt wird, die er aber nicht zuwege bringt, weshalb im Resultat das Procedere aus der Gruppe 47 eingehalten wird. Der Stuhl, auf dem er die Situation erlebt und an den er »festgeklammert«[82] ist, verweist auf den allgemein so genannten ›elektrischen Stuhl‹ aus den Gruppenlesungen. Die ihm vorgeworfene »Vermessenheit, in Dingen der Philosophie und des Staatswesens mitreden zu wollen, meine unglaubliche Frechheit, mich mit Fragen zu beschäftigen, zu deren Verständnis meine

---

78 Weiss, »Wäre ich schon...«, S. 12.
79 Weiss, »Wäre ich schon...«, S. 13.
80 Vgl. ebd.
81 Weiss, »Wäre ich schon...«, S. 14.
82 Weiss, »Wäre ich schon...«, S. 12.

Kenntnisse nicht ausreichten«[83], kann als Echo auf die Hotelszene in Princeton gelesen werden, wo Weiss der Mund sowohl in bezug auf die deutschen als auch auf die amerikanischen Verhältnisse verboten wurde. Schließlich ruft die von Konkurrenz und Intrigen geprägte Szene einige spätere Einschätzungen von Weiss ins Gedächtnis. So beschreibt er die Abstimmung über den Preis der Gruppe von 1962 rückblickend als »Hetzjagd«[84]. Dem von Richter und anderen immer wieder proklamierten Anspruch, ausschließlich handwerkliche Kritik betreiben zu wollen, kontrastiert er seine von »Ranküren, Eifersüchten, Rivalitäten, Machtkämpfen, Kulturpolitik«[85] geprägte Erfahrung mit der Gruppe. Nicht Richter erwähnt er in diesem Zusammenhang, der ihm, nach eigenem Bekunden, freundschaftlich verbunden war.[86] Richter war in politischen Fragen anderer Meinung, doch auch gegenüber Weiss praktizierte er das Prinzip des Verschweigens. Als stünde er unter Wiederholungszwang, beteuert er in einer Erinnerung an Weiss gleich dreimal, daß Gegensätze zwischen ihnen nicht verbalisiert wurden und dies auch nicht notwendig gewesen sei.[87]

IV.

Offen ausgesprochen hat dagegen Günter Grass seine Meinung. Immer wieder kehrt Weiss in seinen *Notizbüchern* auf ihn und dessen Ablehnung seines Werkes zurück. Grass, dessen *Blechtrommel* ihn weltberühmt gemacht hatte, nahm in den sechziger Jahren neben Richter die wichtigste hierarchische Position im Gruppengefüge ein.[88] Eindeutig heben sich, spätestens seit 1965, die politischen Auffassungen beider – Grass und Weiss – voneinander ab. Grass trat für den Rechtsstaat und die parlamentarische Demokratie ein, die er in Opposition zu totalitären, also faschistischen und stalinistischen Praktiken konstruierte. Als Weiss sich zum – immer demokratisch aufgefaßten – Sozialismus bekannte und sich dabei auf Brecht berief, den Grass in *Die Plebejer proben den Aufstand* (Lesung in Sigtuna) demontiert hatte, als Grass für die SPD in den Wahlkampf zog, während Weiss sich von einem Regierungswechsel keine

---

83 Weiss, »Wäre ich schon...«, S. 11.
84 Weiss, Notizbücher 1971-1980, S. 731.
85 Weiss, Notizbücher 1971-1980, S. 730.
86 Vgl. Richter, Das Etablissement..., S. 266. Richters verbrachten 1965 mit Weiss und seiner Frau einen Italienurlaub. – 1973 zeigt Weiss Richter die Geburt seiner Tochter an und ermuntert ihn, die Gruppe wieder zusammenzurufen. Er schließt den Brief mit der Formel: »In alter Freundschaft« (Peter Weiss an Hans Werner Richter, Brief vom Okt. 1973, in: Jürgen Schutte u. a. (Hg.): Dichter und Richter. Die Gruppe 47 und die deutsche Nachkriegsliteratur, Berlin/West 1988, S. 345).
87 Vgl. Richter, Das Etablissement..., S. 269, 273, 274.
88 Vgl. Arnold, Die Gruppe 47, S. 164. – Vgl. als Quelle für 1962 Kaiser, der Grass als den »mächtigen Sohn« Richters bezeichnet (Joachim Kaiser: Die Gruppe 47 in Berlin, zit. n. Lettau, Die Gruppe 47, S. 174-179, S. 176).

grundsätzliche Veränderung versprach, als Weiss schließlich die Anti-Vietnamkriegs-Demonstranten unterstützte, lagen die Unterschiede deutlich zutage.

Doch Weiss datiert die Ablehnung von Grass schon auf 1962,[89] also auf die Zeit vor diesem politischen Dissens. Inwieweit persönliche Antipathien in beider Verhältnis zueinander eine Rolle spielten, bleibt Spekulationen überlassen. Mitunter fallen Äußerungen, die über die politischen Sachfragen hinauszugehen scheinen. Nach Princeton, inmitten von Bruchstücken zur *Divina Commedia*, notiert Weiss: »mir ist es gleichgültig was er macht, für mich ist alles schlecht (sagt Grass)«[90]. Hier klingt jene Verurteilung von Werk und Person an, die den Erzähler des Fragments in die Krise stürzt. Doch platte Vorbehalte gegen Emigranten tauchen bei Grass nicht auf: er setzt sich nicht nur für Willy Brandt ein, sondern definiert seine Auffassung von der Nation ausdrücklich unter Einbeziehung der nicht zurückgekehrten Emigranten.[91]

Ein gravierender Unterschied zwischen beiden Autoren zeigte sich auf einer Tagung im Anschluß an das Treffen in Princeton, wo Weiss und Grass Referate hielten. Während Weiss Politik und Literatur zusammenführt, sucht Grass sie zu trennen. Weiss gelangt zu dem Schluß, daß er nicht nur »eine Solidarität mit den Unterdrückten und Ausgebeuteten« herzustellen habe, sondern: »Ich mußte für sie eintreten, ihr Sprecher sein, mußte ihren unartikulierten Reaktionen und Hoffnungen Ausdruck geben«[92]. Damit transformiert er das kosmopolitische Bekenntnis aus *Fluchtpunkt* in ein internationalistisches. Der zuvor konzipierte transnationale Austausch einzelner weicht der Zugehörigkeit zu einem ›Wir‹, das aber wiederum – worin er sich von Grass unterscheidet – nicht national ausgerichtet ist. Vielmehr umfaßt es jetzt jene Schriftsteller, »die in ihrem Werk sowohl ihren persönlichen Individualismus ausdrücken und gleichzeitig die Notwendigkeit einer radikalen politischen Veränderung betonen. Die Konflikte, die aus diesem Engagement heraus entstehen, werden Teil unserer Arbeit sein, wir werden mit ihnen leben müssen«[93]. Der vom Erzähler in *Fluchtpunkt* eingenommene Standpunkt, er habe nichts mit dem Krieg zu tun, wird programmatisch aufgegeben. Die sich aufdrängende Imagination der Opfer stört jeden selbstverordneten Solipsismus: »Die ganze Zeit mußte ich daran denken, wie das war, verfolgt zu werden, entdeckt, geschlagen und erschossen«[94]. Dieses permanente Bewußtsein von

---

89 Stereotyp kehren Ablehnungsvermerke wieder (vgl. Weiss, Notizbücher 1971-1980, S. 730, 731 und Weiss, Notizbücher 1960-1971, S. 237).
90 Weiss, Notizbücher 1960-1971, S. 503.
91 Vgl. Günter Grass: Was ist des Deutschen Vaterland, in: ders.: Über das Selbstverständliche, Neuwied und Berlin 1968, S. 37-49, S. 47.
92 Peter Weiss: Rede in englischer Sprache gehalten an der Princeton University USA am 25. April 1966, unter dem Titel: I Come out of My Hiding Place, in: Volker Canaris (Hg.): Über Peter Weiss, Frankfurt/M. 1970, S. 9-14, S. 14.
93 Ebd.
94 Weiss, Rede, S. 10.

der Verfolgung, die geschärfte Sensibilität für Ausgrenzungen, wird zu einer Antriebskraft seiner Arbeit.

»Kälte u Ablehnung von Grass«[95] registriert Weiss nach seiner Rede, und wie eine Entgegnung mutet diejenige von Grass an,[96] in der er auf das Verhältnis der Schriftsteller zu Politikern und Parteien eingeht. Zunächst macht er jene lächerlich, die sich »engagiert« oder »humanistisch« nennen, um dann Weiss als Beispiel anzuführen, der nicht bemerke, daß er mit solchen Adjektiven den Stalinisten zuarbeite. Mit Weiss werde »die Farce vom engagiert-humanistischen Schriftsteller bühnenwirksam. Wäre er doch lieber der Narr, der er ist«[97]. Grass verleiht dem Wort Narr in der Rede eine positive Wertigkeit, indem er damit die notwendige Radikalität der literarischen Produktion bezeichnet und sich am Ende in diesem Sinne selbst einen Narren nennt, doch gerade in der Passage über Weiss treten die lächerlichen Valenzen des Wortes hervor, so daß dessen ansonsten positiv gewertete Ambivalenz hier negativ ausschlägt. Die Passage zeigt, daß hier nicht nur unterschiedliche politische Ansichten eine Rolle spielten, sondern daß Grass auch auf Weiss als Person zielte. Mit dieser Abgrenzung von Weiss trug er die Differenzen innerhalb der Gruppe in der Öffentlichkeit aus – Differenzen, über die auf den Sitzungen nicht diskutiert werden durfte. Ein anderer Emigrant, Erich Fried, reagierte aufgebracht. In einem Brief an Richter nennt er Grass' Rede »scheusslich«[98], »bis ins Detail voller Mißgunst«[99] und fordert, sie anzugreifen. Grass sei »vielleicht der machthungrigste Mensch in der Gruppe«[100].

Grass läßt keinen Zweifel daran, daß sich seine Auffassung von der politischen Tätigkeit des Schriftstellers von derjenigen von Weiss unterscheidet. Die Schriftsteller sollten »gelegentlich ihren Schreibtisch umwerfen – und demokratischen Kleinkram betreiben. Das aber heißt: Kompromisse anstreben. Seien wir uns dessen bewußt: das Gedicht kennt keine Kompromisse; wir aber leben von Kompromissen. Wer diese Spannung tätig aushält, ist ein Narr und ändert die Welt«[101].

Die hier aufgestellte Zwei-Welten-Theorie, in der die von Kompromissen geprägte Politik und die auf Radikalität angewiesene Dichtung zwei unversöhnliche Sphären bilden, unterscheidet sich grundsätzlich von der Herangehensweise bei Weiss, für den die Politik untrennbar in die Literatur gewoben ist. Diese ist aber keine Spielerei, kein überlegenes Jonglieren mit Effekten, sondern Geste, physischer Ausdruck: »Im Schreiben bin ich vorhanden, es ist

---

95 Weiss, Notizbücher 1960-1971, S. 492.
96 Günter Grass: Vom mangelnden Selbstvertrauen der schreibenden Hofnarren unter Berücksichtigung nicht vorhandener Höfe, in: ders., Über das Selbstverständliche, Neuwied und Berlin 1968, S. 105-112.
97 Grass, Vom mangelnden Selbstvertrauen…, S. 108.
98 Erich Fried an Hans Werner Richter, Brief vom 1.7.1966, in: Richter, Briefe, S. 607.
99 Ebd.
100 Fried an Richter, S. 608.
101 Grass, Vom mangelnden Selbstvertrauen…, S. 112.

meine Art des Existierens«[102], schreibt er in den *Notizbüchern.* Hätte er den Schreibtisch umgeworfen, wäre seine individuell bestimmte Form der Selbsterfahrung und der Mitteilung weggebrochen. »Die Arbeit, das ist für mich die einzige Möglichkeit, zu überleben«[103], steht an anderer Stelle.

V.

Im Lichte der Ausgrenzungs- und Verfolgungserfahrungen betrachtet, spricht aus solchen Sätzen eine Dringlichkeit, die Grass nicht teilte, weil er von jenem rhetorischen Bruch mit der Nazizeit durchdrungen war, der auch zum Gründungsverständnis der Gruppe 47 gehörte. Die politischen Kontinuitäten, die Weiss zu dieser Zeit – auch in Princeton – wahrnahm, folgten einer anderen Logik. Die nazistische Gesellschaft, »die mich zu dem gemacht hatte, was ich war«, setzt er in eins mit jener Nachkriegsgesellschaft, »die alles tat, um mich in diesem schlafwandlerischen Zustand zu belassen«. Während dieser gesamten Zeit »ging der Kampf, dem ich von Anfang an zugesehen hatte, draußen weiter: die Massaker wurden fortgesetzt«[104]. Keine Stunde null, keine *tabula rasa*,[105] auch keine Befreiung kennzeichnen seine Einstellung,[106] sondern Weiss legt die Kontinuität der Verfolgung zugrunde, postuliert die bruchlose Entwicklung der gesellschaftlichen Katastrophen von Auschwitz bis Vietnam. Hier herrscht dieselbe Zeitlosigkeit wie in den Verfolgungsphantasien. Wie jede neue Ausgrenzung diese Bilderwelt wiederaufleben läßt, so verweist jedes Massaker auf den Ort, für den er bestimmt war und dem er entging. Politisch mag dies »eine zweifelhafte Art der Akualisierung«[107] sein, doch im Lichte der Verfolgungserfahrung erscheint sie evident. Widerstand heißt demgegenüber, Partei zu ergreifen, die Permanenz der Katastrophe zu unterbrechen.

Der neu eingenommene Standpunkt ging unmittelbar aus der intensiven Beschäftigung mit Auschwitz hervor. Er kann außerdem als Reaktion auf weit zurückreichende biographische Verfolgungserfahrungen verstanden werden.

---

102 Weiss, Notizbücher 1960-1971, S. 786.
103 Weiss, Notizbücher 1960-1971, S. 657. – In bezug auf *Die Ästhetik des Widerstands* spricht Burkhardt Lindner von einem performativen Roman, den der Widerstand schreibend vollziehe, den er politisch und ästhetisch zum Thema macht (vgl. ders.: Der große (kommunistische) Traum des Schriftstellers Peter Weiss, in: Michael Hofmann (Hg.): Literatur, Ästhetik, Geschichte, St. Ingbert 1992, S. 65-78, S. 74). Dieser Gedanke kann auch auf den Widerstand gegen die zugeschriebene Opferrolle angewendet werden.
104 Weiss, Rede, S. 12.
105 In bezug auf die literarische Landschaft gebrachte diesen Terminus Andersch, Deutsche Literatur in der Entscheidung, S. 128.
106 Müller zeigt, im Anschluß an Peitsch und im Widerspruch zu Söllner, daß dies in der Nachkriegszeit noch anders war. Insbesondere die partielle Übereinstimmung zu Anderschs Positionen im *Ruf* arbeitet er heraus, vgl. Müller, Literatur und Politik bei Peter Weiss, S. 63-69.
107 Müller, Literatur und Politik bei Peter Weiss, S. 79.

Häufig gleitet die Weiss-Forschung geniert über diese Werkphase hinweg. Von der »Flucht in eine internationalistische, weltbürgerliche Überzeugung«, die nicht auf »einer wahrhaft durchlebten Bekehrung«[108] beruhe ist da die Rede und von der »Selbstkasteiung dieser Jahre«[109]. Unter dem hier erörterten Gesichtspunkt müssen solche Urteile relativiert werden. Eine Abspaltung des politischen Bekenntnisses von der literarischen und bürgerlichen Existenz des Autors greift zu kurz. Weder sollten Autor und Werk auf die Parteinahme für den Sozialismus – dem sich Weiss bis zu seinem Tode zurechnete – reduziert noch sollte das politische Bekenntnis zu einer Art pathologischer Verirrung herabgestuft werden. In der öffentlich inszenierten Politisierung vom Herbst 1965 wäre vielmehr die Folgerichtigkeit einer Entwicklung zu entziffern, in der Weiss die zugeschriebene Außenseiter- und Opferrolle zunächst formulierte und später angriff.[110] Er wählte ein ›Wir‹, das gegen die permanente Katastrophe eintrat. In Princeton gehörte seine Loyalität deshalb nicht der offiziellen Linie der Gruppe 47, sondern den Protestierenden, zu denen er »nicht als Deutscher, auch nicht als Schwede, sondern als Antiimperialist«[111] kam.

Von 1961 bis 1969, von *Abschied von den Eltern* bis zum *Divina Commedia*-Fragment, ist also, trotz aller politischen Positionsverschiebungen, die Weiss durchlief, zumindest eine thematische Orientierung durchgängig nachzuweisen: eine als aktuell empfundene Ausgrenzungserfahrung, die jederzeit in Verfolgung umschlagen kann. Sie leitet sich von der Nazizuschreibung des Jüdischen her, wird aber auch – darauf war hier nicht einzugehen – aus anderen Quellen wie dem frühen Tod der Schwester gespeist. Einige Meinungsführer der Gruppe 47 aktivierten diese Erfahrung – vordergründig durch gegensätzliche politische Standpunkte, für Weiss nachhaltiger jedoch, weil er erleben mußte, daß mit der Kritik an ihm nicht nur seine Meinung, sondern er als Person, als einst und wieder Verstoßener, als Emigrant jüdischer Herkunft, gemeint war. War die Ausgrenzungserfahrung eine traumatische, so wirkte die Gruppe 47 auf Peter Weiss retraumatisierend. Doch wie über alles Wichtige, sprach sie auch hierüber nicht. Kleine Zwischenfälle konnten den planmäßigen Ablauf der Veranstaltungen nicht irritieren. Peter Weiss jedoch nahm an dem auf Princeton folgenden Treffen nicht mehr teil.

Dem Erzähler seines Prosafragments gab er dagegen noch einmal Anlaß, sich Gedanken über die Gegenwärtigkeit der Katastrophe zu machen: »es war möglich, dass sich der Raum bald wieder füllte, und die Verhandlungen fortgesetzt würden. Soll ich denn noch einmal drankommen, fragte ich, hatte mich

---

108 Müssener, »Du bist draußen gewesen«, S. 150.
109 Irene Heidelberger-Leonard: Jüdisches Bewußtsein im Werk von Peter Weiss, in: Michael Hofmann (Hg.): Literatur, Ästhetik, Geschichte, St. Ingbert 1992, S. 49-64, S. 53.
110 Insofern gehört auch »der Unpolitische aus ›Abschied von den Eltern‹« (Heidelberger-Leonard, Jüdisches Bewußtsein im Werk von Peter Weiss, S. 53) in diese Entwicklung hinein.
111 Weiss, Notizbücher 1960-1971, S. 734.

aber schon entschieden, mich jedem weiteren Verhör zu entziehn, denn es war, meinte ich, zu meinem Fall nichts mehr zu sagen. Sie hatten dich doch einmal verurteilt zum Tod des Erstickens im Rauch, sagte er neben mir, vielleicht macht es ihnen Spass, dies jetzt zum Zeitvertreib nachzuholen. Er sprach es aber aus wie einen Witz, und grinste dabei, und ich hätte es auch nicht ernst genommen, wären nicht die Menschen draussen gewesen, mit ihrem Reisig, die, dessen war ich plötzlich gewiss, auf dem Weg waren, einen Scheiterhaufen anzurichten«[112].

---

112 Weiss, »Wäre ich schon…«, S. 16.

Primo Levi
Aus Anlaß seines zehnten Todestages

Wo Fakten stumm bleiben, beginnen wir zu interpretieren. Am 11. April 1987 stürzte sich Primo Levi vom dritten Stock seines Wohnhauses hinunter in den Tod. Wir wissen nicht, warum er es tat: er hinterließ keinen Abschiedsbrief, war im Gegenteil voller Pläne für die Zukunft. Eine Kurzschlußhandlung? Zehn Jahre danach prägt dieser Suizid – wie seine Gefangenschaft in Auschwitz – die Erinnerung an den Schriftsteller Primo Levi. Doch anders als Jean Améry, der betonte, daß die erfahrene Wehrlosigkeit und Demütigung für ihn existentiell unentrinnbar seien, schien Levi einen Weg zum Weiterleben gefunden zu haben. Dürfen wir seinen Tod dennoch als posttraumatische Wirkung seiner Gefangenschaft in Auschwitz interpretieren? Auf die Frage, ob die Traumatisierung ihn noch gefangenhalte, wußte er kurz vor seinem Tode selbst keine Antwort: »ich habe nach der Haft einige Episoden depressiver Krisen erlebt. Ich bin nicht sicher daß sie mit jener Erfahrung zusammenhängen«.[1]

Sicher ist, daß die Nationalsozialisten alles taten, um sein Leben zu zerstören. Doch beharrlich baute Levi es wieder auf. Geboren 1919, als Kind gutsituierter Turiner Juden, wuchs er unter Mussolini auf. Seit 1938 wurden die Juden auch in Italien aus dem öffentlichen Leben gedrängt, ohne daß der Antisemitismus dort wie in Deutschland gewütet hätte. Levi studierte mittlerweile Chemie, er lernte auch ein wenig Deutsch, um Fachliteratur im Original lesen zu können. Erst jetzt – weil seine Umgebung es so wichtig nahm – mußte er sich mit seinem Judentum auseinandersetzen: »In Wahrheit hatte es mir bis zu jenen Monaten nicht viel bedeutet, daß ich Jude war: innerlich und auch im Umgang mit meinen christlichen Freunden hatte ich meine Herkunft immer als nahezu unerheblich, wenn auch merkwürdig angesehen, als eine komische kleine Anomalie, wie wenn jemand eine schiefe Nase oder Sommersprossen hat.«[2]

Im Juli 1941 konnte er das Doktorexamen ablegen, weil einer seiner Lehrer Zivilcourage bewies. So begann er in einem entlegenen Bergwerk als Chemiker zu arbeiten und blieb diesem Beruf, dem er voller Zufriedenheit nachging, über dreißig Jahre lang treu. Die Schriftstellerei kam erst später. Doch zu-

---

1 Primo Levi im Gespräch mit Ferdinando Camon: »Ich suche nach einer Lösung, aber ich finde sie nicht«, München - Zürich 1993, S. 69.
2 Primo Levi: Das periodische System, München - Wien 1987, S. 41.

nächst wurde er in Verhältnisse katapultiert, für die ihm die Begriffe fehlten. Nach dem Einmarsch der Deutschen in Oberitalien schloß sich Levi den Partisanen an, wurde aber schon bald verhaftet. Um der sofortigen Erschießung zu entgehen, erklärte er, er sei Jude. Man brachte ihn in ein Lager nach Fossoli, dann, am 22. Februar 1944, nach Auschwitz-Monowitz. Zufällig blieb er bis zur Befreiung am Leben, zunächst, weil er mehrmals Glück hatte. Dann, weil er Deutsch verstand und als Chemiker gebraucht wurde. Im Oktober 1945 kehrte er zurück; schon Anfang 1946 begann er unter dem Zwang des Zeugnisablegens mit der Niederschrift von *Ist das ein Mensch?*

Levis Texte über Auschwitz sind unvergleichlich. Um der Getöteten willen wollte er nichts vergessen. Er bewahrte ein – wie er formulierte – »nahezu pathologisch exaktes Gedächtnis«[3] an jedes Detail. Schockierend wirken seine Aufzeichnungen noch heute, weil sie keine Lehre formulieren, keiner Ideologie zuarbeiten. Jeder Satz bezeugt die gelebte Erfahrung von etwas Unglaublichem.

Nichts wird beschönigt. Nicht das Gas, nicht der Hunger, nicht die Rolle der Deutschen. Besonders schmerzhaft wirkte die Erfahrung, daß jeder Mithäftling ein potentieller Feind war. Solidarität konnte kaum entstehen, denn die SS instrumentalisierte Gefangene zum Schinden der Mitgefangenen. Wer nicht kollaborierte, mehr noch: wer sich nicht andiente, mußte höchstwahrscheinlich sterben, denn: »Wer es nicht fertigbringt, Organisator, Kombinator, Prominenter zu werden, der endet bald als Muselmann. Einen dritten Weg gibt es im Leben, aber im Konzentrationslager gibt es ihn nicht.«[4]

Keinem Verhaltensmuster von außerhalb des Lagers war mehr zu trauen. Ohne zu moralisieren notierte Levi jede Nuance dieser Wolfsgesellschaft; auch im Beschreiben blieb für ihn das wissenschaftliche Exaktheitsideal in Geltung. Ästhetisch führte ihn der phänomenologische Ansatz zum Realismus. Eine schnörkellose, in den Benennungen präzise, klar gegliederte Prosa entstand – ohne Formexperimente, ohne Abschweifungen, immer beim Wesentlichen verharrend.

Unbestechlich deckte er auch seine eigene Scham auf – die Scham eines Überlebenden! Die Schuld, nicht aufbegehrt zu haben, die Schuld, nicht umgekommen zu sein wie die anderen. Im vergleichsweise sicheren Labor versah er seinen Dienst, nachdem ihn Doktor Pannwitz wie einen Sklaven abgeschätzt hatte. Noch in dieser »privilegierten« Stellung verwandelte sich Levi. Zur Beschreibung des Vorgangs wählte er Metaphern wie: Brechen, Erlöschen, Vertieren.

Eine Wunde, ein seelisches Trauma, blieb zurück. Insofern spricht einiges für Myriam Anissimovs Vorgehen, die Levis Auschwitz-Erfahrung in das Zen-

---

3 Levi, Das periodische System, S. 229. Vgl. auch: Primo Levi: Die dritte Seite, Basel 1992, S. 148 f.
4 Primo Levi: Ist das ein Mensch?/Die Atempause, München - Wien 1991, S. 86.

trum ihrer grundlegenden, bislang noch nicht auf deutsch erschienenen Biographie stellt.[5] Doch in dieser Perspektivierung liegt auch eine Deutung, und jede Deutung ist Sinngebung. Gerade in Levis Fall, wo die Quellen keine eindeutige Auslegung zulassen, sollte nicht seine gesamte spätere Biographie aus Auschwitz erklärt werden. Denn obwohl die elf Monate in Buna-Monowitz seinem Leben eine entscheidende Wendung gaben, entzieht sich Levi als Autor und als Mensch der ausschließlichen Festlegung auf dieses Datum.

1947 erschien *Ist das ein Mensch?*, doch das Buch wurde kaum rezipiert. Levi verliebte sich, heiratete und wurde Vater zweier Kinder. Außerdem nahm er eine Stellung als Chemiker in einem Turiner Unternehmen an, reüssierte als ein weltweit führender Spezialist für die Emaillierung von Kupferdrähten[6] und übernahm schließlich die Leitung einer Lackfabrik. Das Schreiben gab er bis 1961 auf.

Auf Anraten seiner Freunde verfaßte er dann ein Buch über seine abenteuerliche Heimfahrt von Auschwitz nach Turin, die ihn durch halb Osteuropa führte. *Die Atempause* entstand abends, an den Wochenenden und in den Ferien. Inzwischen hatte der renommierte Turiner Verlag Einaudi sein erstes Buch wiederaufgelegt. Auch das neue nahm er 1963 ins Programm, und es wurde sofort zum Publikumserfolg. Nun ließ Levi vom Schreiben nicht mehr ab.

Er wechselte zwischen den Gattungen, veröffentlichte Romane, Essays und zwei Gedichtbände, doch seine bevorzugte Form, die Keimzelle seiner Kreativität, blieb die Erzählung. Glichen schon die einzelnen Kapitel seiner bisherigen Texte Erzählungen, so erweiterte er nun sowohl den Ton als auch die Sujets. Die Sammlungen *Storie naturali* (1966), *Vizio di forma* (1971) und *Lilith* (1981) präsentierten einen völlig anderen Primo Levi – zu entdecken in dem kürzlich erschienenen Band *Das Maß der Schönheit*.[7] Weil er glaubte, der Öffentlichkeit müßte dieser Wechsel unverständlich bleiben, publizierte er die *Storie naturali* unter Pseudonym.

Der »andere« Levi bringt den Naturwissenschaftler und den Techniker ins Spiel. Auch hier ist die präzise Beobachtung lebensweltlicher Phänomene die Basis für seinen exakten, unprätentiösen Stil. Verliebt in Details, zelebriert er die Beschreibung komplizierter technischer Gebilde. *Der Ringschlüssel* (1978), zwar Roman genannt, versammelt ein Dutzend solcher Erzählungen, in denen Bohrtürme, Hängebrücken und Off-shore-Anlagen montiert werden.

Gerne spann Levi den Faden des Möglichen weiter in die Zukunft. Plötzlich befinden wir uns dann in einer phantastischen Erzählung, die er häufig mit einer guten Portion Humor anreicherte. Wie verändert die Erfindung eines Lyrikautomaten den Alltag eines Dichters? Kann so ein Ding überhaupt ernst-

---

5 Vgl. Myriam Anissimov: Primo Levi ou la tragédie d'un optimiste. Biographie, Paris 1996.
6 Vgl. Anissimov, Primo Levi, S. 429.
7 Vgl. Primo Levi: Das Maß der Schönheit, München - Wien 1997.

haft dichten? Gar nicht so leicht zu beantworten die Frage, denn um nicht auf ihn hereinzufallen, müßte der Dichter erklären können, was gute und was schlechte Lyrik sei...

Levi ließ seiner Fabulierkunst freien Lauf. Doch fast jede der Erzählungen hat auch einen doppelten Boden, die gleichnishaft einen weiteren Interpretationsraum eröffnet. Programmatisch nannte er seine 1975 erschienene Autobiographie *Das periodische System*. Abermals wählte er die Erzählung zur Grundform, indem er jede Episode aus seinem Leben um ein Element des Periodensystems herum anordnete. Doch wie um sich seiner Biographie jenseits von Auschwitz zu versichern, erwähnt er das Lager nur im Vorübergehen; er habe es andernorts ausführlich beschrieben. Das *periodische System* ist durchdrungen vom aufklärerischen Optimismus des Chemikers, der der Natur durch mühevolles Experimentieren ihre Geheimnisse abtrotzt und zum Wohle der Menschen anwendet. Kein Wort über das Zyklon B.

Doch in seinen letzten beiden Werken nahm er das liegengebliebene Thema noch einmal auf. Allerdings verändert, denn Levi wiederholte sich niemals – darin ganz literarischer Experimentator. Inzwischen war er im Ruhestand und widmete sich ausschließlich dem Schreiben. In *Wann, wenn nicht jetzt* (1982) begleitet er eine Gruppe jüdischer Partisanen. Dieser spannende, episch angelegte Roman, vielleicht Levis bester, zeigt die Entschlossenheit, aber auch die Fehlbarkeit der Kämpfenden. Liebevoll beschreibt er Menschen, keine Heroen. Immer in Todesnähe, mitunter selbst tötend, konfrontiert mit den gnadenlosen Erfordernissen des Partisanenkampfes, tun sie, was sie tun müssen, um zu überleben und um ihre Würde nicht zu verlieren. Doch: »Nicht um Massaker zu beschreiben«, heißt es an einer Stelle, »erzählt sich diese Geschichte«[8]. Hier geht es um den Widerstand, um Juden, die zu den Waffen griffen. Um ein Gegenbild zu dem der Lämmer, die sich wehrlos zur Schlachtbank führen lassen.

Und um die Sprache, auf deren Bedeutung Levi zuletzt immer stärker reflektierte. Schon den *Ringschlüssel* hatte er im piemontesischen Dialekt geschrieben. Für seinen Widerstandsroman lernte er Jiddisch, damit die von ihm erfundene Kunstsprache plausibel klinge. Levis Humanismus wird vielleicht am sinnfälligsten, wo er seine Figuren sprechen läßt. Unverwechselbar jede einzelne, zum Leben erweckt aus nichts als dürren Buchstaben. Bei aller Lust am naturwissenschaftlichen Klassifizieren vergaß er niemals das Individuum.

Zurück in das Zentrum der Auschwitz-Erfahrung führte ihn 1986 der richtungsweisende Essay *Die Untergegangenen und die Geretteten*, in dem er eher die Erinnerung an Auschwitz als das Lager selbst thematisierte. Entstanden ist ein Grundlagentext für alle Debatten um das kulturelle Gedächtnis. Abwägend, immer auf seine subjektive Erfahrung bezogen, urteilte er, nahm er Stellung. Er griff ein in den Diskurs über Auschwitz – wie übrigens in der Turiner

---

8   Primo Levi: Wann, wenn nicht jetzt, München - Wien 1986, S. 95.

Zeitung *La Stampa* regelmäßig auch in andere Diskussionen. Er überließ das Feld nicht den Revisionisten.

Primo Levis Werk ist vielgestaltig, einander widerstreitende Kräfte bestimmten auch sein Leben. Beide gehören dem ablaufenden Jahrhundert an, und Levis außerordentliche Bedeutung als Zeitzeuge, als Erzähler und als Aufklärer wird immer dort erkannt werden, wo die Auseinandersetzung mit der Vergangenheit dringlich bleibt – über alle Daten und Fakten hinaus.

Literatur

Adorno, Theodor W.: Ästhetische Theorie, in: ders.: Gesammelte Schriften, Bd. 7, Frankfurt/M. 1970.
Adorno, Theodor W.: Der Essay als Form, in: ders.: Gesammelte Schriften, Bd. 11, Frankfurt/M. 1974, S. 9-33.
Adorno, Theodor W.: Die auferstandene Kultur, in: ders.: Gesammelte Schriften, Bd. 20.2, Frankfurt/M. 1986, S. 453-464.
Adorno, Theodor W.: Drei Studien zu Hegel, in: ders.: Gesammelte Schriften, Bd. 5, Frankfurt/M. 1970, S. 247-380.
Adorno, Theodor W.: Engagement, in: ders.: Noten zur Literatur, Gesammelte Schriften, Bd. 11, Frankfurt/M. 1974, S. 409-430.
Adorno, Theodor W.: Erziehung nach Auschwitz, in: ders.: Gesammelte Schriften, Bd. 10, Frankfurt/M. 1977, S. 674-690.
Adorno, Theodor W.: Kultur und Verwaltung, in: ders.: Gesammelte Schriften, Bd. 8, Frankfurt/M. 1972, S. 122-146.
Adorno, Theodor W.: Kulturkritik und Gesellschaft, in: ders.: Gesammelte Schriften, Bd. 10, Frankfurt/M. 1977, S. 11-30.
Adorno, Theodor W.: Minima Moralia, Frankfurt/M. 1982.
Adorno, Theodor W.: Negative Dialektik, in: ders.: Gesammelte Schriften, Bd. 6, Frankfurt/M. 1973, S. 7-412.
Adorno, Theodor W.: Versuch, das Endspiel zu verstehen, in: ders.: Gesammelte Schriften, Bd. 11, Frankfurt/M. 1974, S. 281-321.
Adorno, Theodor W.: Was bedeutet: Aufarbeitung der Vergangenheit, in: ders.: Gesammelte Schriften, Bd. 10, Frankfurt/M. 1977, S. 555-572.
Améry, Jean: Über Zwang und Unmöglichkeit, Jude zu sein, in: ders.: Jenseits von Schuld und Sühne, München 1988, S. 102-122.
Andersch, Alfred: Deutsche Literatur in der Entscheidung, in: Das Alfred Andersch Lesebuch, hg. v. Gerd Haffmans, Zürich 1979, S. 111-134.
Anissimov, Myriam: Primo Levi ou la tragédie d'un optimiste. Biographie, Paris 1996.
Arnold, Heinz Ludwig: Die Gruppe 47, 1. Aufl., München 1980.
Avisar, Ilan: Screening the Holocaust. Cinema's Images of the Unimaginable, Bloomington - Indianapolis 1988.

Baier, Lothar: ›Schindlers Liste‹, ein deutscher Film, in: Initiative Sozialistisches Forum (Hg): Schindlerdeutsche, Freiburg/Br. 1994, S. 149-165.
Bauß, Gerhard: Die Studentenbewegung der sechziger Jahre, Köln 1977.
Becker, David: Ohne Hass keine Versöhnung. Das Trauma der Verfolgten, Freiburg/Br. 1992.
Benjamin, Walter: Das Passagen-Werk, in: ders.: Gesammelte Schriften, Bd. V, hg. von Rolf Tiedemann, Frankfurt/M. 1982.
Benjamin, Walter: Über den Begriff der Geschichte, in: ders.: Gesammelte Schriften, Bd. I, hg. v. Rolf Tiedemann und Hermann Schweppenhäuser, Frankfurt/M. 1974, S. 693-704.
Berg, Nicolas (Hg.): Shoah – Formen der Erinnerung, München 1996.

Bergmann, Martin S. u. a. (Hg.): Kinder der Opfer, Kinder der Täter, Frankfurt/M. 1995.
Bettelheim, Bruno: Aufstand gegen die Masse, Frankfurt/M. 1989.
Bettelheim, Bruno: Erziehung zum Überleben, Stuttgart 1980.
Birckmeyer, Jens: Bilder des Schreckens, Wiesbaden 1994.
Bohrer, Karl Heinz: Die Tortur – Peter Weiss' Weg ins Engagement, in: Rainer Gerlach (Hg.): Peter Weiss. Materialien, Frankfurt/M. 1984, S. 182-207.
Bordwell, David: Classical Hollywood Cinema: Narrational Principles and Procedures, in: Philip Rosen (Hg.): Narrative, Apparatus, Ideology, New York - Oxford 1986, S. 17-34.
Braese, Stephan/Holger Gehle/Doron Kiesel/Hanno Loewy: Vorwort, in: dies. (Hg.): Deutsche Nachkriegsliteratur und der Holocaust, Frankfurt/M. - New York 1998, S. 9-16.
Breuer, Ingo: Der Jude Marat. Identifikationsprobleme bei Peter Weiss, in: Irene Heidelberger-Leonard (Hg.): Peter Weiss. Neue Fragen an alte Texte, Opladen 1994, S. 64-76.
Briegleb, Klaus: »Neuanfang« in der westdeutschen Nachkriegsliteratur – Die »Gruppe 47« in den Jahren 1947-1951, in: Sigrid Weigel/Birgit Erdle (Hg.): Fünfzig Jahre danach, Zürich 1996, S. 119-163.
Briegleb, Klaus: 1968. Literatur in der antiautoritären Bewegung, Frankfurt/M. 1993.
Briegleb, Klaus: Unmittelbar zur Epoche des NS-Faschismus, Frankfurt/M. 1989.
Brink, Cornelia: »Ungläubig stehen oft Leute vor den Bildern von Leichenhaufen abgemagerter Skelette...«. KZ-Fotografien auf Plakaten – Deutschland 1945, in: Fritz-Bauer-Institut (Hg.): Auschwitz, Frankfurt/M. - New York 1996, S. 189-222.
Brink, Cornelia: Ikonen der Vernichtung. Öffentlicher Gebrauch von Fotografien aus nationalsozialistischen Konzentrationslagern nach 1945, Berlin 1998.
Broszat, Martin/Saul Friedländer: Um die ›Historisierung des Nationalsozialismus‹. Ein Briefwechsel, in: Vierteljahrshefte für Zeitgeschichte, 36. Jg. (1988), S. 339-372.
Broszat, Martin: Plädoyer für eine Historisierung des Nationalsozialismus, in: ders.: Nach Hitler, München 1986 (zuerst 1985), S. 159-173.
Burke, Edmund: Philosophische Untersuchung über den Ursprung unserer Ideen vom Erhabenen und Schönen, 2. Aufl., Hamburg 1989 (zuerst 1757).

Chaumont, Jean-Michel: Der Stellenwert der »Ermittlung« im Gedächtnis von Auschwitz, in: Irene Heidelberger-Leonard (Hg.): Peter Weiss. Neue Fragen an alte Texte, Opladen 1994, S. 77-93.
Claussen, Detlev: Nach Auschwitz. Ein Essay über die Aktualität Adornos, in: Dan Diner (Hg.): Zivilisationsbruch. Denken nach Auschwitz, Frankfurt/M. 1988, S. 54-68.

DeBenedetti, Charles: An American Ordeal. The Antiwar Movement of the Vietnam Era, Syracuse/NY 1990.
Diner, Dan: Aporie der Vernunft, in: ders. (Hg.): Zivilisationsbruch, Frankfurt/M. 1988, S. 30-53.
Diner, Dan: Negative Symbiose. Deutsche und Juden nach Auschwitz, in: ders. (Hg.): Ist der Nationalsozialismus Geschichte?, Frankfurt/M. 1987, S. 185-197.
Diner, Dan: Zwischen Aporie und Apologie. Über Grenzen der Historisierbarkeit des Nationalsozialismus, in: ders. (Hg.): Ist der Nationalsozialismus Geschichte?, Frankfurt/M. 1987, S. 62-73.
Doneson, Judith E.: The Image Lingers. The Feminization of the Jew in ›Schindler's List‹, in: Yosefa Loshitzky (Hg.): Spielberg's Holocaust, Bloomington - Indianapolis 1997, S. 140-152.
Doosry, Yasmin (Hg.): Representations of Auschwitz. 50 Years of Photographs, Paintings, and Graphics, Kraków 1995.

Doosry, Yasmin: Vom Dokument zur Ikone. Zur Rezeption des Auschwitz-Albums, in: dies. (Hg.): Representations of Auschwitz, Kraków 1995, S. 95-104.

Eitinger, Leo: KZ-Haft und psychische Traumatisierung, in: Psyche, 44. Jg. (1990), S. 118-132.
Elias, Norbert: Über den Prozeß der Zivilisation, Bd. I, Frankfurt/M. 1976.
Enzensberger, Hans Magnus: Europäische Peripherie, in: Kursbuch 2, hg. v. H. M. Enzensberger, Frankfurt/M. 1965, S. 154-173.
Erklärung über den Krieg in Vietnam, in: Reinhard Lettau (Hg.): Die Gruppe 47, Neuwied und Berlin 1967, S. 459-462.

Felman, Shoshana: A l'âge du témoignage: Shoah, in: Bernard Cuau u. a.: Au sujet de Shoah, Paris 1990, S. 55-145.
Fichter, Tilman/Siegward Lönnendonker: Kleine Geschichte des SDS, Berlin/West 1977.
Freud, Sigmund: Jenseits des Lustprinzips, in: ders.: Studienausgabe, hg. von A. Mitscherlich u. a., Bd. 3, Frankfurt/M. 1989 (zuerst 1920), S. 213-272.
Friedländer, Saul: Überlegungen zur Historisierung des Nationalsozialismus, in: Dan Diner (Hg.): Ist der Nationalsozialismus Geschichte?, Frankfurt/M. 1987, S. 34-50.
Fritz-Bauer-Institut (Hg.): Auschwitz, Frankfurt/M. - New York 1996.
Fuchs, Christoph: Auswahlbibliographie Traumatisierung, in: Mittelweg 36, Heft 2/1996, S. 74-80.

Gerlach, Rainer/Matthias Richter (Hg.): Peter Weiss im Gespräch, Frankfurt/M. 1986.
Grass, Günter: Vom mangelnden Selbstvertrauen der schreibenden Hofnarren unter Berücksichtigung nicht vorhandener Höfe, in: ders.: Über das Selbstverständliche, Neuwied und Berlin 1968, S. 105-112.
Grass, Günter: Was ist des Deutschen Vaterland, in: ders.: Über das Selbstverständliche, Neuwied und Berlin 1968, S. 37-49.
Gutman, Israel/Eberhard Jäckel u. a. (Hg.): Enzyklopädie des Holocaust, Bd. 1-4, München - Zürich 1995 (zuerst 1990).

Hattendorf, Manfred: Dokumentarfilm und Authentizität, Konstanz 1994.
Heidelberger-Leonard, Irene: Jüdisches Bewußtsein im Werk von Peter Weiss, in: Michael Hofmann (Hg.): Literatur, Ästhetik, Geschichte, St. Ingbert 1992, S. 49-64.
Hickethier, Knut: Einführung in die Film- und Fernsehanalyse, Stuttgart 1993.
Hilberg, Raul: Die Vernichtung der europäischen Juden, Frankfurt/M. 1990 (zuerst 1961).
Hildesheimer, Wolfgang: Amerys koketter Ruf nach einer Mafia, in: Die Zeit v. 15.7.1966.
Hoffmann, Detlef: Auschwitz im visuellen Gedächtnis, in: Fritz-Bauer-Institut (Hg.): Auschwitz, Frankfurt/M. - New York 1996, S. 223-257.
Hoffmann, Detlef: Menschen hinter Stacheldraht, in: Ysamin Doosry (Hg.): Representations of Auschwitz, Kraków 1995, S. 87-94.
Hofmann, Michael: Entwürfe gegen die Ichauflösung. Spuren des kritischen Existentialismus Sartres im literarischen Werk von Peter Weiss, in: Irene Heidelberger-Leonard (Hg.): Peter Weiss. Neue Fragen an alte Texte, Opladen 1994, S. 140-155.
Hohenberger, Eva: Die Wirklichkeit des Films, Hildesheim u. a. 1988.
Horkheimer, Max/Theodor W. Adorno: Dialektik der Aufklärung, in: Max Horkheimer, Gesammelte Schriften, Bd. 5, hg. v. Gunzelin Schmid Noerr, Frankfurt/M. 1987, S. 11-290.
Horkheimer, Max: Materialismus und Moral, in: Zeitschrift für Sozialforschung, Jg. 2 (1933), Heft 2, Nachdruck München 1970, S. 162-197.
Horst, Sabine: ›We couldn't show that‹, in: konkret 3/1994, S. 40-42.

Insdorf, Annette: Indelible Shadows. Film and the Holocaust, New York - Toronto 1983.
Institut für Sozialforschung: Kultur und Zivilisation, in: dass. (Hg.): Soziologische Exkurse, Frankfurt/M. 1956, S. 83-92.

Jochimsen, Jess: »Nur was nicht aufhört, weh zu thun, bleibt im Gedächtniss«. Die Shoah im Dokumentarfilm, in: Nicolas Berg (Hg.): Shoah – Formen der Erinnerung, München 1996, S. 215-231.

Kaiser, Joachim: Die Gruppe 47 in Berlin, in: Reinhard Lettau (Hg.): Die Gruppe 47, Neuwied - Berlin 1967, S. 174-179.
Kaminer, Isidor J: »On razors edge« – Vom Weiterleben nach dem Überleben, in: Fritz-Bauer-Institut (Hg.): Auschwitz, Frankfurt/M. - New York 1996, S. 139-160.
Keilson, Hans: Sequentielle Traumatisierung bei Kindern, in: Gertrud Hardtmann (Hg.): Spuren der Verfolgung, Gerlingen 1992, S. 69-79.
Keilson, Hans: Sequentielle Traumatisierung bei Kindern, Stuttgart 1979.
Kiedaich, Petra (Hg.): Lyrik nach Auschwitz. Adorno und die Dichter, Stuttgart 1995.
Kilb, Andreas: Des Teufels Saboteur, in: Die Zeit v. 10.4.1994.
Kilb, Andreas: Warten, bis Spielberg kommt, in: Die Zeit v. 21.1.1994.
Koch, Gertrud: Die ästhetische Transformation der Vorstellung vom Unvorstellbaren, in: dies.: Die Einstellung ist die Einstellung, Frankfurt/M. 1992, S. 143-155 (zuerst 1986).
Koch, Gertrud: Die Einstellung ist die Einstellung, Frankfurt/M. 1992.
Koch, Gertrud: Täuschung und Evidenz in gestellten Fotos aus dem Getto Lodz, in: dies.: Die Einstellung ist die Einstellung, Frankfurt/M. 1992, S. 170-184.
Kohlhammer, Siegfried: Anathema, in: Merkur 6/1994, S. 501-509.
Köppen, Manuel/Klaus R. Scherpe: Einleitung, in: dies. (Hg.): Bilder des Holocaust, Köln u. a. 1997, S. 1-12.
Köppen, Manuel: Von Effekten des Authentischen – ›Schindlers Liste‹: Film und Holocaust, in: ders./Klaus R. Scherpe (Hg.): Bilder des Holocaust, Köln u. a. 1997, S. 145-170.
Kramer, Sven: Rätselfragen und wolkige Stellen. Zu Benjamins Kafka-Essay, Lüneburg 1991.
Krantz, Charles: Teaching ›Night and Fog‹. History and Historiography, in: Film and History, Februar 1985, Heft 1, S. 2-15.
Krause, Rolf D.: Faschismus als Theorie und Erfahrung. »Die Ermittlung« und ihr Autor Peter Weiss, Frankfurt/M. - Bern 1982.
Kuby, Erich: Ach ja, da liest ja einer, in: Der Spiegel v. 6.5.1966, in: Horst Ziermann (Hg.): Gruppe 47, Frankfurt/M. 1966, S. 19-28.
Kugelmann, Cilly: Lang ist der Weg, in: Fritz-Bauer-Institut (Hg.): Auschwitz, Frankfurt/M. - New York 1996, S. 353-370.

Laermann, Klaus: Nach Auschwitz ein Gedicht zu schreiben, ist barbarisch, in: Manuel Köppen (Hg.): Kunst und Literatur nach Auschwitz, Berlin 1993, S. 11-15.
Lanzmann, Claude: Gespräch mit Gisela Lerch, in: Hans-Jürgen Müller (Hg.): Shoah - Ein Film, Oldenburg, 1991, S. 148-152 (zuerst in: Süddeutsche Zeitung vom 5.4.1986).
Lanzmann, Claude: Gespräch mit Marc Chevrie und Hervé Le Roux, in: Hans-Jürgen Müller (Hg.): Shoah - Ein Film, Oldenburg 1991, S. 132-140.
Lanzmann, Claude: Ihr sollt nicht weinen. Einspruch gegen »Schindlers Liste«, in: Frankfurter Allgemeine Zeitung v. 5.3.1994, S. 27.
Lanzmann, Claude: Shoah, Düsseldorf 1986.
Leiser, Erwin: Auf der Suche nach Wirklichkeit, Konstanz 1996.

Lenger, Hans-Joachim: Ohne Bilder. Über Versuche, das Entsetzlichste zu entziffern, in: Wolfgang Welsch/Christine Pries (Hg.): Ästhetik im Widerstreit, Weinheim 1991, S. 203-215.

Levi, Primo: »Ich suche nach einer Lösung, aber ich finde sie nicht«, Gespräch mit Ferdinando Camon, München - Zürich 1993.

Levi, Primo: Das Maß der Schönheit, München - Wien 1997.

Levi, Primo: Das periodische System, München - Wien 1987.

Levi, Primo: Die dritte Seite, Basel 1992.

Levi, Primo: Die Untergegangenen und die Geretteten, München - Wien 1990.

Levi, Primo: Ist das ein Mensch?/Die Atempause, München - Wien 1991.

Levi, Primo: Wann, wenn nicht jetzt, München - Wien 1986.

Lindner, Burkhardt: Der große (kommunistische) Traum des Schriftstellers Peter Weiss, in: Michael Hofmann (Hg.): Literatur, Ästhetik, Geschichte, St. Ingbert 1992, S. 65-78.

Loshitzky, Yosefa: Holocaust Others. Spielberg's *Schindler's List* versus Lanzmann's *Shoah*, in: dies. (Hg.): Spielberg's Holocaust, Bloomington - Indianapolis 1997, S. 104-118.

Lyotard, Jean-François: Adorno come diavolo, in: ders.: Intensitäten, Berlin 1978 (franz. zuerst 1973), S. 35-58.

Lyotard, Jean-François: Das postmoderne Wissen, Graz - Wien 1986 (franz. zuerst 1979).

Lyotard, Jean-François: Der Widerstreit, 2. Aufl., München 1989 (franz. zuerst 1983).

Lyotard, Jean-François: Die Analytik des Erhabenen, München 1994.

Lyotard, Jean-François: Streifzüge, Wien 1989.

Lyotard, Jean-François: Streitgespräche, oder: Sprechen nach »Auschwitz«, hg. von Andreas Ribersky, Bremen o. J. [1982].

Lyotard, Jean-François: Vortrag in Freiburg und Wien: Heidegger und »die Juden«, Wien 1990.

Marek, Michael: Verfremdung zur Kenntlichkeit, in: Rundfunk und Fernsehen, 36. Jg. (1988), Heft 1, S. 25-44.

Margry, Karel: Das Konzentrationslager als Idylle: »Theresienstadt« – Ein Dokumentarfilm aus dem jüdischen Siedlungsgebiet, in: Fritz-Bauer-Institut (Hg.): Auschwitz, Frankfurt/M. - New York 1996, S. 319-352.

Michael, Robert: Night and Fog, in: Cineaste, 1984, Heft 4, S. 36 f.

Mitscherlich, Alexander und Margarethe: Die Unfähigkeit zu trauern, München 1977 (zuerst 1967).

Müller, Hans-Jürgen (Hg.): Shoah – Ein Film, Oldenburg 1991.

Müller, Jost: Literatur und Politik bei Peter Weiss, Wiesbaden 1991.

Müssener, Helmut: »Du bist draußen gewesen.« Die unmögliche Heimkehr des exilierten Schriftstellers Peter Weiss, in: Justus Fetscher (Hg.): Die Gruppe 47 in der Geschichte der Bundesrepublik, Würzburg 1991, S. 135-151.

Netenjakob, Egon: Eberhard Fechner, Weinheim - Berlin 1989.

Niederland, William G.: Folgen der Verfolgung: Das Überlebenden-Syndrom Seelenmord, Frankfurt/M. 1980.

Noack, Frank: Deutsche Tränen, in: Initiative Sozialistisches Forum (Hg.): Schindlerdeutsche, Freiburg/Br. 1994, S. 7-15 (zuerst in: Der Tagesspiegel v. 27.3.1994).

Noack, Johannes-Michael: »Schindlers Liste« – Authentizität und Fiktion in Spielbergs Film, Leipzig 1998.

Oesterle, Kurt: Dante und das Mega-Ich, in: Literaturmagazin 27, Reinbek b. H. 1991, S. 45-72.
Ophüls, Marcel: Closely watched trains, in: American Film, November 1985, Heft 2, S. 16-20, 22, 79.

Paech, Joachim: Erinnerungs-Landschaften, in: M. Köppen (Hg.): Kunst und Literatur nach Auschwitz, Berlin 1993, S. 124-136.
Palowski, Franciszek: The Making of Schindler's List, Secaucus, N. J. 1998.
Peitsch, Helmut: Die Gruppe 47 und die Exilliteratur – ein Mißverständnis?, in: Justus Fetscher (Hg.): Die Gruppe 47 in der Geschichte der Bundesrepublik, Würzburg 1991, S. 108-134.
Pross, Christian: Wiedergutmachung, Frankfurt/M. 1988.
Proust, Marcel: In Swanns Welt, in: ders.: Auf der Suche nach der verlorenen Zeit, Bd. 1, Frankfurt/M. 1976, 2. Aufl., S. 5-564.

Raddatz, Fritz J.: Die Bilanz von Princeton, in: Horst Ziermann (Hg.): Gruppe 47, Frankfurt/M. 1966, S. 37-43 (zuerst in: Frankfurter Hefte, Juli 1966).
Rector, Martin/Jochen Vogt (Hg.): Peter Weiss Jahrbuch, Bd. 6, Opladen/Wiesbaden 1997.
Reese-Schäfer, Walter: Lyotard zur Einführung, 2. Aufl., Hamburg 1989, S. 12-14.
Reich-Ranicki, Marcel: Peter Weiss. Poet und Ermittler 1916-1982, in: Rainer Gerlach (Hg.): Peter Weiss. Materialien, Frankfurt/M. 1984, S. 7-11.
Richter, Hans Werner: Briefe, hg. v. Sabine Cofalla, München - Wien 1997.
Richter, Hans Werner: Im Etablissement der Schmetterlinge, München - Wien 1986.
Ricœur, Paul: Zeit und Erzählung, 3 Bde, München 1988, 1989, 1991.

Schutte, Jürgen u. a. (Hg.): Dichter und Richter. Die Gruppe 47 und die deutsche Nachkriegsliteratur, Berlin/West 1988.
Schwab-Felisch, Hans: Princeton und die Folgen, in: Reinhard Lettau (Hg.): Die Gruppe 47, Neuwied und Berlin 1967, S. 405-411 (zuerst in: Vorwärts v. 18.5.1966).
Schweppenhäuser, Gerhard: Ethik nach Auschwitz. Adornos negative Moralphilosophie, Hamburg 1993.
Schweppenhäuser, Hermann: Sprachbegriff und sprachliche Darstellung bei Horkheimer und Adorno«, in: Alfred Schmidt, Norbert Altwicker (Hg.), Max Horkheimer heute, Frankfurt/M. 1986, S. 328-348.
Schweppenhäuser, Hermann: Zum Widerspruch im Begriff der Kultur, in: ders.: Tractanda, Frankfurt/M. 1972, S. 92-101.
Seeßlen, Georg: Shoah, oder die Erzählung des Nichterzählbaren, in: Freitag v. 4.3.1994.
Shay, Jonathan: Achill in Vietnam. Kampftrauma und Persönlichkeitsverlust, Hamburg 1998.
Solomon, Zahava: Jüdische Überlebende in Israel und im Ausland, in: Mittelweg 36, Heft 2/1996, S. 23-37.
Spielberg, Steven: Interview, in: Der Spiegel 8/1994, S. 183-186.
Stein, Peter. »Darum mag falsch gewesen sein, nach Auschwitz ließe kein Gedicht mehr sich schreiben.« (Adorno). Widerruf eines Verdikts? Ein Zitat und seine Verkürzung, in: Weimarer Beiträge, 42. Jg., Heft 4/1996, S. 485- 508.
Strub, Christian: Trockene Rede über mögliche Ordnungen der Authentizität. Erster Versuch, in: Jan Berg/Hans-Otto Hügel/Hajo Katenberger (Hg.): Authentizität als Darstellung, Hildesheim 1997, S. 7-17.

Tiedemann, Rolf: Begriff Bild Name, in: Michael Löbig, Gerhard Schweppenhäuser (Hg.): Hamburger Adorno-Symposion, Lüneburg 1984, S. 67-78.

Webber, Jonathan: Foreword, in: Representations of Auschwitz, hg. v. Yasmin Doosry, Kraków 1995, S. 5-17.

Weiss, Peter/Hans Magnus Enzensberger: Eine Kontroverse, in: Kursbuch 6, hg. v. H. M. Enzensberger, Frankfurt/M. 1966, S. 165-176.

Weiss, Peter: »Wäre ich schon in der Mitte meines Lebenswegs hier angelangt...«. Aus einem Prosafragment, in: Peter Weiss Jahrbuch 1, hg. v. Rainer Koch u. a., Opladen 1992, S. 9-20.

Weiss, Peter: 10 Arbeitspunkte eines Autors in der geteilten Welt, in: ders.: Rapporte 2, Frankfurt/M. 1971, S. 14-23.

Weiss, Peter: Abschied von den Eltern, Frankfurt/M. 1961.

Weiss, Peter: Fluchtpunkt, Frankfurt/M. 1983.

Weiss, Peter: Meine Ortschaft, in: Rapporte, Frankfurt/M. 1968, S. 113-124.

Weiss, Peter: Notizbücher 1960-1971, Frankfurt/M. 1982.

Weiss, Peter: Notizbücher 1971-1980, Frankfurt/M. 1981.

Weiss, Peter: Rede in englischer Sprache gehalten an der Princeton University USA am 25. April 1966, unter dem Titel: I Come out of My Hiding Place, in: Volker Canaris (Hg.): Über Peter Weiss, Frankfurt/M. 1970, S. 9-14.

Weiss, Peter: Unter dem Hirseberg, in: Rapporte 2, Frankfurt/M. 1971, S. 7-13.

Weiß, Christoph (Hg.): Der gute Deutsche. Dokumente zur Diskussion um Steven Spielbergs ›Schindlers Liste‹ in Deutschland, St. Ingbert 1995.

Wendt, Ulrich: Prozesse der Erinnerung. Filmische Verfahren der Erinnerungsarbeit und der Vergegenwärtigung in den Filmen ›Shoah‹, ›Der Prozeß‹ und ›Hotel Terminus‹, in: A. Messerli u. a. (Hg.): Cinema 39, Non-Fiction, Basel - Frankfurt/M. 1993, S. 35-54.

White, Hayden: Auch Klio dichtet oder Die Fiktion des Faktischen, Stuttgart 1986.

Wiesel, Elie: Die Trivialisierung des Holocaust: Halb Faktum und halb Fiktion, in: Peter Märthesheimer/Ivo Frenzel (Hg.): Im Kreuzfeuer: Der Fernsehfilm Holocaust. Eine Nation ist betroffen, Frankfurt/M. 1979, S. 25-30.

Wiggershaus, Rolf: Die Frankfurter Schule, München - Wien 1986.

Young, James E.: Beschreiben des Holocaust. Darstellung und Folgen der Interpretation, Frankfurt/M. 1992.

Young, James E.: Formen des Erinnerns, Wien 1997.

Zuckermann, Moshe: Zweierlei Holocaust. Der Holocaust in den politischen Kulturen Israels und Deutschlands, Göttingen 1998.

Nachweise

Inszenierung und Erinnerung. Zur Darstellung der nationalsozialistischen Todeslager im Film, zuerst in: Weimarer Beiträge, Heft 4/1996, S. 509-530.

»Wahr sind die Sätze als Impuls...«. Begriffsarbeit und sprachliche Darstellung in Adornos Reflexion auf Auschwitz, zuerst in: Deutsche Vierteljahrsschrift für Literaturwissenschaft und Geistesgeschichte, Heft 3/1996, S. 501-523.

Auschwitz im Widerstreit. Über einige Verfahrenskonvergenzen in Adornos und Lyotards Reflexionen auf die Todeslager, in: Claudia Rademacher/Gerhard Schweppenhäuser (Hg.): Postmoderne Kultur?, Opladen 1997, S. 152-169.

Zusammenstoß in Princeton. Peter Weiss, die Verfolgungserfahrung und die Gruppe 47, in: Stephan Braese (Hg.): Die Gruppe 47 – Reconsidered, Berlin, im Erscheinen.

Die Aufsätze wurden für diese Publikation leicht überarbeitet.

 **Deutscher Universitäts Verlag**
GABLER · VIEWEG · WESTDEUTSCHER VERLAG

Aus unserem Programm

Markus Barth
Lebenskunst im Alltag
Analyse der Werke von Peter Handke, Thomas Bernhard und Brigitte Kronauer
1998. XV, 376 Seiten, Broschur DM 84,-/ ÖS 613,-/ SFr 76,-
DUV Literaturwissenschaft
ISBN 3-8244-4278-7
Die "Lebenskunst im Alltag" beschreibt den Schnittpunkt, an dem sich das Interesse von Philosophen, Historikern und Kulturwissenschaftlern mit praktischen Problematisierungen des Alltags durch die Zeitgenossen trifft. In Kunst und Literatur wird die Lebenskunst zu einer zentralen Konstante.

Jens Brachmann
Enteignetes Material
Zitathaftigkeit und narrative Umsetzung in Ingeborg Bachmanns "Malina"
1999. 277 Seiten, Broschur DM 58,-/ ÖS 423,-/ SFr 52,50
DUV Literaturwissenschaft
ISBN 3-8244-4331-7
Daß Ingeborg Bachmann in "Malina" Motive, Sentenzen und Paraphrasen anderer Autoren aufgenommen hat, ist in der Forschung nur vereinzelt zur Kenntnis genommen worden. Der Autor gibt einen Überblick über das dichte Netz intertextueller Verweise.

Gustav Frank
Krise und Experiment
Komplexe Erzähltexte im literarischen Umbruch des 19. Jahrhunderts
1998. X, 590 Seiten, 23 Abb., Broschur DM 128,-/ ÖS 934,-/ SFr 114,-
DUV Literaturwissenschaft
ISBN 3-8244-4316-3
In einer Verbindung aus Literaturgeschichte und angewandter Erzähltheorie analysiert und erklärt Gustav Frank den literarischen Wandel um 1850.

Birthe Hoffmann
Opfer der Humanität
Zur Anthropologie Franz Grillparzers
1999. 220 Seiten, Broschur DM 48,-/ ÖS 350,-/ SFr 44,50
DUV Literaturwissenschaft
ISBN 3-8244-4343-0
Dieses Buch widerlegt aus einer wirkungsästhetischen Perspektive die These, Grillparzer verteidige in seinen Werken eine überindividuelle Ordnung gegen die subjektivistischen Tendenzen seiner Zeit.

 **Deutscher Universitäts Verlag**
GABLER · VIEWEG · WESTDEUTSCHER VERLAG

Tessy Korber
Technik in der Literatur der frühen Moderne
1998. X, 429 Seiten, Broschur DM 94,-/ ÖS 686,-/ SFr 85,50
DUV Literaturwissenschaft
ISBN 3-8244-4287-6
Im geistigen und ästhetischen Spannungsfeld der Jahre 1880 bis 1914 reagierte die Literatur in vielfältiger Weise auf die neuen technischen Phänomene der Industrialisierung.

Christoph Sauer
Der aufdringliche Text
Sprachpolitik und NS-Ideologie in der "Deutschen Zeitung in den Niederlanden"
1998. 400 Seiten, Broschur DM 89,-/ ÖS 650,-/ SFr 81,-
DUV Sprachwissenschaft
ISBN 3-8244-4285-X
Am Beispiel einer Besatzungszeitung unternimmt der Autor mit linguistisch-handlungstheoretischen und diskursanalytischen Mitteln eine Rekonstruktion der Besatzungsdimension und der propagandistisch-ideologischen publizistischen Tätigkeiten.

Sabine Schmidt
Frauenporträts und -protokolle aus der DDR
Zur Subjektivität der Dokumentarliteratur
1999. 355 Seiten, Broschur DM 78,-/ ÖS 569,-/ SFr 71,-
DUV Literaturwissenschaft
ISBN 3-8244-4317-1
Die Autorin analysiert Frauenporträts, die in Zeitschriften der DDR zwischen 1971 und 1989 erschienen, und vergleicht sie mit literarischen Protokollsammlungen.

Torsten Walter
Staat und Recht im Werk Christoph Martin Wielands
1999. XIV, 238 Seiten, Broschur DM 54,-/ ÖS 394,-/ SFr 49,-
DUV Literaturwissenschaft
ISBN 3-8244-4341-4
Anhand einer Untersuchung seines Staats- und Rechtsdenkens zeigt der Autor, dass Wieland sich in einem langjährigen Prozess zu einem entschiedenen Vertreter des Liberalismus und Vordenker des modernen Rechtsstaats in Deutschland entwickelt hat.

Die Bücher erhalten Sie in Ihrer Buchhandlung!
Unser Verlagsverzeichnis können Sie anfordern bei:

Deutscher Universitäts-Verlag
Abraham-Lincoln-Straße 46
65189 Wiesbaden